토크 지저스

I

아
브
라
함

이
야
기

KB191846

토크 지저스 ❶ 아브라함 이야기

발행일	2021년 3월 5일

편저자	임동훈		
펴낸이	손형국		
펴낸곳	(주)북랩		
편집인	선일영	편집	정두철, 윤성아, 배진용, 김현아, 이예지
디자인	이현수, 한수희, 김민하, 김윤주, 허지혜	제작	박기성, 황동현, 구성우, 권태련
마케팅	김회란, 박진관		
출판등록	2004. 12. 1(제2012-000051호)		
주소	서울특별시 금천구 가산디지털 1로 168, 우림라이온스밸리 B동 B113~114호, C동 B101호		
홈페이지	www.book.co.kr		
전화번호	(02)2026-5777	팩스	(02)2026-5747

ISBN	979-11-6539-634-3 04230 (종이책)	979-11-6539-636-7 05230 (전자책)
	979-11-6539-635-0 04230 (세트)	

잘못된 책은 구입한 곳에서 교환해드립니다.

이 책은 저작권법에 따라 보호받는 저작물이므로 무단 전재와 복제를 금합니다.

(주)북랩 성공출판의 파트너

북랩 홈페이지와 패밀리 사이트에서 다양한 출판 솔루션을 만나 보세요!

홈페이지 book.co.kr • **블로그** blog.naver.com/essaybook • **출판문의** book@book.co.kr

성경 속 인물 중심으로 쉽게 읽는 성경 스토리

토크 지저스

I

아브라함 이야기

임동훈 편저

410편의 바이블 대하드라마,
반전과 반전의 파노라마가 펼쳐진다!

역사 속의 히어로를 통해
하나님의 사랑과 구원을 찾아라!

북랩 book Lab

1

〈토크 지저스〉(Talk Jesus, 예수를 말하라)의 원문은 'Talk torque of Jesus christ!(예수 그리스도의 회전력을 말하라!)'이다. 눈을 부릅뜨고 우주를 바라보라! 예수를 중심축으로 돌아가는 회전력이 얼마나 대단한지를 금방 알게 될 것이다. 우주 만물을 다 밀어내고도 남을 만한 원심력을 가지고 있다. 아무리 큰 초대형 태풍이나 토네이도도 지구의 해구까지 들어 옮길 수는 없다. 하지만 그리스도의 원동력은 우주의 블랙홀까지도 능히 빨아들일 수 있다.

제1권은 〈아브라함 이야기〉로 하나님의 우주 창조와 아담과 이브, 노아, 족장, 욥, 모세, 여호수아, 사사, 사무엘 등 110회, 제2권은 〈다윗 이야기〉로 통일 왕국과 분열 왕조, 다니엘, 에스더, 에스라, 느헤미야, 학개, 스가랴, 말라기 등 120회, 제3권은 〈예수 이야기〉로 신구약 중간기 30회, 4복음서 100회, 사도행전 50회로 모두 180회다. 따라서 본서는 총 3권으로 '바이블 410 대하드라마'로 구성되었다. 그리고 제4권은 〈교회 이야기〉로 온 세상 성도들에 의해 쓰여 지고 있으며, 제5권은 〈심판 이야기〉로 예수 그리스도의 재림 후 드러날 것이다.

본서는 성경 속의 인물 이야기로 구약의 제사, 제도, 율법, 설교, 시, 잠언, 예언서 등이 빠졌으며, 신약의 서신과 계시록도 제외되었다. 대신 하스몬 왕조와 헤롯 왕가 등 신구약 중간사가 들어갔다. 따라서 문자나 문장에 큰 의미를 두기보다는 문맥을 통해 이어지는 이야기의 흐름을 보아야 한다. 당시의 문화나 문학 양태 등을 유심히 살펴보고, 역사 속의 히어로를 통해 드러내시는 하나님의 사랑과 구원을 향유해야 한다.

성경은 하나님의 영감으로 기록되어 신령한 은혜가 깃들어 있다. 원칙적으로 일점일획도 빼거나 더할 수 없다. 우리를 향하신 하나님의 사랑이 변질되거나 퇴색할 우려가 있기 때문이다. 하지만 본서는 성경 인물에 따라 구성한 이야기책으로 필요에 따라 뺄 것은 빼고 줄일 것은 줄였으며, 의역한 경우도 더러 있다.

한 폭의 그림이 천 문장을 능가하고, 한 편의 메타포(은유)가 천 폭의 그림을 상회한다는 말이 있다. 사실 성경 속의 인물 이야기를 통한 예수 그리스도의 사랑과 구원의 메타포는, 그 의미가 너무나 크고 심오하다. 어느 때는 세상에서 가장 좋은 소식으로 다가오지만, 어느 때는 정말 절망적이고 슬픈 이야기로 다가온다. 하지만 그 어떤 이야기 속에서도 우리를 향한 하나님의 사랑만은 결코 변하지 않는다. 따라서 그에 대한 응답은 반드시 내가 해야 하고, 그에 따른 보고서도 내가 직접 써서 제출해야 한다.

2

〈예수 복음(2015, 북랩)〉은 세상에서 가장 로맨틱한 그리스도의 러브 스토리다. 하나님의 아들이 성육신하여 세상을 구원한 이야기로

아가페 사랑의 진수를 보여준다. 이는 2000년 전의 역사적 예수를 다큐멘터리 드라마로 재구성한 것이다. 마가, 마태, 누가, 요한에 의해 순차적으로 기록된 복음서를 하나로 통합하고, 사도행전 이야기를 덧붙여 편집하였다. 따라서 〈예수 복음〉을 통해 하나님의 지극한 사랑을 엿볼 수 있고, 〈토크 지저스〉를 통해 예수의 무한한 구원을 맛볼 수 있다.

성경은 읽기 쉬워도 이해하기 무척 어려운 책이다. 정경 66권이 1600년 동안에 걸쳐 40여 명의 다양한 저자에 의해 기록되었다. 각 시대의 정치적 상황과 문화적 배경이 다 다르고, 시간과 도량형, 상징과 비유 등도 지금과 같지 않다. 성경 역사와 고고학을 살펴보고 성령의 영감과 조명도 받아야 하지만, 하늘보다 높고 바다보다 깊게 응축된 이야기를 다 이해하기란 불가능하다. 따라서 성경의 맥을 짚고 핵심을 찾는 것이 중요하다.

성경 속의 역사적 큰 줄기는 대체로 간단하다. 태초부터 전승한 〈아담 이야기〉, BC 30세기 〈노아 이야기〉, BC 20세기 〈아브라함 이야기〉, BC 15세기 〈모세 이야기〉, BC 10세기 〈다윗 이야기〉, 그리고 2000년 전 〈예수 이야기〉와 AD 1세기 〈사도들 이야기〉가 전부다. 그리고 지금은 〈교회 이야기〉가 전개되고 있으며, 마지막 때는 〈심판 이야기〉가 드러날 것이다.

인류의 역사는 우주의 시간이 시작된 이래 일직선상의 종말을 향해 나아가고 있으며, 예수 그리스도를 중심축으로 끊임없이 돌아가는 회전력과 구심력 안에서 진행되고 있다. 그 엄청난 구동력과 제동력에 의해 우리는 언젠가 레쉬트(창조) 이전의 아르케(태초)로 다시 들어갈 것이다. 창조 이래 아무도 본 적이 없고, 그 어떤 말로도 표명할 수 없는, 더할 나위 없이 청청하고 신성한 하늘나라가 우리 앞에 여실히 드러날 것이다.

필자는 이야기를 읽기 쉽고 이해하기 쉽게 쓰려고 노력하였으나, 그럴수록 점점 더 말이 꼬이고 어려워진다는 사실을 깨달았다. 쉽게 쓰든 어렵게 쓰든, 인간적 방법에는 한계를 느낄 수밖에 없었다. 이후 필자의 생각을 최대한 내려놓고, 약 1년간에 걸쳐 이야기의 주인공을 찾아 시대순으로 배열하였다. 따라서 본서를 통해 특별한 교훈이나 새로운 교리를 찾으려고 애쓸 필요는 없다고 본다.

3

성경은 아브라함과 다윗의 자손, 예수 그리스도의 이야기책이다. 어떤 사람은 단역 배우로, 어떤 사람은 남의 배역으로서 나름의 역할을 수행하였다. 어느 때는 준엄한 심판의 표적이 되기도 하고, 어느 때는 지극한 구원의 대상이 되기도 하였다. 실로 성경은 세상에서 가장 기쁜 소식이 되기도 하지만, 정말 무섭고 떨리는 경고장이 되기도 한다. 우리의 일거수일투족을 비춰주는 천리경이 되기도 하고, 각자의 마음속 생각을 속속들이 들춰내는 자명종이 되기도 한다.

성경에는 율법이나 설교, 예언, 노래, 편지, 격언, 시, 이야기, 소설, 수필 등 다양한 문학 장르가 들어 있다. 저자도 농부와 어부, 왕과 예언자, 세리와 의사 등 각계각층의 인물로 구성되었다. 이를 어떻게 이해하고 받아들여야 좋을까? 모든 성경이 하나님의 말씀인바 문자대로 복종해야 할까? 아니다. 영혼을 파괴하는 근본주의와 육신을 파멸하는 과격주의가 여기서 나온다. 하나님의 뜻은 아랑곳하지 않고 조문에 얽매여 자기만의 도그마를 만들기 때문이다. 그렇다면 현실에 맞게 재해석하고 적용해야 할까? 이는 더욱 위험하다.

하나님 아버지의 공의와 심판, 예수 그리스도의 사랑과 구원, 보혜사 성령의 인도와 도움이 우리에게 꼭 필요한 이유가 여기에 있다. 우리의 얄팍한 지식은 반드시 절제되고 또 절제되어야 한다. 자칫하면 생사람을 잡고도 남게 된다.

"안식일에 일하는 자는 반드시 죽여야 한다."

이 말씀으로 안식일에 나무를 한 사람이 돌에 맞아 죽었다.

"사람이 안식일을 위해 있는 것이 아니라 안식일이 사람을 위해 있는 것이다!"

이 말씀으로 죽을 수밖에 없는 사람들이 숱하게 살아났다.

"너희가 사람이 만든 장로의 유전을 지키려고 하나님이 제정하신 계명을 교묘히 범하고 있다!"

이것이 성경을 연구하고 가르치는 학자들의 한계이다.

우리는 성경 이야기 속으로 과감히 뛰어 들어가 나를 주인공으로 맞아야 한다. 태초부터 시작된 시간 여행을 계속하며 나에게 주어진 역할을 떳떳이 수행해야 한다. 그때 정말 찌릿하고 긴장감 도는 인생의 참맛을 느끼게 된다.

"아, 그래! 여기서 그게 잘못됐어!"

"이건 내가 바라는 바가 아니야!"

"오, 주여! 이 죄인을 용서하소서!"

"이제 다시 한번 해 보겠습니다!"

성경에는 조연을 두지 않는다. 아무리 하찮은 인물도 그가 주인공이요, 나의 배역으로서 역할을 충실히 감당하고 있다. 나발 이야기 속에서 내가 나발이고 다윗이며 아비가일이다. 어쩌면 가룟 유다일 수도 있고, 아나니아나 삽비라일 수도 있다. 발람의 꼬임에 빠진 고스비 사건의 주인공일 수도 있다. 여기서 우리는 무엇을 어떻게 적용하고, 우리가 왜 작은 예수로 살아야 하는지를 깨닫게 된다. 우리는 성경 속의 주인이지 손님이 아니다.

"맞아, 이게 나야! 나를 대신할 사람은 바로 나밖에 없어!"

4

영성은 하나님의 마음이다. 나의 얄팍한 선입견과 고정관념을 다 내려놓아야 한다. 성령이 나에게 임해야 성경 속의 주인공을 만날 수 있다. 모르는 것은 모르는 대로 그냥 놔두고, 현실과 맞지 않은 것은 덮어두어야 한다. 이보다 더 좋은 방법은 없다. 현실에 맞춰 재해석할 필요도 없다. 나의 기준으로 재단하고 판단하지 마라. 독선과 아집이 오만을 낳는다. 성경에 아첨하여 우상화하거나 무리하게 풀다가 이단이 된다.

우리는 우리의 예배 방법이나 봉사 활동까지 다시 살펴보아야 한다. 혹시 예배와 헌금, 교제와 섬김 등이 바알의 풍요와 안녕을 추구하는 수단이나 방편이라면, 그 즉시 내려놓아야 한다. 하나님과의 관계성을 파괴하여 인성과 영성을 동시에 무너뜨릴 수 있다. 이는 사탄의 전형적인 함정이다. 여기에 걸려들면 헤어날 길이 없다.

사실 영성은 하나님과의 진지한 만남과 교제를 통해 이루어지고, 그에 따른 열매로 하나님을 사랑하고 이웃을 사랑하는 것이다. 이게 본질이다. 그밖에 어떠한 종교적 의식이나 신앙적 절차도 필요치 않다. 그래서 주님은 예배 방법이나 장소보다 예배자의 마음가짐이 더욱 중요한바, 영과 진리로 예배를 드리라고 하셨다.

하나님의 계시를 나의 생각이나 유익의 틀에 꿰맞추지 말아야 한다. 자칫하면 선천적 본능이나 후천적 욕심에 사로잡혀 마귀의 올무에 걸리게 된다. 그래서 수많은 교파가 생겨나고 교권주의가 난립하게 되었다. 이는 정말 부끄럽고 민망한 일이다. 그것이 좋든 나쁘든, 나의 기준이 아니라 하나님의 경륜에 초점을 맞춰야 한다. 성경은 역사나 소설이 아니다. 과학이나 도덕은 더욱 아니다. 잘못하면 성령의 프리즘을 통해 다양하게 나타날 나의 스펙트럼을 소멸할 수 있다.

지중해 세계의 전쟁 이야기는 춘추 시대의 삼국지를 능가할 정도로 서스펜스하고 스펙터클하게 이어진다. 하지만 성경 속의 전쟁사는 영웅호걸들의 패권 다툼이나 주도권 쟁취가 목적이 아니다. 전쟁마다 택하신 백성을 구원으로 인도하시는 하나님의 신비로운 손길이 스며있다. 하나님의 계획은 우리의 생각을 훨씬 뛰어넘어 온 인류의 역사를 아우르며, 보편적이고 총체적인 파레시아의 정의를 구현하고 있다. 이것이 성경 이야기를 통해 우리가 맛볼 수 있는 가장 고귀한 특권이요, 고상한 은총이다.

5

신앙은 하나님을 섬기며 기뻐하고 즐거워하는 일이다. 반드시 작은 예수로 살아야 한다. 이것이 신앙인의 웰니스(Wellness) 시스템이다. 예수 없이 단 한시도 참 평화와 자유와 기쁨을 누릴 수 없다. 예수 믿고 죽어서 천국만 들어가면 된다는 생각은 정말 안이하고 무책임하다. 그렇게 살다가 인생을 망친 사람들의 이야기가 세상에 즐비하다.

우리에게 주어진 100년의 카이로스 시간은 1,200개월로 36,500일이다. 이 시간 안에 우리는 지구촌 순례자로서 사명을 마쳐야 한다. 나는 나로서 오직 나만의 휴먼 스토리를 써 나가야 한다. 하지만 사탄이 지배하는 물질주의 세상에서 작은 예수의 삶이 결코 쉬운 일이 아니다. 그렇다고 전혀 불가능한 일도 아니다. 그래서 바울이 의인은 믿음으로 말미암아 산다고 하였다.

독일 출신의 간호 선교사 서서평은, 1912년 조선에 들어와 22년 동안 빈민과 병자, 불우한 여성을 위해 인생을 통째로 바쳤다. 그녀의 신조는 'Not Success but Service!(성공이 아니라 섬김이다!)'였다. 이웃을 위해 자신을 드리고 헌신할 때, 예수 그리스도의 웰니스 길을 온전히 걸어갈 수 있으며, 영원한 생명을 풍성히 누리게 된다.

성숙한 신앙인은 굳이 초자연적 계시나 기적을 요구하지 않는다. 오히려 평범한 일상 속에서 주님과 함께하기를 기뻐한다. 요셉이나 다윗 이야기를 통해 우리는 예수 그리스도의 마음을 엿볼 수 있다. 그들은 범사에 주님의 임재를 경험하며 자기중심에 확실히 모시고 살았다. 기적과 표적을 통한 순탄한 꽃길이 아니라, 고난과 시험을 통해 험난한 가시밭길을 걸었다. 언제 어디서나 주님만 믿고 의지하였으며, 모든 일을 묵묵히 참고 견디며 자기희생을 마다하지 않았다.

어떤 사람은 성경을 통해 고고한 진리를 찾거나 심오한 도덕성을 회복하려고 애쓴다. 이는 정말 무익하고 헛된 일이다. 그러면 그럴수록 점점 더 큰 실망과 좌절감만 맛보게 될 것이다.

6

교회는 예수 그리스도의 몸이다. 사도들이 전수한 초대교회로 돌아가야 한다. 아울러 우리는 반드시 예수 그리스도의 품에 안겨야 한다. 이것이 오늘날 교회의 가장 시급하고 절박한 과제이다. 그래서 예수님은 호세아 6장 6절의 말씀을 가장 많이 인용하셨다.

"너희는 가서 '내가 자비를 원하고 제사를 원치 않는다!'고 한 말씀이 무슨 뜻인지 먼저 배워라!"

오늘날 교회는 사탄의 꼼수에 여지없이 걸려들었다. 현세의 가룟 유다는 오만한 목사와 거만한 장로다. 이들의 지옥행은 불을 보듯 뻔하다. 회개와 기도, 섬김과 나눔이 없는 교회는 허구이며, 하나님이 가장 가증이 여기신다.

금전이나 권세, 명예나 인기, 오락이나 쾌락 등은 풍요의 우상인 바알의 배설물이다. 바알이 공들여 쌓은 바벨탑으로 마귀가 가장 즐겨 사용하는 무기요, 미끼이다. 이는 세속적 사람에게 치명적으로 다가오지만, 영성적 사람에게는 아무 힘도 발휘하지 못한다. 실로 주님은 온 세상의 부귀영화와 권세, 명예를 다 주겠다는 지상 최고의 유혹을 받고도 일언지하에 거절하셨다.

사람의 선천적 본능이나 후천적 욕구는 그야말로 과유불급이다. 하나님께서 각자의 믿음을 테스트하기 위해 특별히 마련하신 경험 커리큘럼이다. 임의로 사용할 수 있는 자유도 주셨지만, 절제하고 통제할 책임도 아울러 주셨다는 것이다. 어쩌면 에덴동산의 선악과 열매일 수도 있고, 우리의 육신을 콕콕 찌르는 아픈 가시일 수도 있다.

예수는 우리를 성경 속의 이야기 안으로 과감히 초대하고 있다. 반추 동물이 여러 개의 위로 쉬지 않고 되새김질하며 자기 몸에 자양분을 공급하듯, 이 책을 읽고 기도하고 묵상하며 작은 예수로 살아내라고 독려하신다.

7

충성은 지극히 작은 부분까지 정성껏 섬기는 일이다. 어떤 목사가 아주 작은 교회를 섬기며 매사에 정성을 다하고 있었다. 하찮은 것 하나하나까지 최선을 다하는 모습이 정말 아름다웠다.

어느 날 보니 그것이 차곡차곡 쌓여 열매를 맺었다. 아무짝에도 쓸모없어 보이던 건물 모서리에 핀 꽃까지 참 아름다웠다. 나아가 그 충성이 이웃을 살리고, 교회를 세우며, 하나님의 나라를 확장하고 있었다.

그런데 세월이 지나자, 그 모든 것이 기부 은행에 차곡차곡 쌓여 마당에 끝없이 펼쳐져 있었다. 게다가 자기 필요에 따라 언제든지 그것을 갖다 쓸 수 있었다. 다른 사람에게 다시 나눠줄 수도 있었다. 그야말로 작은 정성 하나하나가 빠짐없이 하늘은행 통장에 모두 쌓여 있었던 것이다. (이는 2020. 12. 23 새벽에 본 환상이다.)

우리 주님은 간음한 여인을 재판하는 과정에서 오직 몇 글자만 땅바닥에 썼을 뿐이다. 하지만 세상에서 가장 많은 이야기책을 남기셨다. 우리는 이 책을 반드시 먹어야 하며, 그래야 작은 예수로 살아낼 수 있다.

'나는 그대가 진리 안에서 진실하게 살고 있다는 소식을 듣고 무척 기뻤습니다.(요한3서 1장 3절)'

2020. 12

예수나라 청지기

하나님

나와 아버지는 하나다

태초에 하나님이 우주를 창조하셨다. 지구는 질서 없이 혼돈하고 형태 없이 공허하였다. 흑암이 깊음 위에 있고 하나님의 영은 수면에 감돌았다. 하나님이 말씀하셨다.

"빛이 생겨라!"

빛을 낮이라 하시고 어둠을 밤이라 하셨다.

"물 가운데 창공이 생기고 물과 물 사이가 갈라져라!"

창공 아래의 물과 창공 위의 물로 나누어졌다. 창공을 하늘이라 하셨다.

"하늘 아래의 물은 한곳으로 모이고 뭍이 드러나라!"

뭍을 땅이라 하고 물을 바다라 하셨다.

"땅은 씨 맺는 식물과 열매 맺는 나무를 종류대로 내어라!"

그대로 되니 셋째 날이었다.

"하늘에 광체가 생겨 밤낮을 나누고 날과 해와 계절을 이루라!"

큰 광체로 낮을, 작은 광체로 밤을 주관하게 하시고 별들도 만드셨다.

"물에는 생물이 번성하고 창공에는 새가 날아다녀라!"

하나님이 거대한 바다 생물과 물에서 번성하는 온갖 고기와 날개 달린 새들을 그 종류대로 만들고 축복하셨다.

"생육하고 번성하여 바다를 채우고 새들도 땅을 채워라!"

다섯째 날이었다.

"땅은 온갖 동물을 내어라! 집짐승과 길짐승, 들짐승을 그 종류대로 내어라!"

하나님이 보시기에 좋았다.

"우리의 형상대로 사람을 만들고, 바다의 고기와 공중의 새, 땅의 짐승을 다스리게 하자!"

하나님이 자기 형상대로 사람을 만들되, 남자와 여자를 만들고 축복하셨다.

"생육하고 번성하여 땅에 충만하고 땅을 정복하라. 바다의 고기와 공중의 새와 땅의 모든 생물을 다스려라. 땅에서 씨 맺는 식물과 열매 맺는 나무를 다 너희에게 준다. 이것이 너희 먹거리다. 땅의 짐승과 공중의 새와 다른 모든 생물에게도 풀과 식물을 먹이로 준다."

하나님이 창조한 것을 보시니 참으로 좋았다. 여섯째 날이었다. 이렇게 우주가 완성되었다. 일곱째 날을 거룩하게 구별하여 복을 주셨다.

✳2✳
아담
하나님의 형상과 영광을 지녔다

하나님이 먼지로 사람을 만들고 코에 생기를 불어 넣자 생명체가 되었다. 에덴 동쪽에 동산을 만들어 그 안에 두셨다. 아름다운 나무가 자라나 맛있는 과일을 맺고, 동산 중앙에는 생명나무와 선악나무가 있었다. 비손, 기혼, 티그리스, 유프라테스 강이 흘렀다. 하나님이 말씀

토크 지저스

하셨다.

"네가 동산의 모든 과일을 마음대로 먹을 수 있으나 선악을 알게 하는 열매만은 먹지 마라. 먹으면 반드시 죽을 것이다."

아담이 모든 가축과 공중의 새와 들짐승의 이름을 지었으나 배필이 없었다.

"아담이 혼자 사는 것이 좋지 않으니 도울 짝을 만들어주겠다."

하나님이 아담을 깊이 잠들게 하여 갈빗대 하나를 뽑고 그 자리를 살로 채우셨다. 그것으로 여자를 만들어 데려오시자 아담이 보고 소리쳤다.

"이는 내 뼈 중의 뼈요, 살 중의 살이다! 남자에서 나왔으니 여자라 부르겠다."

아담과 이브가 벗었으나 부끄러워하지 않았다.

* 3 *
# 이브
온 인류의 어머니가 되었다

하나님이 창조한 동물 중에서 뱀이 가장 간교하였다. 뱀이 여자에게 물었다.

"하나님이 정말 동산의 모든 과일을 먹지 말라 하시더냐?"

"우리가 동산의 과일을 다 먹을 수 있으나, 중앙에 있는 나무의 열매만은 먹지도 말고 만지지도 말라 하셨다. 어기면 죽는다고 하셨다."

"너희는 절대 죽지 않는다. 오히려 눈이 밝아져 선악을 분별하게 된다."

여자가 그 열매를 보니 먹음직스럽고 아름다우며 탐스러웠다. 자기도 따먹고 남편에게도 줘서 먹게 하였다. 그들의 눈이 갑자기 밝아져 무화과나무 잎으로 치마를 만들어 벗은 몸을 가렸다.

날이 저물어 서늘할 때, 하나님이 동산을 거니는 소리를 듣고 그 낯을 피하여 나무 사이에 숨었다. 하나님이 부르셨다.

"아담아, 네가 어디 있느냐?"

"제가 벗은 몸이 두려워 숨었습니다."

"네가 벗은 것을 누가 일러주더냐? 내가 먹지 말라는 과일을 따 먹었느냐?"

"하나님이 짝지어 주신 여자가 줘서 먹었습니다."

하나님이 여자에게 물으셨다.

"네가 어쩌다가 이 일을 저질렀느냐?"

"뱀이 저를 꾀어서 그랬습니다."

하나님이 뱀에게 말씀하셨다.

"네가 이런 짓을 하였으니, 너는 모든 짐승들 중에서 더욱 저주를 받아 평생 배로 기어 다니고 흙을 먹을 것이다. 내가 너를 여자와 원수가 되게 하고, 너의 후손을 여자의 후손과 원수가 되게 하겠다. 여자의 후손은 네 머리를 상하게 하고, 너는 그의 발꿈치를 상하게 할 것이다."

여자에게 말씀하셨다.

"내가 너에게 임신하는 고통을 크게 더하여 진통을 겪으며 자식을 낳을 것이다. 너는 남편을 사모하고 남편은 너를 다스릴 것이다."

　　　　　　　　　　　　　　　　　　　토크 지저스

아담에게 말씀하셨다.

"네가 아내의 말을 듣고 내가 먹지 말라는 과일을 먹었으니, 땅은 너로 인해 저주를 받고, 너는 죽는 날까지 수고해야 땅의 소산물을 먹을 것이다. 들에서 나는 곡식을 먹겠으나 땅은 가시덤불과 엉겅퀴를 낼 것이다. 너는 땀을 흘리며 고되게 일하여 먹고 살다가 마침내 흙으로 돌아갈 것이다. 너는 먼지니 티끌로 돌아갈 것이다."

아담이 아내의 이름을 이브라 지었다. 온 인류의 어머니가 되었기 때문이다. 하나님이 아담과 이브에게 가죽옷을 만들어 입히며 생각하셨다.

'이제 사람이 우리와 같이 선악을 알게 되었으니, 생명나무의 열매까지 따 먹고 영원히 살게 해서는 안 된다.'

그리고 사람을 에덴동산에서 추방하여 그의 원소인 땅을 경작하게 하셨다. 동산 동쪽에 천사들을 배치하고 화염검으로 생명나무의 길을 지키게 하셨다.

4
가인
순종이 제사보다 낫다

이브가 가인을 낳고 외쳤다.
"하나님이 나에게 아들을 주셨다!"

또 그의 동생 아벨을 낳았다. 아벨은 목자가 되고 가인은 농부가 되었다. 세월이 지나 가인은 곡식을 하나님께 예물로 드렸고, 아벨은 양의 첫 새끼를 잡아 가장 좋은 부분을 바쳤다. 하나님이 아벨과 그 예물은 기쁘게 받으셨으나 가인과 그 예물은 반기지 않으셨다. 가인이 화를 내며 얼굴을 찡그리자 하나님이 말씀하셨다.

"왜 화를 내며 얼굴을 찡그리느냐? 네가 마음을 잘못 먹으면 죄가 네 앞에 도사리고 앉을 것이다. 너는 그 죄를 다스리고 이겨내야 한다."

하루는 가인이 아벨에게 말하였다.

"우리가 들로 나가자."

거기서 가인이 아벨을 쳐 죽였다. 하나님이 물으셨다.

"네 동생 아벨이 어디 있느냐?"

"모릅니다. 제가 동생을 지키는 자입니까?"

"네가 무슨 짓을 했느냐? 네 동생의 피가 땅에서 호소하고 있다. 이제 너는 저주를 받았다. 땅을 일구어도 소출을 내지 않고, 너는 떠돌이 신세가 될 것이다."

"그 벌이 너무 무겁습니다. 오늘 저를 쫓아내시니, 다시는 하나님을 뵙지 못하고 방랑자가 될 것입니다. 저를 만나는 사람마다 죽이려고 할 것입니다."

"그렇지 않다. 너를 죽이는 자는 벌을 일곱 배나 받을 것이다."

하나님이 가인에게 표를 주어 아무도 죽이지 못하게 하셨다. 가인이 하나님 앞을 떠나 에덴 동쪽의 놋 땅에 머물렀다.

아담이 다시 아들을 낳아 셋이라 하였고, 셋이 에노스를 낳았다. 그때 사람들이 하나님의 이름을 불렀다.

5
노아

당대의 의인으로 하나님과 동행하였다

아담에서 셋, 에노스, 게난, 마할랄렐, 야렛, 에녹, 므두셀라, 라멕, 노아로 그 자손이 이어졌다. 노아는 셈과 함과 야벳을 낳았다. 하나님이 노아에게 말씀하셨다.

"내가 세상을 보니 너밖에 의인이 없다. 가족과 함께 배로 들어가라. 정결한 짐승은 암수 7쌍씩, 부정한 짐승은 암수 1쌍씩 모아들여라. 공중의 새도 암수 7쌍씩 데리고 들어가 그 씨를 보존하라. 7일이 지나면 40일 동안 밤낮으로 비를 내려 모든 생물을 땅에서 쓸어버릴 것이다."

노아가 600세 때 홍수가 시작되었다. 땅속의 깊은 샘들이 터지고 하늘의 창들이 열리며 40일간 밤낮으로 비가 쏟아졌다. 노아는 하나님의 명령대로 하였다. 노아와 그 아들 셈과 함과 야벳, 아내와 세 며느리가 배로 들어갔고, 정결하고 부정한 짐승과 새도 그 종류대로 짝을 지어 배로 들어갔다. 하나님이 배의 문을 닫으셨다.

홍수가 40일간 계속되었다. 물이 불어나 배가 떠다녔다. 온 세상의 산들이 다 잠겼다. 물이 더욱 불어나 가장 높은 산의 봉우리를 덮고 7m나 더 올라갔다. 새와 가축과 들짐승과 길짐승과 사람까지 땅의 모든 생물이 죽고, 배 안에 있는 노아의 가족과 짐승만 살아남았다. 물이 150일간 땅을 뒤덮었다.

하나님이 땅에 바람을 일으키시자 물이 줄어들기 시작하였다. 땅속의 샘과 하늘의 창이 닫히고 비가 그쳤다. 150일 후 물이 빠지고 배가 아라랏 산에 멈췄다. 물은 계속 줄어들어 산들의 봉우리가 드러났다.

40일이 지나 노아가 배의 창을 열고 까마귀를 내보냈다. 까마귀가 땅이 마르기를 기다리며 이리저리 날아다녔다. 비둘기를 내보냈으나 쉴만한 곳을 찾지 못하고 돌아왔다. 7일 후 다시 비둘기를 내보냈다. 저녁때 비둘기가 연한 감람나무 잎사귀를 물고 왔다. 땅에 물이 빠진 것을 알고 다시 7일을 기다린 후, 비둘기를 내어놓자 아예 돌아오지 않았다.

노아가 601세 때 배의 뚜껑을 열고 보니, 땅에 물이 빠지고 땅바닥이 완전히 말라 있었다. 하나님이 노아에게 말씀하셨다.

"너는 가족을 데리고 배에서 나가라. 배 안의 생물들도 모두 데리고 나가 생육하고 번성하게 하라."

노아의 가족과 생물들이 배에서 나왔다. 노아가 단을 쌓고 정결한 짐승과 새 중에서 제물을 골라 번제물로 드렸다. 하나님이 기쁘게 받으시고 마음속으로 다짐하셨다.

'사람의 생각이 어릴 때부터 악하기는 하지만, 내가 다시는 땅을 저주하거나 생물을 멸하지 않겠다. 땅이 있는 한 그들이 심고 거둘 것이며, 추위와 더위, 여름과 겨울, 낮과 밤이 그치지 않을 것이다."

그리고 무지개로 언약하시며 그들을 축복하셨다.

"너희는 자녀를 많이 낳고 번성하여 땅을 가득 채워라!"

이리하여 노아의 세 아들로 인류가 세상에 퍼지게 되었다. 노아가 농사를 시작하여 포도나무를 심었다. 하루는 포도주를 마시고, 자기 천막 안에서 벌거벗고 누워 있었다. 함이 아버지의 벗은 몸을 보고 형제에게 알렸다. 셈과 야벳이 겉옷을 어깨에 메고 뒷걸음질로 들어가 아버지의 몸을 덮어드렸다. 노아가 일어나 말하였다.

"함의 아들 가나안은 저주를 받아 형제의 종이 될 것이다. 셈의 하나님을 찬양하라. 그는 가나안을 종으로 부릴 것이다. 하나님이 야벳을 번성하게 하여 셈의 축복을 함께 누리게 하실 것이다."

노아는 350년을 더 살고 950세에 죽었다.

6
바벨
네가 하늘까지 치솟을 셈이냐?

처음에는 사람들이 같은 언어를 사용하였다. 동쪽으로 이동하다가 바빌로니아 들판에 이르러 자리를 잡았다.

"어서 벽돌을 빚어 단단히 구워내자."

그들은 돌 대신에 벽돌을 쓰고 진흙 대신에 역청을 썼다.

"자, 성을 건축하고 하늘에 닿을 탑을 쌓아 우리의 이름을 떨치며 흩어지지 않도록 하자."

하나님이 보시고 말씀하셨다.

"이들이 같은 언어를 사용하여 이 일을 시작하였다. 앞으로 마음만 먹으면 못할 일이 없다. 언어를 혼잡하게 만들어 서로 알아듣지 못하게 하자."

그리고 그들을 온 땅으로 흩어 성 쌓는 일을 중단시켰다. 그 도시를 바벨이라 하였다.

7
아브람

너희는 마음에 근심하지 마라

노아의 아들 셈에서 아르박삿, 셀라, 에벨, 벨렉, 르우, 스룩, 나홀, 데라로 후손이 이어졌다. 데라가 아브람과 나홀과 하란을 낳았다. 하란은 롯을 낳고 고향에서 아버지보다 먼저 죽었다. 아브람은 사래와 결혼하고, 나홀은 하란의 딸 밀가와 결혼하였다. 사래는 자식이 없었다.

데라가 아들 아브람과 손자 롯을 데리고 바빌로니아 우르를 떠났다. 가나안 땅에 가려고 하였으나 하란에 이르러 정착하고 말았다. 거기서 데라가 죽었다. 하나님이 아브람에게 말씀하셨다.

"너는 고향과 친척과 아버지 집을 떠나 내가 장차 보여줄 땅으로 가라. 너를 큰 민족의 조상이 되게 하고 이름을 크게 떨치게 하겠다. 너를 축복하는 자를 축복하고 저주하는 자를 저주할 것이며, 땅의 모든 민족이 너를 통해 복을 받을 것이다."

아브람이 75세에 롯과 함께 하란을 떠났다. 하란에서 얻은 모든 재산과 종들을 이끌고 가나안 땅 세겜에 이르렀다. 하나님이 말씀하셨다.

"내가 이 땅을 네 후손에게 주겠다."

아브람이 그곳에 단을 쌓고 남쪽으로 내려가 벧엘과 아이 사이에 천막을 쳤다. 거기서도 단을 쌓았다. 그리고 점점 남쪽으로 옮겨가다가 심한 흉년이 들어 이집트까지 내려갔다. 아브람이 사래에게 말하였다.

"당신은 정말 아름답소. 이집트인이 보면 나는 죽이고 당신은 살릴 것이오. 내 누이라고 하시오. 그래야 내가 죽지 않고 좋은 대접을 받게 될 것이오."

아브람이 이집트 땅에 이르자 그들이 사래를 보고 아름답다며 야단이었다. 궁중 신하들도 보고 그 아름다움을 바로 왕에게 알렸다. 사래가 궁실로 안내되었다. 바로가 사래를 봐서 아브람을 후하게 대접하고 양과 소와 나귀와 남녀 종들과 낙타를 주었다.

하나님이 그 일로 바로와 그 집안에 무서운 재앙을 내렸다. 바로가 아브람을 불러 말하였다.

"네가 어찌하여 이런 짓을 하였느냐? 왜 아내라 하지 않고 누이라 하여 내 아내로 삼게 하였느냐? 자, 네 아내가 여기 있으니 데리고 가거라."

아브람이 사래와 함께 모든 소유를 이끌고 나라 밖으로 나갔다.

* 8 *

멜기세덱

너희는 왕 같은 제사장이다

아브람이 전에 제단을 쌓은 벧엘과 아이 사이로 다시 올라갔다. 아브람과 롯은 양떼와 소떼와 장막이 따로 있었다. 그들이 함께 살기에는 땅이 좁았다. 아브람의 목자와 롯의 목자 사이에 다툼이 일어나곤 하였다. 아브람이 롯에게 말하였다.

"너와 나, 너의 목자와 나의 목자 사이에 다툼이 생겨서는 안 된다. 우리는 한 핏줄이다. 이 앞에 땅이 얼마든지 있다. 우리가 따로 떨어져 살자. 네가 좌로 가면 나는 우로, 네가 우로 가면 나는 좌로 가겠다."

롯이 동으로 떠났다. 아브람은 가나안 땅에서 살고, 롯은 여러 성을 돌다가 소돔에 자리를 잡았다. 그곳 사람들이 악하여 온갖 죄를 짓고 있었다. 롯이 아브람을 떠난 후 하나님이 말씀하셨다.

"너는 눈을 크게 뜨고 동서남북을 바라보라. 네 눈에 보이는 땅을 모두 네게 주고 네 자손도 셀 수 없이 주겠다."

이후 소돔에 전쟁이 있었다. 아브람의 조카 롯이 사로잡혀 갔다. 거기서 도망친 사람이 아브람에게 알렸다. 아브람이 가병 318명을 이끌고 단까지 쫓아가 롯과 부녀자와 친척과 재산까지 되찾아왔다. 그때 살렘 왕 멜기세덱이 떡과 포도주를 가지고 와서 아브람에게 복을 빌어주었다.

"천지의 주재시요, 가장 높으신 하나님! 아브람에게 복을 내려주십시오. 그리고 아브람은 들으시오. 원수들을 그대의 손에 넘겨주신 가장 높으신 하나님을 찬양하시오."

아브람이 전리품 중에서 1/10을 멜기세덱에게 주었다. 소돔 왕이 아브람에게 말하였다.

"사람들은 나에게 돌려주시고 물건만 당신이 가져가시오."

아브람이 대답하였다.

"천지를 지으신 가장 높으신 주 하나님께 손을 들고 맹세하지만, 당신의 것은 신발 끈, 아니 실오라기 하나도 갖지 않겠소."

✳9✳
상속자
의인은 믿음으로 산다

하나님이 아브람에게 말씀하셨다.

"아브람아, 두려워하지 마라. 나는 너의 방패다. 네가 받을 보상이 매우 크다."

"주 나의 하나님, 제게 무엇을 주시렵니까? 저는 자식이 없습니다. 상속자는 다마스쿠스 엘리에셀뿐입니다. 주께서 자식을 주시지 않아 이 종이 상속자가 될 것입니다."

"아니다. 네 몸에서 태어날 아들이 상속자가 될 것이다."

하나님이 아브람을 데리고 밖으로 나가 말씀하셨다.

"하늘의 별을 세어보아라. 네 자손이 저 별들처럼 많을 것이다."

아브람이 하나님을 믿으니 그 믿음을 의로 여기셨다.

"내가 이 땅을 주려고 너를 바빌로니아 우르에서 이끌어 내었다."

"주 나의 하나님, 우리가 그것을 어떻게 알 수 있겠습니까?"

"3년 된 암송아지와 암염소와 숫양을 각 1마리씩 가져오고, 산비둘기 1마리와 집비둘기를 새끼 1마리도 가져오너라."

아브람이 제물을 가지고 와서 몸통 가운데를 쪼개고 서로 마주 보게 놓았다. 비둘기는 쪼개지 않았다. 솔개들이 내려와 쫓아버렸다. 해질 무렵에 아브람이 깊이 잠들어 흑암의 공포에 사로잡혔다. 하나님이 말씀하셨다.

"너는 똑똑히 알아라. 네 자손이 이국땅에서 나그네 되어 400년 동안 종살이하며 학대받을 것이다. 하지만 내가 그 나라를 반드시 벌할 것이며, 그 후에 네 자손이 재물을 많이 가지고 나올 것이다. 너는 오래 살다가 고이 잠들 것이고, 네 자손은 4대 만에 이곳으로 돌아올 것이다. 아모리 족속의 죄가 아직 벌 받을 만큼 이르지 않았기 때문이다."

해가 지고 날이 어두워졌다. 연기 나는 화로와 타오르는 횃불이 갑자기 나타나 쪼개놓은 제물 사이로 지나갔다. 하나님이 아브람에게 약속하셨다.

"내가 이 땅을, 이집트에서 큰 강 유프라테스에 이르기까지 네 자손에게 주겠다."

✳ 10 ✳
하갈

어디서 와서 어디로 가느냐?

사래에게 하갈이라는 이집트 여종이 있었다. 사래가 아브람에게 말하였다.

"하나님께서 제게 자식을 주시지 않으니 여종과 잠자리에 드세요."

아브람은 아내의 말을 따르기로 하였고, 사래는 하갈을 남편의 첩으로 주었다. 아브람이 가나안 땅에 들어온 지 10년째였다. 하갈이 임신하여 여주인을 무시하였다. 사래가 아브람에게 말하였다.

"내가 무시당하는 것이 당신의 잘못입니다. 여종이 임신하더니 나를 멸시합니다. 하나님이 판단하시기 바랍니다."

"여종을 다스릴 권한이 당신에게 있으니 좋을 대로 하시오."

사래가 학대하자 하갈이 도망하였다. 주의 천사가 광야의 샘 곁에서 하갈을 만나 물었다.

"사래의 여종 하갈아, 어디서 와서 어디로 가느냐?"

"여주인을 피하여 도망치는 중입니다."

"여주인에게 돌아가 참고 살아라. 네게 많은 후손을 주겠다. 아들을 낳으면 이스마엘이라 하라. 하나님이 네 고통의 소리를 들어주셨다. 네 아들은 들나귀처럼 닥치는 대로 치고받으며 형제들과 동떨어져 살 것이다."

하갈이 속으로 말하였다.

'내가 하나님을 뵙고 정말 살아남은 것인가?'

그리고 '나를 보시는 하나님'이라 불렀다. 하갈이 아들을 낳자 아브람이 그 이름을 이스마엘이라 하였다. 아브람의 나이 86세였다.

11
아브라함
하나님을 믿음으로 의롭게 되었다

아브람이 99세 때 하나님이 나타나 말씀하셨다.

"나는 전능한 하나님이다. 너는 순종하여 흠 없이 살아라. 내가 너와 계약을 맺어 크게 번성하도록 하겠다."

아브람이 얼굴을 땅에 대고 엎드렸다.

"너는 많은 민족의 조상이 될 것이다. 이제부터 '아브람'이 아니라 '아브라함'이다. 너를 많은 민족의 조상으로 세웠다. 너에게 많은 나라를 이룰 후손을 주겠다. 네 후손 중에서 많은 왕이 나올 것이다. 내가 영원한 계약을 지키고 너와 네 후손의 하나님이 될 것이다. 네가 지금 나그네로 살고 있는 이 땅을 너와 네 후손에게 주리니, 가나안 땅 전체가 네 후손의 영원한 소유가 되고, 나는 그들의 하나님이 될 것이다.

그러므로 내 계약을 대대로 지켜라. 모든 남자는 태어난 지 8일 만에 할례를 받아야 하며, 너희 집에서 태어난 종이나 외국에서 사 온 종도 포피를 베어야 한다. 너희가 할례를 받음으로써 내 계약이 영원하다는 표를 몸에 지니게 된다. 할례를 받지 않는 남자는 내 계약을 깨뜨리는 것이니, 그는 내 백성 가운데서 제거될 것이다.

이제부터 네 아내를 '사래'라 하지 말고 '사라'라 불러라. 내가 사라를 축복하여 아들을 주겠다. 내가 모든 나라의 어머니가 되게 하리니, 그 후손에서 많은 왕이 나올 것이다."

아브라함이 엎드린 채 속으로 웃으며 중얼거렸다.

'100세 된 남자와 90세 된 여자가 어찌 자식을 낳겠는가?'

그리고 말하였다.

"이스마엘이나 주의 복을 받고 살았으면 좋겠습니다."

"아니다. 네 아내 사라가 아들을 낳을 것이다. 그 이름을 '이삭'이라 하라. 내가 그와 계약을 맺을 것이니, 그의 후손에게 영원한 계약이 될 것이다.

나는 내가 이스마엘에 대해 하는 말을 들었다. 내가 많은 자녀와 후손을 그에게도 주어 크게 번성하도록 하겠다. 그는 12명의 통치자를 낳아 큰 나라를 세울 것이다. 그러나 내 계약은 내년 이맘때 사라가 낳을 이삭과 맺을 것이다."

그리고 하나님이 떠나셨다. 그날 아브라함은 이스마엘과 종을 포함하여 모든 남자를 데려다가 포피를 베었다. 아브라함은 99세, 이스마엘은 13세였다.

✳ 12 ✳

사라

여러 민족의 어머니가 되게 하리라

하나님이 마므레 상수리나무 곁에 나타나셨다. 한창 더운 시간이었다. 아브라함이 천막 입구에 앉았다가 고개를 들어보니 세 사람이 맞은편에 서 있었다. 즉시 나가 맞으며 얼굴을 땅에 대고 엎드려 말하였다.

"주여, 제가 은혜를 입었다면 그냥 지나가지 마십시오. 물을 조금 길어올 테니 발을 씻으시고 나무 밑에서 잠시 쉬십시오. 제가 먹을 것을 좀 가져오겠습니다. 음식을 드시고 힘을 얻어 길을 가십시오."

"좋다. 네 말대로 하여라."

아브라함이 급히 천막으로 들어가 사라에게 말하였다.

"고운 밀가루 한 됫박을 가져다가 서둘러 빵을 좀 구우시오."

그리고 연하고 살진 송아지 1마리를 골라 하인에게 주며 급히 잡으라고 하였다. 아브라함이 버터와 우유와 요리한 송아지 고기를 가져다가 그 앞에 놓고, 그들이 음식을 먹는 동안 곁에 서 있었다. 그들이 물었다.

"네 아내 사라가 어디 있느냐?"

"천막 안에 있습니다."

"내년 이맘때 네 아내 사라에게 아들이 있을 것이다."

사라가 천막 입구에서 듣고 속으로 웃으며 중얼거렸다.

'내가 노쇠하고 남편도 늙었으니 어찌 아이를 낳겠는가?'

하나님이 아브라함에게 말씀하셨다.

"어찌하여 사라가 웃으며 중얼거리는가? 하나님께 불가능한 일이 있겠느냐? 내년 정한 때 내가 돌아올 터이니 사라에게 아들이 있을 것이다."

사라가 두려워하며 거짓말하였다.

"저는 웃지 않았습니다."

"아니다. 너는 웃었다."

그들이 일어나 소돔으로 향하자 아브라함이 전송하였다.

＊13＊

롯

누가 어머니이고 형제인가?

하나님이 아브라함에게 말씀하셨다.

"소돔과 고모라 사람들이 악하여 큰 죄를 짓고 있다는 소문이 들린다. 이제 가서 알아보려고 한다."

그들은 계속 소돔을 향해서 갔고, 하나님은 아브라함과 함께 그대로 머물러 계셨다. 아브라함이 말하였다.

"주께서 정말 의인을 악인과 함께 멸하시렵니까? 그 성에 50명의 의인이 있다면 어떻게 하시겠습니까? 그래도 그 성을 멸하시겠습니까? 아니면 그들을 생각해서 용서하시겠습니까? 의인을 악인과 함께 죽일 수는 없다고 봅니다. 어떻게 의인을 악인과 똑같이 취급할 수 있습니까?"

"그 성에서 의인 50명을 찾을 수 있다면 용서하겠다."

"티끌 같은 제가 감히 주께 말씀드립니다. 의인이 45명이면 어떻게 하시겠습니까? 5명이 부족하다고 그 성을 멸하시겠습니까?"

"의인 45명을 찾을 수 있다면 멸하지 않겠다."

"거기서 40명을 찾으면 어떻게 하시겠습니까?"

"그 40명을 생각해서 멸하지 않겠다."

"주여, 염치없다고 노하지 마십시오. 30명을 찾으면 어떻게 하시겠습니까?"

"30명을 찾아도 멸하지 않겠다."

"제가 또 감히 주께 말씀드립니다. 20명을 찾으면 어떻게 하시겠습니까?"

"그 20명을 생각해서 멸하지 않겠다."

"주여, 노하지 마십시오. 제가 한 번만 더 말씀드리겠습니다. 그 성에서 의인 10명을 찾으면 어떻게 하시겠습니까?"

"의인 10명만 있어도 그 성을 멸하지 않겠다."

천사들이 소돔에 도착했을 때 롯은 성문에 앉아있었다. 롯이 즉시 일어나 영접하며 땅에 엎드려 절하고 말하였다.

"주여! 종의 집으로 들어가 발을 씻고 주무신 후, 내일 아침 일찍 일어나 길을 가십시오."

"아니다. 우리가 거리에서 밤을 보내겠다."

롯이 간청하여 결국 집에 들어갔다. 그들이 음식을 맛있게 먹었다. 소돔 사람들이 사방에서 몰려와 집을 에워싸고 소리쳤다.

"오늘 밤 네 집에 들어온 자들이 어디 있느냐? 그들을 끌어내라. 우리가 재미 좀 봐야겠다."

롯이 밖으로 나가 등 뒤로 문을 닫고 말하였다.

"여러분, 부탁입니다. 제발 이러지 마십시오. 시집가지 않은 두 딸을 내어줄 테니 당신들 좋을 대로 하시고, 이들에게는 손대지 마십시오. 내 집에 온 손님입니다."

그들이 롯을 밀어붙이며 달려들어 문을 부수려고 하였다.

"물러서라! 이방인을 받아주었더니 이제 이놈이 우리의 법관 노릇까지 하려고 드는구나. 그들보다 네놈이 먼저 혼나야겠다."

그때 천사들이 손을 내밀어 롯을 집안으로 끌어들이고 문을 닫았다. 밖에 있는 자들의 눈이 멀어 문을 찾지 못하였다. 천사들이 롯에게 말하였다.

"이곳에 너 외에 또 다른 사람이 있느냐? 네 자녀나 사위나 그밖에 다른 친척이 있으면 그들을 모두 성 밖으로 나가게 하라. 우리가 이 성을 멸하겠다. 이 성의 죄악이 하늘에 사무쳐 하나님이 멸하려고 우리를 보내셨다."

롯이 딸들의 약혼자들을 만나 말하였다.

"너희는 빨리 이 성을 떠나라. 하나님이 멸하실 것이다."

그들이 그 말을 농담으로 여겼다. 동이 트자 천사들이 롯을 재촉하며 말하였다.

"서둘러 네 아내와 두 딸을 데리고 떠나라. 그렇지 않으면 여기서 죽을 것이다."

롯이 망설이자 천사들이 롯과 그 아내와 두 딸의 손을 잡아 성 밖으로 이끌어 내었다. 하나님이 롯을 긍휼히 여겨 말하였다.

"너희는 도망하여 목숨을 구하라. 뒤를 돌아보거나 도중에 멈추지 말고 산으로 피하라. 그렇지 않으면 죽을 것이다."

"주여, 제발 그러지 마십시오. 주께서 저를 구하려고 큰 은혜와 사랑을 베풀어주셨지만 제가 산까지 달아날 수 없습니다. 도중에 재앙을 만나 죽을지 모릅니다. 보십시오. 저기 가까운 성이 있습니다. 저 성은 아주 작지 않습니까? 저곳으로 가게 해주십시오. 그러면 제가 안전할 것입니다."

"좋다. 네 말대로 그 성은 멸망시키지 않겠다. 너희는 빨리 그곳으로 도망하라. 너희가 도착할 때까지 내가 아무것도 할 수 없다."

그래서 그 성 이름을 작다는 뜻으로 '소알'이라 불렀다. 롯이 소알에 이르렀을 때 해가 떠오르고 있었다. 하나님이 소돔과 고모라 성에 유황과 불을 비처럼 쏟아부어 모든 것을 멸하셨다. 그때 롯의 아내는 뒤를 돌아봐 소금 기둥이 되었다.

그날 아브라함은 일찍 일어나 전날 하나님 앞에 섰던 곳으로 갔다. 거기서 소돔과 고모라와 그 온 들을 바라보니 시커먼 연기가 치솟아 오르고 있었다. 하나님이 그 성을 멸하실 때 아브라함을 생각하여 롯을 안전하게 피신시켰던 것이다.

롯은 소알에 사는 것이 두려워 두 딸과 함께 산으로 올라가 동굴 속에 숨어있었다. 하루는 큰딸이 작은딸에게 말하였다.

"우리 아버지는 늙으셨고 여기는 우리와 결혼할 남자가 없다. 아버지께 술을 드려 취하게 한 후 가족의 혈통을 이어가자."

그리고 그날 밤 먼저 큰딸이 아버지의 잠자리에 들었다. 아버지는 술에 취하여 딸이 한 일을 전혀 알지 못하였다. 다음날 큰딸이 동생에게 말하였다.

"어젯밤에는 내가 아버지의 잠자리에 들었다. 오늘 밤에는 네가 들어가 아버지를 통해 가족의 혈통을 이어가자."

이번에도 아버지는 작은딸이 한 일을 알지 못하였다. 이렇게 해서 롯의 두 딸은 자기 아버지를 통해 임신하게 되었는바, 큰딸은 아들을 낳아 '모압'이라 하여 모압 사람의 조상이 되었고, 작은딸은 아들을 낳아 '벤암미'라 하여 암몬 사람의 조상이 되었다.

✳ 14 ✳
아비멜렉(1)
자기를 버리고 십자가를 지라

아브라함이 블레셋 땅 그랄로 가서 머물게 되었다. 거기서 아내 사라를 누이동생이라 하였다. 그랄 왕 아비멜렉이 사람을 보내 사라를 자기 궁전으로 데려갔다. 그날 밤 하나님이 아비멜렉의 꿈에 나타나 말씀하셨다.

"네가 데려온 여자로 인해 너는 죽을 것이다. 그녀는 유부녀다."

"주여, 죄 없는 사람을 죽이시렵니까? 그는 누이동생이라 하였고, 그녀도 오빠라 하였습니다. 제게 잘못이 없습니다."

"네가 깨끗한 마음으로 그런 것을 나도 알고 있다. 그래서 죄를 짓지 않게 하였다. 그녀를 돌려보내라. 그는 예언자다. 그가 너를 위해 기도

하면 너는 죽지 않을 것이다. 그렇지 않으면 너와 네 가족이 다 죽을 것이다."

아비멜렉이 다음날 일찍 일어나 신하들을 불러 말하자 그들이 몹시 두려워하였다. 그리고 아브라함을 불러 말하였다.

"당신이 왜 그랬소? 내가 무엇을 잘못하여 나와 내 나라에 이런 큰 죄를 불러들였소? 당신은 해서는 안 될 짓을 하였소. 도대체 그 이유가 무엇이오?"

"이곳에는 하나님을 두려워하는 사람이 없는바, 그들이 내 아내를 탐내 나를 죽일 것으로 생각했습니다. 사실 그녀는 내 이복동생으로 아내가 되었습니다. 하나님이 고향을 떠나게 하셨을 때, '지금부터 어디를 가든지 당신은 나를 오빠라고 부르시오. 이것이 나를 사랑하는 길이오.'라고 했습니다."

아비멜렉이 양과 소와 종들을 아브라함에게 주고 그 아내도 돌려보내며 말하였다.

"여기는 내 땅이니 당신이 살고 싶은 곳에 가서 사시오."

그리고 사라에게 말하였다.

"내가 당신 오빠에게 은화 1,000개를 주고, 당신과 함께 있는 모든 사람 앞에서 당신이 깨끗하다는 증거로 삼겠소. 사람들은 당신이 아무것도 잘못한 일이 없음을 알게 될 것이오."

아브라함의 아내 사라의 일로 하나님이 아비멜렉 집안의 사람들로 아이를 낳지 못하게 하셨으나, 아브라함이 기도하여 아비멜렉의 아내와 그 여종들이 아이를 낳을 수 있게 되었다.

15
이스마엘
큰 민족을 이루게 하리라

하나님의 약속대로 사라가 임신하여 늙은 아브라함에게 아들을 낳아주었다. 아브라함이 이름을 이삭이라 지었다. 이삭이 태어난 지 8일 만에 포피를 잘라 할례를 행하였다. 아브라함의 나이 100세였다. 사라가 말하였다.

"하나님이 나를 웃게 하셨으니 이 일을 듣는 자가 다 웃을 것이다. 사라가 자식을 낳아 기를 것이라고 누가 꿈엔들 생각했겠는가? 나는 나이 많은 아브라함에게 아들을 낳아주었다."

아이가 자라서 젖을 뗄 때 아브라함이 큰 잔치를 베풀었다. 어느 날 하갈이 낳은 이스마엘이 이삭을 조롱하였다. 사라가 아브라함에게 말하였다.

"이 여종과 그 아들을 내쫓으세요. 내 아들과 함께 유산을 받게 할 수 없습니다."

이 일로 아브라함이 몹시 근심하자 하나님이 말씀하셨다.

"그 아이와 여종에 대해 걱정하지 말고 사라가 말한 대로 내보내라. 이삭을 통해 난 자라야 네 후손으로 인정될 것이다. 하지만 네 여종의 아들도 네 자식이니, 그에게도 많은 후손을 주어 큰 민족을 이루게 하겠다."

아브라함이 다음 날 아침 일찍 일어나 빵과 물 한 가죽 부대를 가져다가 하갈의 어깨에 메워주고 떠나보냈다. 하갈이 아들과 함께 브엘세바 광야에 가서 방황하였다. 부대에 물이 떨어지자 아들을 떨기나무 밑에 두고, 100m쯤 떨어진 곳에 가서 주저앉아 자식이 죽는 것을 차마 볼 수 없다며 목 놓아 울기 시작하였다.

하나님이 그 아이의 우는 소리를 들었다. 천사가 하갈을 불러 말하였다.

"하갈아, 무슨 일이냐? 두려워하지 마라. 하나님이 저 아이의 울음소리를 들었다. 너는 일어나 아이를 일으켜 세우고 위로하라. 그 후손을 큰 민족이 되게 하겠다."

하나님이 하갈의 눈을 밝혀 샘을 보게 하셨다. 부대에 물을 채워 아이에게 갖다 주었다. 아이가 성장할 때까지 하나님이 함께하셨다. 그가 바란 광야에 살면서 활의 명수가 되었다. 그 어머니가 이집트 여자를 데려와 결혼시켰다.

16

이삭

약속의 자녀가 참 후손이다

하나님이 부르셨다.

"아브라함아!"

"제가 여기 있습니다."

"네 사랑하는 독자 이삭을 데리고 모리아 땅으로 가거라. 거기서 내가 지시하는 산에 이르러 제물로 바쳐라."

아브라함이 다음날 일찍 일어나 나귀에 안장을 지우고, 제물을 태울 나무를 준비하여 두 종과 이삭을 데리고 떠났다. 3일째 멀리서 하나님이 지시하신 곳을 바라보고 종들에게 말하였다.

"너희는 여기 머물러 있어라. 내가 아들과 가서 경배하고 오겠다."

아브라함이 이삭에게 나무를 지우고 불과 칼을 들고 갔다. 이삭이 불렀다.

"아버지!"

"왜 그러느냐?"

"불과 나무는 여기 있는데 제물은 어디 있습니까?"

"얘야, 제물은 하나님께서 직접 준비하실 거란다."

그리고 계속 걸어 하나님이 지시하신 곳에 이르렀다. 아브라함이 단을 쌓고 나무를 벌여놓은 후 아들을 묶어 올려놓았다. 손에 칼을 잡고 아들을 잡으려는 순간, 주의 천사가 하늘에서 다급히 불렀다.

"아브라함아! 아브라함아!"

"제가 여기 있습니다."

"아이에게 손대지 마라! 그에게 아무 해도 입히지 마라! 네가 하나밖에 없는 외아들까지 아끼지 않았으니, 네가 하나님을 두려워하는 줄 이제야 알았다."

아브라함이 주위를 살펴보니 수풀에 뿔이 걸린 숫양이 있었다. 그 양을 가져다가 아들 대신 제물로 바쳤다. 그리고 그곳을 '야훼 이레'라 불렀다. '주의 산에서 준비될 것이다.'는 뜻이다. 천사가 하늘에서 다시 아브라함을 불러 주의 말씀을 전하였다.

"내가 맹세하지만, 네가 이처럼 하나밖에 없는 아들까지 아끼지 않았으니, 내가 한없는 복을 내려 네 후손을 하늘의 별과 바닷가의 모래처럼 많게 하겠다. 네 후손은 원수들을 정복할 것이다. 네가 순종하였으니, 네 후손을 통해 모든 민족이 복을 받을 것이다."

아브라함이 종들과 함께 브엘세바로 돌아갔다.

✳ 17 ✳
에브론

내 장례를 준비한 것이다

사라가 127세에 죽었다. 아브라함이 슬퍼하며 헷 사람에게 말하였다.

"나는 여러분 가운데 나그네로 살고 있습니다. 죽은 아내를 장사할 매장지가 필요합니다."

"어른은 하나님이 세우신 지도자입니다. 우리 묘지에서 가장 좋은 곳을 골라 사용하십시오. 어른이 고인의 묘지로 쓰신다면 거절할 사람이 없습니다."

아브라함이 큰절을 하고 말하였다.

"여러분이 괜찮으시면 나의 청을 들어주시고, 소할의 아들 에브론에게 전해주시기 바랍니다. 그의 밭머리에 있는 막벨라 굴을 나에게 팔도록 주선하여 주십시오. 값은 넉넉하게 쳐서 드릴 테니 내가 그 굴을 사서 묘지로 쓰도록 도와주십시오."

에브론이 마침 그들 틈에 있다가 대답하였다.

"그러실 필요가 없습니다. 그 밭과 굴을 그냥 드리겠습니다. 우리 백성이 보는 앞에서 제가 분명히 말씀드립니다. 거기 돌아가신 부인을 안장하시기 바랍니다."

아브라함이 다시 큰절을 하고 에브론에게 말하였다.

"당신이 좋게 여기신다면 내 말을 들어주시기 바랍니다. 그 값을 드리겠습니다. 그 돈을 받으셔야 내가 아내를 거기 묻을 수 있습니다."

에브론이 대답하였다.

"제 말도 들어보십시오. 그 값을 친다면 은 4.5kg은 됩니다. 하지만 어른과 어찌 거래하겠습니까? 거기 그냥 돌아가신 부인을 안장하십시오."

아브라함이 은 4.5kg을 달아 에브론에게 주었다. 막벨라 굴이 딸린 밭과 그 주변의 모든 나무들이 아브라함의 소유가 되었다. 사라를 그곳에 안장하였다.

∗ 18 ∗
리브가
누가 현숙한 아내를 얻겠느냐?

아브라함은 나이 많아 늙었고, 하나님은 매사에 그를 축복하셨다. 어느 날 아브라함이 가장 나이 많은 종을 불러 말하였다.

"너는 손을 내 허벅지 밑에 넣고 내 아들을 가나안 여자와 결혼시키지 않겠다고 하나님께 맹세하라. 그리고 내 고향 친척에게 가서 이삭의 신붓감을 구하라."

"처녀가 따라오지 않으면 어쩝니까? 제가 주인님의 아들을 데리고 그곳으로 가야 합니까?"

"아니다. 내 아들을 데리고 가지 마라. 하나님이 내 아버지의 집과 고향을 떠나게 하시고, 이 땅을 내 후손에게 주겠다고 엄숙히 약속하셨다. 그가 천사를 네 앞서 보내실 것이다. 거기서 내 아들의 신붓감을 구하라. 처녀가 따라오지 않으면 너는 이 맹세와 아무 상관이 없다. 그러나 무슨 일이 있어도 내 아들을 데려가서는 안 된다."

그 종이 아브라함의 허벅지 밑에 손을 넣고 맹세하였다. 낙타 열 마리에 온갖 물건을 싣고, 메소포타미아로 가서 나홀의 성에 이르렀다. 우물곁에 서서 낙타를 쉬게 하였다. 여자들이 물을 긷는 저녁 무렵에 기도하였다.

"주인 아브라함의 하나님이시여, 제가 맡은 일을 성공적으로 수행할 수 있도록 아브라함에게 은혜를 베풀어주십시오. 제가 여기 서 있다가 한 처녀가 물을 길으러 오면 물어보겠습니다.

'항아리를 기울여 물을 좀 마시게 해주겠소?'

'드세요. 제가 당신의 낙타에게도 물을 주겠습니다.'

그 처녀가 이렇게 대답하면, 주께서 이삭을 위해 정하신 신부가 되게 해주십시오. 그때 주께서 제 주인에게 은혜를 베풀어주셨음을 알겠습니다."

그가 미처 기도를 마치기도 전에 리브가가 항아리를 어깨에 메고 나왔다. 아브라함의 동생 나홀과 그의 아내 밀가가 낳은 브두엘의 딸로서, 지금까지 남자를 가까이하지 않은 아주 아름다운 처녀였다. 그녀가 우물로 내려가 항아리에 물을 담아 올라왔다. 그 종이 달려가 물었다.

"항아리의 물을 좀 주시겠소?"

리브가가 급히 항아리를 내리며 말하였다.

"드세요."

그가 물을 다 마시자 리브가가 말하였다.

"제가 물을 길러 당신의 낙타에게도 실컷 먹이겠습니다."

그리고 항아리의 물을 구유에 붓고, 다시 우물로 달려가 물을 길어 모든 낙타가 실컷 마실 때까지 주었다. 그 종은 하나님이 그 길을 잘 인도하셨는지 알아보려고 묵묵히 지켜보았다. 낙타가 물을 다 마시자 금고리 하나와 금팔찌 한 쌍을 주면서 물어보았다.

"아가씨는 뉘 딸이오? 아가씨 집에 우리가 쉴만한 방이 있소?"

"제 아버지는 브두엘이며, 할아버지는 나홀이고 할머니는 밀가입니다. 우리 집에는 낙타가 먹을 짚과 먹이가 충분히 있고 주무실 방도 있습니다."

그 종이 머리를 숙여 주께 경배하고 말하였다.

"주인 아브라함의 하나님이시여, 주를 찬양합니다. 주께서 제 주인에게 주의 자비와 신실함을 버리시지 않고, 저를 곧장 주인의 동생 집으로 인도하셨습니다."

리브가가 집으로 달려가 그 일을 가족에게 알렸다. 오빠 라반이 동생의 금고리와 팔찌를 보고, 또 그가 동생에게 한 말을 전해 듣고 우물로 달려갔다. 그는 우물가 낙타 곁에 그대로 서 있었다. 라반이 말하였다.

"저와 함께 집으로 갑시다. 당신은 주의 복을 받은 사람입니다. 어찌 밖에 서 계십니까? 당신이 쉴 방과 낙타를 둘 장소를 제가 이미 마련하여 놓았습니다."

그가 그의 집으로 들어갔다. 라반이 낙타에게 짚과 먹이를 주고 그와 그 일행에게 발 씻을 물도 주었다. 그리고 음식을 차려놓자 그가 말하였다.

"제가 여기 온 용건을 말하기 전에는 아무것도 먹지 않겠습니다."

"좋습니다. 그 용건을 말씀하십시오."

그가 자초지종을 말하자 라반과 브두엘이 대답하였다.

"이는 하나님이 계획하신 일이니 우리가 결정할 문제가 아니오. 리브가가 여기 있으니, 데리고 가서 주의 말씀대로 주인의 아들과 결혼하게 하시오."

그가 땅에 엎드려 주께 경배하고 금은보화와 의복을 꺼내 리브가에게 주었다. 또 그 오빠와 어머니에게도 값진 선물을 주었다. 그리고 그와 일행이 먹고 마시며 그날 밤을 보냈다. 다음 날 아침 그 종이 일어나 말하였다.

"제 주인에게 돌아가겠습니다."

리브가의 오빠와 그 어머니가 말하였다.

"그 애를 우리와 10일이나 1주일쯤 있게 한 후 데리고 가시오."

"저를 말리지 마십시오. 하나님이 제 길을 잘 인도하셨으니 주인에게 돌아가게 해주십시오."

"우리가 그 애를 불러 물어보겠소."

그리고 리브가를 불러 물었다.

"네가 이 사람과 함께 가겠느냐?"

"제가 가겠습니다."

그들이 리브가와 그 유모를 함께 보내며 축복하였다.

"우리 누이여, 네가 수천만의 어머니가 되기를 바라며 네 후손이 그 원수들을 정복하길 원한다."

리브가는 자기 여종들과 함께 낙타를 타고 아브라함의 종을 따라 그곳을 떠났다. 그때 이삭은 남쪽 네겝 지방에 머물고 있었다. 어느 날 들에서 묵상하다가 보니 낙타들이 오고 있었다. 리브가가 이삭을 보고 낙타에서 내려 아브라함의 종에게 물었다.

"들에서 우리 쪽으로 걸어오는 사람이 누구세요?"

"제 주인의 아들입니다."

리브가가 면사포로 얼굴을 가렸다. 그 종이 자초지종을 말하였다. 이삭이 리브가를 자기 어머니 사라가 쓰던 천막으로 데리고 가서 사랑하였다. 어머니를 여읜 후 큰 위로를 받았다.

아브라함은 후처를 맞아 여러 서자를 낳고 175세에 죽었다. 이삭과 이스마엘이 막벨라 굴에 장사하였다.

✳19 ✳
장자

_____

야곱을 사랑하고 에서를 미워하였다

이삭이 40세에 리브가와 결혼하였으나 아이를 낳지 못해 기도하였다. 20년 후 리브가의 태에서 아이들이 서로 싸우고 있었다. 리브가가 주께 물었다.

"어찌하여 이런 일이 있나요?"

"네 속에 두 민족이 들어있구나. 한 민족이 다른 민족보다 강하고 형이 동생을 섬길 것이다."

리브가의 태에 쌍둥이가 있었다. 먼저 나온 아이는 털옷을 입은 듯 전신이 불그스름한 털로 덮여 '에서'라 하였고, 나중 나온 아이는 손으로 형의 발꿈치를 꽉 잡아 '야곱'이라 하였다.

에서는 능숙한 사냥꾼으로 들을 좋아하였고, 야곱은 조용한 사람으로 집에 머물러 있었다. 이삭은 에서가 사냥한 고기를 좋아하여 그를 사랑하였고, 리브가는 집안일을 돕는 야곱을 사랑하였다. 하루는 야곱이 죽을 쑤고 있었다. 에서가 사냥을 하고 돌아와 말하였다.

"배고파 죽겠으니 그 붉은 죽을 좀 다오."

그래서 에서에게 붉다는 뜻의 '에돔'이라는 별명이 붙게 되었다. 야곱이 말하였다.

"먼저 형의 장자권을 나에게 파시오."

"배고파 죽을 지경인데 장자권이 무슨 소용이냐?"

"그렇다면 나에게 맹세하시오."

"맹세하겠다."

에서가 장자권을 가볍게 여기고 야곱에게 팔았다. 야곱은 빵과 팥죽을 주었고, 에서는 실컷 먹고 마신 후 일어나 나갔다.

✳ 20 ✳
아비멜렉(2)
마음이 가난한 사람이 행복하다

이삭은 흉년이 들자 그랄의 블레셋 왕 아비멜렉에게 갔다. 하나님이 이삭에게 나타나 말씀하셨다.

"이집트로 내려가지 말고 이 땅에 자리를 잡고 살아라. 내가 보살펴 주고 복을 내리겠다. 이 모든 땅을 너와 네 자손에게 주겠다. 아브라함에게 한 약속을 지켜 네 자손을 하늘의 별처럼 많게 하겠다. 이 세상 모든 민족이 네 후손의 덕을 입을 것이다. 아브라함이 내 말에 순종하고 법과 규정을 잘 지켰기 때문이다."

그곳 사람들이 리브가를 보고 이삭에게 물었다.

"이 여인이 누구요?"

"나의 누이요."

이삭은 아내라고 말하기가 두려웠다. 사람들이 리브가를 빼앗기 위해 자기를 죽일지도 모른다고 생각하였다. 그런데 이삭이 리브가를 껴안고 있는 것을 블레셋 왕 아비멜렉이 창문으로 보았다. 그가 이삭을 불러 나무랐다.

"당신의 아내를 어쩌자고 누이라고 속였소?"

"아내 때문에 제가 목숨을 잃을지도 모른다고 생각하였습니다."

"하마터면 내 백성 가운데 누가 당신의 아내를 건드릴 수도 있었소!"

그리고 아비멜렉이 모든 백성에게 경고하였다.

"이 사람과 그 아내를 건드리는 자는 사형에 처할 것이다!"

그해 이삭이 농사를 지어 100배로 수확하였다. 하나님이 복을 주셨기 때문이다. 재산이 점점 늘어 아주 부하게 되었다. 양 떼와 소 떼, 남종과 여종을 많이 거느리자 블레셋 사람들이 시기하기 시작하였다. 그들이 아브라함이 판 모든 우물을 흙으로 메워 버렸다. 아비멜렉이 말하였다.

"우리를 떠나시오. 당신이 우리보다 훨씬 강하오."

이삭이 그곳을 떠나 그랄 평원에 장막을 치고 자리를 잡았다. 아브라함이 판 우물들을 다시 팠다. 아브라함이 죽자 블레셋 사람들이 메웠던 것이다. 이삭의 종들이 그랄 평원에서 우물을 파다가 물줄기를 찾아냈다. 샘이 터지자 그랄 지방의 목자들이 자기 것이라고 주장하며 이삭의 목자들과 다투었다. 이삭의 종들이 다른 우물을 팠으나 그들이 또 시비를 걸었다. 또 다른 우물을 팠더니 그제야 시비를 걸지 않았다. 이삭이 브엘세바로 올라갔다. 그날 밤 하나님이 나타나 말씀하셨다.

"나는 네 아버지 아브라함의 하나님이다. 내가 너와 함께 있으니 두려워하지 마라. 네게 복을 주고 네 자손을 불어나게 하겠다."

이삭이 제단을 쌓고 주의 이름을 부르며 경배하였다. 거기서 장막을 치고 우물을 팠다. 아비멜렉이 그랄에서 왔다. 이삭이 물었다.

"나를 미워하여 쫓아내더니 무슨 일로 오셨습니까?"

"우리는 하나님이 당신과 함께하심을 똑똑히 보았습니다. 우리와 평화조약을 맺읍시다. 우리가 당신을 건드리지 않고 평안히 보내준 것처럼 당신도 우리를 해치지 마십시오. 당신은 분명히 주께 복을 받은 사람입니다."

이삭이 잔치를 베풀고 그들과 함께 먹고 마셨다. 그들이 다음 날 아침 일찍 일어나 맹세하고 평안히 돌아갔다. 그날 이삭의 종들이 새로 판 우물에서 물이 터져 나왔다.

* 21 *
에서
무엇을 심든지 그대로 거둘 것이다

에서가 40세에 헷 사람 유딧과 바스맛을 아내로 맞이하였다. 이들이 이삭과 리브가의 근심거리가 되었다. 이삭이 나이 많아 눈이 어두웠다. 에서를 불렀다.

"에서야!"

"예, 아버지!"

"이제 나는 늙어 언제 죽을지 모른다. 활을 가지고 들로 나가 사냥하여 별미를 만들어오너라. 내가 그것을 먹고 죽기 전에 마지막으로 축복하겠다."

이 말을 리브가가 엿듣고 야곱을 불러 말하였다.

"네 아버지가 네 형이 사냥하여 별미를 만들어오면 그것을 먹고 죽기 전에 축복하겠다고 하셨다. 너는 내 말을 잘 듣고 시키는 대로 해

라. 우선 살진 염소 새끼 2마리를 가져오너라. 내가 그것으로 네 아버지가 좋아하시는 별미를 만들어줄 테니, 너는 그것을 아버지에게 갖다 드려 잡수시게 하라. 그러면 네 아버지가 돌아가시기 전에 너를 축복하실 것이다."

"형은 털이 많으나 저는 없어 매끈합니다. 아버지가 저를 만져보시면 어떡합니까? 제가 아버지를 속인 자가 되어 축복은커녕 오히려 저주를 받을지 모릅니다."

"얘야, 저주는 내가 받을 테니 너는 가서 염소나 안고 오너라."

야곱이 염소를 끌고 오자 어머니가 별미를 만들었다. 에서의 제일 좋은 옷을 가져다 야곱에게 입혔다. 염소 새끼 가죽으로 손과 목의 매끈한 곳을 감싼 후 별미를 그의 손에 들려주었다. 야곱이 가지고 가서 아버지를 불렀다.

"아버지!"

"오냐, 네가 누구냐?"

"에서입니다. 아버지께서 말씀하신 대로 사냥하여 별미를 만들어왔습니다. 일어나 잡수시고 축복해주십시오."

"얘야, 어떻게 이처럼 빨리 잡아 왔느냐?"

"아버지의 하나님이 도와주셔서 사냥감을 빨리 찾았습니다."

"이리 가까이 오너라. 네가 정말 에서인지 만져보겠다."

야곱이 가까이 가자 그 손을 만져보고 말하였다.

"음성은 야곱의 음성이고 손은 에서의 손이구나."

이삭은 그의 손에 털이 많아 야곱인 줄 모르고 축복하려고 하였다. 그러다가 다시 물었다.

"네가 정말 에서냐?"

"예, 그렇습니다."

"애야, 음식을 가져오너라. 내가 먹고 마음껏 축복하겠다."

야곱이 고기와 포도주를 갖다 드리자 실컷 먹고 마신 후 말하였다.

"애야, 가까이 와서 내게 입을 맞춰라."

야곱이 다가가 입을 맞추자 이삭이 옷 냄새를 맡고 축복하였다.

"내 아들의 냄새는 하나님이 축복하신 밭의 냄새 같구나. 하나님이 네게 하늘의 이슬을 주시고 땅을 기름지게 하시며, 풍성한 곡식과 포도주를 주시기 원하노라. 수많은 민족이 너를 섬기고 모든 나라가 너에게 굴복하며, 네가 네 형제들의 주인이 되고 네 친척들이 너에게 굴복하기 원하며, 너를 저주하는 자는 저주를 받고 축복하는 자는 복을 받기 원하노라."

야곱이 떠나자 에서가 사냥하여 돌아왔다. 그가 별미를 가지고 와서 말하였다.

"아버지, 이 아들이 사냥한 고기를 드시고 축복해주십시오."

"너는 누구냐?"

"아버지의 맏아들 에서입니다."

이삭이 몸을 부들부들 떨며 말하였다.

"그렇다면 방금 사냥한 고기를 가져온 자가 누구냐? 네가 오기 전에 마음껏 먹고 축복하였으니 그가 복을 받을 것이다."

에서가 그 말을 듣고 울면서 간청하였다.

"아버지, 제게도 축복해주십시오."

"네 동생이 나를 속이고 네가 받을 복을 빼앗아갔다."

"그 이름을 야곱이라 부르는 것도 당연합니다. 그가 저를 속인 것이 이번으로 2번째입니다. 전에는 장자권을 빼앗고 이번에는 복을 빼앗았습니다. 저에게 빌어줄 복을 남겨두지 않으셨습니까?"

"내가 이미 그를 네 주인이 되게 하고, 모든 친척을 그의 종이 되게 하였으며, 그에게 곡식과 포도주를 주었으니, 이제 내가 너를 위해 할 수 있는 일이 아무것도 없구나."

"아버지, 아버지께서 빌어줄 복이 그것밖에 없습니까? 제게도 축복해주십시오."

맏아들이 울면서 간청하자 아버지가 말하였다.

"네가 사는 땅은 기름지지 않고 하늘의 이슬이 내리지 않을 것이며, 네가 칼을 믿고 살며 네 동생을 섬길 것이다. 그러나 네가 끊임없이 몸부림쳐 그의 지배에서 벗어나게 될 것이다."

이 일로 에서가 야곱을 미워하며 혼자 중얼거렸다.

"아버지의 임종이 가까우니 돌아가시면 죽여 버리겠다."

그 말을 전해 듣고 리브가가 야곱을 불러 말하였다.

"네 형 에서가 너를 죽여 분풀이하려고 한다. 얘야, 이제 너는 내가 시키는 대로 해라. 너는 즉시 하란에 있는 내 오빠 라반에게 가서 네 형의 분이 풀릴 때까지 피신해 있어라. 형의 분이 누그러지고 네가 한 일을 잊어버리면 사람을 보내 너를 데려오도록 하겠다. 내가 너희 둘을 한날 잃어서야 되겠느냐?"

그리고 리브가가 이삭에게 말하였다.

"제가 헷 여자들로 인해 사는 것이 지긋지긋합니다. 야곱까지 이 땅의 헷 여자와 결혼하면 무슨 낙으로 살겠습니까?"

이삭이 야곱을 불러 축복하며 말하였다.

"너는 가나안 여자와 결혼하지 말고 메소포타미아에 있는 외삼촌 라반의 딸과 결혼해라. 전능하신 하나님이 축복하여 네 자손을 번성하게 하고, 여러 민족의 조상이 되게 하시기를 바란다. 아브라함에게 약속하신 복을 너와 네 자손에게 주었으니, 네가 살고 있는 땅, 곧 하나님이 아브라함에게 주신 이 땅을 네가 소유하기를 원한다."

야곱이 부모의 말에 순종하여 메소포타미아로 갔다. 에서는 아버지가 가나안 여자를 싫어한다는 사실을 알고, 아브라함의 아들인 이스마엘의 자손 가운데 또 다른 아내를 맞아들였다.

✳22✳
야곱(1)

모든 것이 합력하여 선을 이룬다

야곱이 브엘세바를 떠나 하란을 향해 갔다. 도중에 해가 지자 하룻밤을 보내려고 한곳에 돌을 베고 누웠다. 꿈에 보니 하늘에 닿은 사닥다리가 땅에 서 있고, 하나님의 천사들이 오르락내리락하였다. 하나님이 그 위에 서서 말씀하셨다.

"나는 네 할아버지 아브라함과 네 아버지 이삭의 하나님이다. 네가 누워 있는 이 땅을 너와 네 후손에게 주겠다. 네 후손이 땅의 티끌처럼 많아 동서남북으로 흩어져 살 것이며, 세상의 모든 민족이 너와 네 후손의 덕을 볼 것이다. 내가 너와 함께하여 어디를 가든지 지켜주고, 다시 이곳으로 돌아오게 하겠다. 내 약속을 다 이행할 때까지 내가 너를 떠나지 않을 것이다."

야곱이 잠에서 깨어나 말하였다.

"하나님이 여기에도 계시니 정말 두렵다. 이곳이 바로 하나님의 집이요, 하늘의 문이다."

야곱이 아침 일찍 일어나 자신이 베었던 돌을 기념비로 세우고, 그 위에 기름을 부으며 그곳 이름을 '벧엘' 곧 '하나님의 집'이라 하였다. 그 성의 이름은 루스였다. 그리고 하나님께 맹세하며 말하였다.

"하나님이 저와 함께하여 먹을 양식과 입을 옷을 주시고 고향으로 무사히 돌아오게 하시면, 하나님은 저의 하나님이 되시고 기념비로 세운 이 돌은 하나님의 집이 될 것입니다. 또 하나님이 주신 모든 것에서 십일조를 드리겠습니다."

그리고 계속 걸어서 동방 사람들의 땅에 도착하였다. 우물 주변에는 양 떼들이 물을 먹으려고 무리를 지어 기다렸으며, 그 우물 아귀에는 큰 돌이 덮여있었다. 양 떼가 다 모이면 목자들이 우물 아귀에서 돌을 옮기고, 물을 먹인 후 다시 덮어두는 것이 관례였다. 야곱이 그들에게 물었다.

"여보시오, 여러분은 어디 사람들입니까?"

"우리는 하란 사람들입니다."

"그러면 나홀의 손자 라반을 아십니까?"

"예, 알고 있습니다."

"그는 잘 계십니까?"

"예, 저기 그의 딸 라헬이 양을 몰아오고 있습니다."

"아직 해가 높고 짐승이 모일 때도 되지 않았으니, 양에게 물을 먹인 후 다시 초지로 몰고 가시지요."

"양들이 여기 다 모이고 목자들이 우물 아귀에서 돌을 옮겨놓을 때까지, 우리는 양들에게 물을 먹일 수 없습니다."

야곱이 그들과 말하고 있을 때, 라헬이 양 떼를 몰고 도착하였다. 야곱이 우물의 돌을 옮겨 양들에게 물을 먹였다. 그리고 라헬에게 입을 맞추고, 큰 소리로 울며 자신이 리브가의 아들이라고 하였다. 라헬이 달려가 자기 아버지에게 그 사실을 알렸다.

라반이 조카 야곱의 소식을 듣고, 즉시 달려와 반갑게 맞아 껴안으며 입을 맞춘 후 집으로 데려갔다. 야곱이 그동안 일어난 일을 자세히 얘기하자 라반이 말하였다.

"너야말로 살과 피를 나눈 진짜 내 친척이다."

그리고 한 달쯤 되어 라반이 야곱에게 말하였다.

"네가 친척이라고 해서 어찌 대가 없이 일만 시킬 수 있겠느냐? 보수를 얼마나 주면 좋겠는지 말해 보아라."

라반에게 두 딸이 있었다. 레아는 눈에 생기가 없었으나 라헬은 곱고 아름다웠다. 야곱이 라헬을 사랑하여 말하였다.

"외삼촌이 라헬을 제 아내로 주신다면 7년 동안 일하겠습니다."

"그 애를 너에게 주는 것이 다른 사람에게 주는 것보다 낫다."

야곱이 라헬과 결혼하기 위해 7년 동안 일하였다. 7년이 불과 며칠처럼 여겨졌다. 야곱이 말하였다.

"약속한 기한이 찼으니 라헬과 결혼시켜 주십시오."

라반이 동네 사람들을 다 불러 모으고 잔치를 베풀었다. 그날 밤 라헬 대신 레아를 신방에 들여보냈다. 여종 실바를 레아의 시녀로 주었다. 야곱이 아침에 일어나 보니 라헬이 아니라 레아였다. 야곱이 라반에게 가서 따졌다.

"외삼촌은 어찌하여 이렇게 하셨습니까? 제가 라헬과 결혼하기 위해 보수 없이 일하지 않았습니까? 왜 저를 속이셨습니까?"

"동생을 언니보다 먼저 시집보내는 것은 우리 지방의 풍습이 아니다. 7일 동안의 잔치가 끝날 때까지 기다려라. 라헬도 너에게 주겠다. 그러나 너는 나를 위해 7년 동안 더 일해야 한다."

야곱이 7일간을 레아와 함께 보냈다. 라반이 라헬도 그의 아내로 주고 여종 빌하를 라헬의 시녀로 주었다. 그래서 야곱은 라헬과도 신방을 꾸몄다. 레아보다 라헬을 더 사랑하여 다시 7년 동안 라반을 위해 일하였다.

＊23＊
레아와 라헬
서로 화목하게 지내라

레아가 야곱의 사랑을 받지 못함을 보고, 하나님이 잉태시켜 그녀가 첫아들을 낳고 말하였다.

"하나님이 나의 괴로움을 보시고 아들을 주셨으니, 이제는 남편이 나를 사랑할 것이다."

그리고 이름을 르우벤이라 지었다. 둘째를 낳고 말하였다.

"내가 사랑받지 못한다는 사실을 아시고, 하나님이 이 아들도 주셨다."

그리고 이름을 시므온이라 지었다. 셋째를 낳고 말하였다.

"내가 남편에게 세 아들을 낳아주었으니, 이제는 애정을 가질 것이다."

그리고 이름을 레위라 지었다. 넷째를 낳고 말하였다.

"이번에는 내가 주를 찬양하리라."

그리고 이름을 유다라 지었으며 일단 출산을 멈추었다. 라헬이 아들을 낳지 못하자 언니를 시기하여 야곱에게 말하였다.

"내게도 자식을 낳게 해주세요. 그렇지 않으면 죽어버리겠어요."

"내가 하나님이오? 하나님만이 하실 수 있는 일이 아니오?"

"내 여종 빌하와 잠자리에 들어 나를 위해 아이를 낳아주세요. 그러면 나도 자식을 가질 수 있어요."

그래서 시녀 빌하를 남편에게 첩으로 주었다. 야곱이 빌하와 잠자리를 같이하자 임신하여 아들을 낳았다. 라헬이 말하였다.

"하나님이 나의 억울한 사정을 아시고 아들을 주셨다."

그리고 이름을 단이라 하였다. 빌하가 둘째를 낳자 라헬이 말하였다.

"내가 언니와 경쟁하여 이겼다."

그리고 이름을 납달리라 하였다. 레아는 자기 출산이 멈춘 것을 알고 시녀 실바를 야곱에게 첩으로 주었다. 실바가 아들을 낳자 레아가 말하였다.

"운이 좋구나."

그리고 이름을 갓이라 하였다. 실바가 둘째를 낳자 레아가 말하였다.

"정말 기쁘다. 사람들이 나를 행복한 여자라고 부를 것이다."

그리고 이름을 아셀이라 하였다.

밀을 추수할 때 르우벤이 들에 나갔다가 자귀나무를 발견하였다. 그것을 자기 어머니 레아에게 갖다 주자 라헬이 레아에게 말하였다.

"언니의 아들이 가져온 자귀나무를 내게도 좀 주세요."

"네가 내 남편을 빼앗아 가고서도 부족하여 이제 내 아들이 가져온 자귀나무마저 빼앗아 가려느냐?"

"언니가 그 자귀나무를 주면 오늘 밤 내 남편의 잠자리에 들 수 있어요."

저녁때 야곱이 들에서 돌아오자 레아가 나와 맞으며 말하였다.

"오늘 밤은 당신이 나와 함께 자야 합니다. 내 아들이 가져온 자귀나무로 그 대가를 치렀습니다."

야곱이 그날 밤 레아와 잠자리를 같이한바, 레아가 임신하여 다섯째 아들을 낳고 말하였다.

"내가 시녀를 남편에게 주었더니 하나님이 내게도 보상하셨다."

그리고 이름을 잇사갈이라 지었다. 레아가 여섯째 아들을 낳고 말하였다.

"하나님이 내게 좋은 선물을 주셨다. 내가 여섯 아들을 낳았으니 이제는 나를 소중히 여길 것이다."

그리고 이름을 스불론이라 지었다. 레아가 딸 하나를 더 낳고 이름을 디나라 하였다. 그때 하나님이 라헬을 기억하여 아이를 갖게 하셨다. 라헬이 임신하여 아들을 낳고 말하였다.

"하나님이 나의 수치를 씻어주셨다. 내게 또 다른 아들을 주셨으면 좋겠다."

그리고 이름을 요셉이라 지었다.

＊24＊
라반
그들을 막지 말고 허락하라

라헬이 요셉을 낳은 후 야곱이 라반에게 가서 말하였다.

"이제 고향으로 돌아가고 싶습니다. 처자들과 떠나게 해주십시오. 제가 그동안 어떻게 일했는지는 외삼촌이 잘 아십니다."

"하나님이 너로 인해 나를 축복하셨다는 사실을 잘 알고 있다. 네가 나를 좋게 여긴다면 이대로 머물러 있어라. 보수를 얼마나 주면 좋겠는지 말해 보아라. 내가 얼마든지 주겠다."

"제가 외삼촌을 얼마나 섬겼으며, 외삼촌의 짐승을 어떻게 보살폈는지 외삼촌이 잘 아십니다. 제가 오기 전에는 재산이 얼마 안 되었지만 이제 무척 많아졌습니다. 제 발길이 닿는 곳마다 하나님이 외삼촌을 축복하셨습니다. 저는 언제 제 가족을 위해 일해야 합니까?"

"내가 무엇을 얼마나 주면 되겠느냐?"

"당장 무엇을 주실 필요는 없습니다. 외삼촌이 저의 제안을 승낙하신다면 계속 양 떼를 먹이고 지키겠습니다. 이제부터 외삼촌의 짐승 중에서, 검은 양과 얼룩덜룩하고 점 있는 양과 염소가 나오면 제 몫이 되게 해주십시오. 제가 정직한지 않은지에 대해서는 쉽게 알아볼 수 있습니다."

"좋다. 그 제안대로 하겠다."

야곱이 바로 그날 얼룩덜룩한 무늬가 있거나 흰 반점이 있는 염소와 검은 양들을 가려 아들들에게 맡기고 사흘 길의 간격을 두었으며, 자기는 남은 양 떼를 계속 먹였다.

그리고 버드나무와 살구나무와 플라타너스 가지를 꺾어 흰 줄무늬가 생기도록 여기저기 껍질을 벗긴 후, 그것을 물 구유에 갖다 두고 양들이 물을 먹을 때마다 정면으로 바라볼 수 있게 하였다. 그러자 양 떼가 물을 먹으러 와서 그 가지 앞에서 새끼를 배었으며, 줄무늬가 있거나 얼룩덜룩하고 점 있는 새끼를 낳았다.

또 야곱은 자기 양과 라반의 양을 구분하여 서로 섞이지 않게 하였으며, 건강한 양이 새끼를 밸 때는 그 가지를 양들이 물 먹는 구유에 세워 그 자리 곁에서 새끼를 배게 하고, 허약한 양이 새끼를 밸 때는 그 가지를 구유에 갖다 두지 않았다.

그래서 허약한 양은 라반의 것이 되고, 건강한 양은 야곱의 것이 되었다. 야곱은 큰 부자가 되었고, 많은 남녀 종들을 거느리며 수많은 양과 낙타와 나귀를 소유하였다. 라반의 아들들이 말하였다.

"야곱이 우리 아버지의 재산을 다 빼앗아 거부가 되었다!"

야곱을 대하는 라반의 태도가 전과 같지 않았다. 하나님이 야곱에게 말하였다.

"너는 네 조상들의 땅, 네 친척들에게 돌아가라. 내가 너와 함께하겠다."

야곱이 라헬과 레아를 양 치는 들로 불러 말하였다.

"나를 대하는 당신들 아버지의 태도가 전과 같지 않소. 그러나 내 아버지의 하나님은 나와 함께하셨소. 당신들도 잘 알겠지만, 내가 장인을 위해 힘껏 일했으나 나의 품삯을 10번이나 변경하였소.

하지만 하나님은 나를 해치지 못하게 하셨소. 그가 반점 있는 것이 나의 삯이라고 하면 모든 양 떼가 반점 있는 새끼를 낳았고, 얼룩무늬 있는 것이 나의 삯이라고 하면 모든 양 떼가 얼룩무늬 있는 새끼를 낳았소.

이처럼 하나님은 장인의 짐승을 빼앗아 나에게 주셨소. 양들이 새끼 배는 철에 내가 꿈을 꾸니, 양 떼와 교미하는 수양들은 다 줄무늬가 있고 얼룩덜룩하며 반점이 있었소. 그때 하나님의 천사가 나를 불러 말하였소.

'고개를 들고 보아라. 양 떼와 교미하는 숫양이 다 줄무늬가 있고 얼룩덜룩하며 반점이 있다. 내가 라반의 행위를 다 보았다. 나는 벧엘에서 나타난 하나님이다. 그때 너는 기념비를 세우고 기름을 부어 맹세하였다. 이제 너는 이곳을 떠나 네 고향으로 돌아가라.'

그래서 내가 그렇게 하겠다고 대답하였소."

"우리가 받은 아버지의 유산은 아무것도 없습니다. 아버지는 우리를 외국인처럼 취급하여 우리를 팔아 그 돈을 다 쓰고 말았습니다. 하나님이 우리 아버지에게서 빼앗은 이 모든 재산은 이제 우리와 우리 자식들의 것입니다. 당신은 하나님의 말씀대로 하세요."

야곱이 처자들을 낙타에 태운 후 메소포타미아에서 얻은 모든 재산과 짐승을 이끌고, 가나안 땅에 있는 자기 아버지에게 돌아가려고 하였다. 마침 라반이 양털을 깎으러 갔던바 라헬은 자기 아버지의 수호신 드라빔을 훔쳤고, 야곱은 자기가 떠나는 것을 라반에게 알리지 않았다.

이렇게 야곱은 자기 모든 소유를 이끌고 몰래 그곳을 떠났으며, 유프라테스 강을 건너 길르앗의 산간 지대를 향해 급히 도망하였다. 라반은 야곱이 도망친 지 3일 만에 그 사실을 알게 되었다. 그가 친척들을 거느리고 야곱을 7일 동안 추적하여 마침내 길르앗 산에서 따라잡았다. 그날 밤 하나님이 라반의 꿈에 나타나 말씀하셨다.

"너는 어떤 방법으로도 야곱을 위협하지 마라."

야곱이 길르앗 산에 천막을 쳤던바 라반도 그곳에 천막을 쳤다. 라반이 야곱에게 말하였다.

"너는 어찌하여 나를 속이고 내 딸들을 전쟁 포로처럼 사로잡아 갔느냐? 왜 아무 말도 없이 몰래 달아났느냐? 네가 떠나겠다고 하였으면 내가 북과 수금에 맞춰 즐겁게 노래하며 보냈을 게 아니냐? 너는 내 손자, 손녀들과 딸들에게 입 맞추고 작별 인사도 못 하게 하였다. 네 소행이 정말 어리석구나. 내가 너를 해칠 수도 있지만 어젯밤에 네 아버지의 하나님이 어떤 방법으로도 너를 위협하지 말라 경고하셨다. 네가 고향이 그리워 떠나온 것은 이해가 되지만, 내 수호신은 왜 훔쳐 갔느냐?"

"제가 몰래 떠난 것은 외삼촌이 딸들을 빼앗을지 모른다고 생각하였기 때문입니다. 그리고 외삼촌의 수호신을 훔친 자가 있다면 그를 죽여도 좋습니다. 모든 친척들이 보는 앞에서 샅샅이 찾아보시고, 무엇이든지 외삼촌의 것이 있으면 다 가져가십시오."

야곱은 라헬이 수호신을 훔친 사실을 모르고 있었다. 라반은 야곱의 천막에 들어가 샅샅이 뒤지고, 레아의 천막과 두 여종의 천막도 차례로 뒤졌으나 아무것도 찾지 못하였다. 그리고 라헬의 천막으로 들어갔다.

이때 라헬은 그 수호신을 낙타 안장 속에 넣고 그 위에 앉아있었다. 라반은 그 천막을 구석구석 뒤졌으나 거기서도 찾지 못하였다. 라헬이 자기 아버지에게 말하였다.

"아버지, 제가 아버지 앞에서 일어나지 않는다고 화내지 마십시오. 지금 생리 중입니다."

라반이 아무리 찾아도 수호신을 찾지 못하자 야곱이 도리어 화를 내며 말하였다.

"제가 잘못한 것이 무엇입니까? 제가 무슨 죄를 지었다고 이처럼 급히 추적하셨습니까? 제 소유물을 다 뒤졌으나 외삼촌의 물건을 찾은 것이 무엇입니까? 제가 훔친 것이 있다면 이 앞에 내놓아 누가 옳은지 판단하게 하십시오.

제가 20년 동안 외삼촌과 함께 있었지만, 양이나 염소가 낙태한 적이 없고 외삼촌의 숫양을 먹은 일도 없습니다. 그리고 사나운 짐승에게 찢겨 죽은 것은 외삼촌에게 가져가지 않고 제가 언제나 그 손실을 보충하였고, 낮에 도둑을 맞았건 밤에 도둑을 맞았건, 외삼촌의 요구에 따라 그것을 물어냈습니다.

이처럼 제가 낮에는 더위를 먹고 밤에는 추위에 시달리며, 눈 붙일 겨를도 없이 외삼촌을 위해 일했습니다. 제가 외삼촌의 집에 20년 동안 머물며 외삼촌의 두 딸을 위해 14년 일하고, 외삼촌의 양 떼를 위해 6년 일했습니다.

그런데 외삼촌은 제 품삯을 10번이나 변경하셨습니다. 할아버지 아브라함의 하나님과 아버지 이삭의 하나님이 저와 함께 계시지 않았다면, 분명히 저를 빈손으로 돌려보냈을 것입니다. 그러나 하나님이 제가 시련을 당하며 수고하는 것을 보시고, 어젯밤 외삼촌을 책망하셨습니다."

"이 애들은 내 딸들이다. 그 자녀들은 내 손자, 손녀들이요, 이 양 떼도 내 것이다. 네 눈에 보이는 모든 것이 다 내 것이지만, 오늘 내가 나의 딸들과 그 자식들을 어떻게 하겠느냐? 자, 너와 내가 계약을 맺고 우리 사이에 이를 증명할 표를 남기자."

야곱이 돌 하나를 가져다 기둥으로 세우고 친척들에게 돌을 모으라고 하였다. 그들이 돌을 가져다가 무더기로 쌓고 그 곁에서 음식을 먹었다. 라반이 야곱에게 말하였다.

"이 돌무더기가 너와 나 사이에 증거물이 될 것이다."

그래서 그곳이 돌무덤 증거라는 '갈르엣'이란 이름을 갖게 되었다. 또 우리가 서로 떨어져 있을 때 하나님이 너와 나 사이를 지켜보시기 바란다고 하였던바, '미스바'라 부르기도 하였다. 라반이 야곱에게 다시 말하였다.

"네가 내 딸들을 학대하거나 내 딸들 외에 다른 여자들을 아내로 맞아들이면, 나는 몰라도 하나님이 지켜보고 계신다는 사실을 기억하라.

내가 너와 나 사이에 쌓은 이 돌무더기와 기둥을 보라. 내가 이것을 넘어 너를 해치지 않고, 너도 이것을 넘어 나를 해치지 않겠다는 우리의 계약에 대한 증거물이다. 아브라함의 하나님, 나홀의 하나님, 그들 조상의 하나님이 우리 사이를 판단하실 것이다."

야곱은 자기 아버지 이삭이 섬기는 하나님의 이름으로 맹세하고 산에서 제사를 드린 후, 친척들을 불러 함께 음식을 먹고 그날 밤을 산에서 보냈다. 라반은 다음 날 아침 일찍 일어나 손자, 손녀들과 딸들에게 입을 맞추며 축복하고 돌아갔다.

✳ 25 ✳
이스라엘
하나님이 구원하신다

야곱이 길을 가다가 천사들을 보고 말하였다.

"이는 하나님의 군대다!"

그리고 그곳을 '마하나임'이라 불렀으며, 세일 땅 에돔에 있는 자기 형 에서에게 종들을 먼저 보내 전하였다.

"형님, 동생 야곱이 문안드립니다. 저는 지금까지 라반 외삼촌과 함께 살았으며, 이제 저에게도 소와 나귀와 양과 염소와 남녀 종들이 있습니다. 제가 형님의 너그러운 사랑을 바라며 사람을 보내 안부를 전합니다."

그들이 돌아와 말하였다.

"지금 주인의 형 에서가 400명을 거느리고 옵니다."

야곱이 몹시 두려워 번민하다가 사람들과 양과 소와 낙타를 두 떼로 나누며 중얼거렸다.

"에서가 와서 한 떼를 치면 나머지 떼는 도망칠 수 있을 것이다."

그리고 기도하였다.

"할아버지 아브라함과 아버지 이삭의 하나님이시여, 주께서 전에 말씀하셨습니다.

'네 고향과 친척에게 돌아가라. 내가 은혜를 베풀어주겠다.'

저는 주께서 보여주신 모든 자비와 신실함을 조금도 감당할 수 없습니다. 제가 지팡이 하나만 가지고 이 요단을 건넜으나, 지금은 두 떼를 이루었습니다. 이제 주께 간절히 기도합니다. 저를 제 형 에서의 손에서 구해주십시오. 그가 와서 저와 처자들을 칠까 심히 두렵습니다.

'내가 은혜를 베풀어 네 후손을 바다의 모래처럼 많게 하겠다.'

일찍이 주께서 말씀하셨습니다."

야곱이 밤을 새우며 자기 형 에서에게 보낼 선물을 준비하였다. 암염소 200마리, 숫염소 20마리, 암양 200마리, 숫양 20마리, 젖 짜는 낙타 30마리와 그 새끼들, 암소 40마리, 황소 10마리, 암나귀 20마리, 수나귀 10마리였다. 이 짐승들을 여러 떼로 나누어 종들에게 맡기고 말하였다.

"너희는 각 떼마다 간격을 두고 짐승들을 몰며 먼저 가라."

그리고 선발대에게 지시하였다.

"내 형 에서가 너를 만나 '네 주인은 누구며 너는 어디로 가느냐? 네 앞에 있는 이 짐승들은 뉘 것이냐?'고 묻거든, '이는 당신의 종 야곱의 것으로 그 주인 에서에게 보내는 선물입니다. 그리고 제 주인 야곱도 뒤에 오고 있습니다.'라고 대답하라."

또 2번째와 3번째와 각 떼를 따라가는 사람들에게도 같은 지시를 하였다.

"너희도 에서를 만나거든 이처럼 말하고 '당신의 종 야곱이 우리 뒤에 있습니다.'라고 하라."

먼저 선물을 보내 형의 감정을 누그러뜨리고 만나면 자기를 용서할 것이라 여겼기 때문이다. 그리고 그날 밤을 천막에서 보내게 되었다. 야곱이 밤에 일어나 두 아내와 두 여종과 열한 아들을 인도하여 얍복 나루를 건너게 하였다. 그들과 모든 소유를 시내 건너편으로 보내고 자기만 홀로 남았다.

그때 어떤 사람이 와서 날이 새도록 야곱과 씨름하였다. 그가 이길 수 없음을 알고 야곱의 엉덩이를 쳤다. 야곱의 엉덩이뼈가 위골되었다. 그가 말하였다.

"날이 새니 나를 가게 하라."

"당신이 내게 축복하지 않으면 놓아주지 않겠습니다."

"네 이름이 무엇이냐?"

"야곱입니다."

"네가 하나님과 겨루고 사람과 겨루어 이겼으니, 야곱이라 하지 말고 '이스라엘'이라 하라."

"당신의 이름을 말해주십시오."

"네가 어찌하여 내 이름을 묻느냐?"

그리고 그가 축복하자 야곱이 말하였다.

"내가 하나님과 대면하고도 죽지 않고 살아남았다!"

그리고 그곳 이름을 '브니엘'이라 하였다. 그가 브니엘을 떠날 때 해가 돋았으며, 엉덩이뼈가 위골되어 절뚝거렸다. 야곱이 멀리 바라보니 에서가 400명을 거느리며 오고 있었다.

야곱이 자식들을 나누어 레아와 라헬과 두 여종에게 맡겼다. 여종과 그 자식들은 맨 앞에 세우고, 레아와 그 자식들은 다음에, 라헬과 요셉은 그 뒤에 두고, 자신이 앞서 땅에 몸을 7번 굽히며 형에게 다가갔다.

에서가 달려와 그를 맞으며 목을 끌어안고 입을 맞췄다. 그리고 서로 울었다. 에서가 여자들과 아이들을 보고 물었다.

"너와 함께 있는 이들은 다 누구냐?"

"하나님이 은혜로 주신 자식들입니다."

그때 여종들이 그 자식들과 함께 앞으로 나와 절하고, 다음으로 레아와 그 자식들이, 마지막으로 요셉과 라헬이 나와서 절하였다. 에서가 다시 물었다.

토크 지저스

"내가 올 때 만난 그 짐승 떼는 무엇이냐?"

"그것은 제가 형님께 드리는 선물입니다."

"아우야, 내게도 많으니 네가 가져라."

"그러지 마십시오. 형님이 저에게 사랑을 베풀어주신다면 이 선물을 받으십시오. 이렇듯 형님이 따뜻하게 반겨주시니 형님의 얼굴을 보는 것이 하나님의 얼굴을 뵙는 것 같습니다. 제가 가져온 이 선물을 받아 주십시오. 하나님이 은혜를 베풀어 제가 필요로 하는 것은 무엇이든 지 다 가지고 있습니다."

야곱이 강권하자 에서가 선물을 받고 말하였다.

"자, 가자. 내가 길을 안내하겠다."

"형님도 아시겠지만 아이들은 연약하고, 새끼에게 젖을 먹이는 양과 소들도 있어 하루만 심하게 몰게 되면 다 죽고 말 것입니다. 그러니 형 님은 먼저 가십시오. 나는 짐승들과 자식들에게 보조를 맞춰 천천히 세일에 가서 형님을 뵙겠습니다."

"그렇다면 내 종 몇 사람을 머물게 하여 너를 돕도록 하겠다."

"형님, 그러실 필요가 없습니다. 형님의 호의만으로 족합니다."

에서는 세일로 돌아가고, 야곱은 숙곳으로 가서 집을 짓고 가축우 리를 만들었다. 숙곳은 오두막이란 뜻이다. 야곱이 가나안 땅의 세겜 성에 무사히 도착하여 그 부근에 천막을 쳤다. 천막 친 그 밭을 은화 7개로 세겜의 창설자인 하몰의 아들들에게서 샀다. 거기 단을 쌓고 이름을 '엘 엘로헤 이스라엘'이라 하였다.

✳26✳

디나

용서해야 용서받는다

레아가 낳은 야곱의 딸 디나가 세겜 여자들을 방문하러 나갔다. 히위 사람 하몰의 아들로 그 지역 추장인 세겜이 디나를 끌고 가서 강간하였다. 그러나 디나를 깊이 사랑하여 부드러운 말로 위로하고 자기 아버지 하몰에게 말하였다.

"이 여자를 제 아내로 맞게 해주십시오."

야곱은 디나가 강간당했다는 말을 듣고도 아들들이 들에서 양을 치고 있었던바, 그들이 돌아올 때까지 가만히 있었다. 세겜의 아버지 하몰이 와서 야곱과 얘기할 때, 그의 아들들이 들에서 돌아와 그 일을 알게 되었다. 그들은 세겜의 못된 짓에 놀라움과 분노를 금치 못했다. 하몰이 야곱에게 말하였다.

"내 아들 세겜이 당신의 딸을 연모하고 있으니 결혼시켜 주십시오. 우리와 혼인동맹을 맺어 당신들의 딸을 우리에게 주고, 우리의 딸을 당신들이 데려가시오. 당신들은 어디든지 원하는 곳에서 살 수 있고, 마음대로 매매하며 재산도 소유할 수 있습니다."

세겜도 간청하였다.

"나에게 호의를 베풀어주십시오. 당신들의 요구를 다 들어주겠습니다. 원하는 예물을 말하십시오. 이 처녀만 내 아내로 주신다면 그 어떤 것을 요구해도 다 드리겠습니다."

야곱의 아들들이 세겜과 하몰을 속여 대답하였다.

"우리는 그렇게 할 수 없소. 할례받지 않은 사람에게 누이를 줄 수 없단 말이오. 이는 우리의 수치가 될 뿐이오. 하지만 당신들이 우리 조건에 응한다면 그 요구를 들어주겠소. 당신들도 우리처럼 포피를 베어 할례를 받으시오. 그러면 우리가 당신들에게 딸을 주고, 당신들의 딸을 우리 아내로 맞아 한 민족이 될 것이오. 당신들이 할례를 받지 않으면 누이를 데리고 가겠소."

하몰과 세겜이 그 조건을 기꺼이 받아들였다. 그리고 가장 중요한 인물인 세겜이 조건을 이행하는 데 지체하지 않았다. 그가 야곱의 딸을 사랑했기 때문이다. 그들이 성문으로 가서 주민들에게 말하였다.

"이들은 우리에게 호의적입니다. 이 땅은 그들이 살기에도 충분하니 함께 살면서 매매하도록 합시다. 그러면 우리가 그들과 서로 결혼할 수 있습니다. 다만 이들처럼 포피를 베어 할례를 받아야 합니다. 이 조건에만 응하면 그들의 짐승과 재산이 다 우리의 것이 되지 않겠습니까? 그들의 요구대로 합시다."

주민들이 하몰과 세겜의 말에 동의하여 성안에 있는 모든 남자가 할례를 받았다. 3일 후 그들이 아직 고통 중에 있을 때, 시므온과 레위가 칼을 차고 가서 하몰과 세겜을 죽이고 디나를 데려왔다. 게다가 야곱의 아들들이 그 성의 모든 물건을 빼앗고 여자와 아이들을 붙잡아왔다. 야곱이 시므온과 레위에게 말하였다.

"너희가 내 입장을 참으로 난처하게 만들었다. 이 땅에 사는 가나안 사람과 브리스 사람이 나를 증오할 것이다. 우리의 수가 많지 않으니, 그들이 합세하여 공격하면 우리는 망하고 말 것이다."

"그가 우리 누이를 창녀처럼 취급했어도 괜찮다는 말씀입니까?"

＊27＊
에돔

먼저 가서 형제와 화해하라

하나님이 야곱에게 말씀하셨다.

"벧엘로 올라가 제단을 쌓아라."

야곱이 일어나 가족들에게 말하였다.

"이방신상들을 다 버려라. 몸을 깨끗이 씻고 옷을 갈아입어라. 이제 우리는 벧엘로 올라간다. 거기서 하나님께 제단을 쌓아 바치려고 한다."

그들이 이방신상과 귀고리를 모두 가져오자 야곱이 상수리나무 밑에 묻었다. 그리고 길을 떠났으나 하나님이 세겜 사람들을 두려움에 떨게 하셨던바, 아무도 추격하지 않았다.

야곱이 가나안 땅 루스, 곧 벧엘에 도착하여 제단을 쌓고 '엘 벧엘'이라 하였다. 리브가의 유모 드보라가 죽어 상수리나무 밑에 묻었다. 하나님이 야곱에게 나타나 복을 주셨다.

"이제부터 너는 야곱이 아니라 이스라엘이다. 나는 전능한 하나님이다. 너는 생육하고 번성하여 많은 민족과 왕들이 네게서 나올 것이다. 아브라함과 이삭에게 준 땅을 너와 네 자손에게 주겠다."

하나님은 야곱을 떠나 올라가시고 야곱은 돌기둥을 세워 기름을 부었다. 그들이 벧엘을 떠나 에브랏으로 가다가 라헬이 출산하게 되었다. 산고가 너무 심하여 산파가 위로하였다.

"두려워하지 마세요. 또 아들을 낳았어요."

산모가 마지막 숨을 거두며 아들의 이름을 베노니라 하였으나 아이 아버지가 베냐민이라 하였다. 라헬을 에브랏 곧 베들레헴으로 가는 길가에 묻었다. 이스라엘이 다시 길을 떠나 에델 망대 건너편에 장막을 쳤다. 그때 르우벤이 아버지의 첩 빌하를 범하였다.

야곱이 아버지 이삭에게 이르렀다. 이삭이 180세에 죽어 조상들 곁으로 갔다. 에서와 야곱이 안장하였다. 두 사람의 소유가 너무 많아 함께할 수 없었던바, 에서 곧 에돔이 야곱을 떠나 세일 산으로 이주하였다.

＊28＊

요셉(1)

하나님이 우리와 함께 하신다!

야곱은 아버지가 살던 가나안 땅에서 계속 살았다. 17세 소년 요셉은 아버지의 첩 빌하와 실바가 낳은 아들들과 함께 양을 치면서, 형들의 잘못을 일일이 아버지에게 일러바쳤다.

야곱은 노년에 요셉을 얻었던바, 다른 아들보다 특별히 사랑하여 화려하게 장식한 긴 겉옷을 만들어 입혔다. 그의 형들은 아버지가 요셉을 편애하자 그를 미워하며 말도 잘 하지 않았다.

하루는 요셉이 꿈을 꾸고 형들에게 말하였다.

"내 꿈 이야기를 들어보세요. 우리가 들에서 단을 묶을 때, 갑자기 내 단은 일어서고 형님들의 단은 내 단을 둘러서 절하였습니다."

"네가 우리의 왕이 될 작정이냐? 정말 우리를 지배하겠느냐?"

요셉이 다시 꿈을 꾸고 형들에게 말하였다.

"내가 또 다른 꿈을 꾸었습니다. 해와 달과 열 한 별이 나에게 절하였습니다."

그리고 자기 아버지에게도 말하자 야곱이 꾸짖었다.

"네가 꾸었다는 그 꿈이 무엇이냐? 나와 네 어머니와 네 형들이 정말 네 앞에 가서 엎드려 절하겠느냐?"

요셉의 형들은 그를 시기하였으나 아버지 야곱은 그 말을 마음에 새겨두었다. 요셉의 형들이 세겜에 가서 양을 칠 때 야곱이 요셉에게 말하였다.

"네 형들이 세겜에서 양을 치지 않느냐? 형들에게 좀 다녀오너라."

"예, 아버지!"

"가서 네 형들과 양 떼가 잘 있는지 보고 오너라."

요셉이 세겜에 가서 방황할 때 어떤 사람이 보고 물었다.

"네가 무엇을 찾고 있느냐?"

"형들을 찾고 있습니다. 죄송하지만 그들이 양 치는 곳을 알려주실 수 있겠습니까?"

"그들은 떠났다. 도단으로 간다는 말을 들었다."

요셉이 도단에 가서 형들을 찾았다. 그들은 요셉이 멀리서 오는 것을 보고 가까이 오기 전에 죽일 음모를 꾸몄다.

"저기 꿈꾸는 자가 오고 있다. 그를 죽여 구덩이에 던지고 맹수가 잡아먹었다고 하자. 그리고 그 꿈이 어떻게 되는지 보자."

르우벤이 요셉을 구하려고 말하였다.

"우리가 죽이지는 말자. 그냥 구덩이에 던지고 손은 대지 마라."

르우벤이 요셉을 아버지에게 돌려보낼 작정이었다. 요셉이 그들에게 이르자 화려한 겉옷을 벗기고 구덩이에 던져 넣었다. 물이 없고 비어 있었다. 그들이 음식을 먹다가 고개를 들어보니 이스마엘 대상들이 길르앗에서 오고 있었다. 낙타에 향품과 유향과 몰약을 싣고 이집트로 내려가는 중이었다. 유다가 말하였다.

"우리가 동생을 죽이고 그 사실을 숨긴들 무슨 유익이 있겠느냐? 이스마엘 사람들에게 팔고 손대지 말자. 그도 우리와 살과 피를 나눈 형제다."

그리고 요셉을 구덩이에서 끌어올려 은화 20개를 받고 팔았다. 그들이 요셉을 데리고 이집트로 갔다. 르우벤이 그 사실을 모르고 구덩이에 가보니 요셉이 없었다. 그가 자기 옷을 찢고 동생들에게 돌아와 슬퍼하며 말하였다.

"애가 없어졌다! 이제 나는 어디로 가야 한단 말인가?"

그들이 염소를 잡아 그 피를 요셉의 옷에 바르고 아버지에게 갖다 주며 말하였다.

"이것이 요셉의 옷인지 보십시오."

야곱이 대성통곡하며 말하였다.

"내 아들의 옷이다. 맹수가 잡아먹었구나. 내 아들 요셉이 찢겨 죽은 것이 틀림없다."

그리고 자기 옷을 찢고 허리에 굵은 베를 두르고 오랫동안 아들의 죽음을 슬퍼하였다. 자녀들이 위로하였으나 아무 소용이 없었다.

"내가 슬퍼하다가 저세상에 있는 아들에게 가겠다."

미디안 상인들은 이집트에서 바로의 경호대장 보디발에게 요셉을 팔았다.

✳ 29 ✳
다말

죄 없는 자가 먼저 돌을 던져라

야곱의 아들 유다는 형제들을 떠나 아둘람 사람 히라에게 가서 살 았다. 거기서 가나안 사람 수아의 딸을 만나 결혼하였다. 그녀가 아들 을 낳자 이름을 에르라 지었다. 다시 아들을 낳자 오난이라 하고, 또 아들을 낳자 셀라라 하였다.

셀라를 낳을 때 유다는 거십에 있었다. 유다가 장남 에르를 다말과 결혼시켰다. 그의 행위가 악하여 주께서 죽이셨다. 유다가 오난에게 말하였다.

"네 형수와 잠자리를 같이하여 시동생의 의무를 다하라."

오난은 아이를 낳아도 자기 아들이 되지 못할 것을 알고 형수와 동 침할 때마다 바닥에 사정하였다. 그 일이 악하여 주께서 그도 죽이셨 다. 유다가 다말에게 말하였다.

"네 친정에 가서 셀라가 자랄 때까지 그대로 지내라."

셀라도 그 형들처럼 죽을지 모른다는 두려움 때문이었다. 다말은 친정 에 가서 살았다. 그리고 유다의 아내가 죽었다. 어느 정도 위안을 되찾아 친구 히라와 함께 자기 양 떼의 털 깎는 사람들이 있는 딤나로 올라갔다.

시아버지가 양털을 깎으러 딤나로 온다는 말을 듣고, 다말이 과부의 옷을 벗고 면사포로 얼굴을 가린 후 길가에 앉았다. 셀라가 성장하였 으나 가만히 있었기 때문이다. 다말이 면사포로 얼굴을 가렸던바, 유 다는 창녀로 생각하고 다가가 말하였다.

"너와 쉬었다 가겠다."

"얼마나 주시겠습니까?"

"염소 새끼를 보내주겠다."

"그 염소를 보낼 때까지 담보물을 잡히시겠습니까?"

"무엇을 맡기면 되겠느냐?"

"끈 달린 도장과 지팡이를 주십시오."

유다가 그것을 주고 잠자리에 들었고, 그녀는 임신하게 되었다. 다말이 집으로 돌아가 면사포를 벗고 과부의 옷을 다시 입었다. 그가 친구 히라에게 부탁하여 염소 새끼를 보내며 담보물을 찾아오라고 하였다. 그가 가서 주민들에게 물었다.

"길가에 있던 창녀가 어디 있습니까?"

"여기는 창녀가 없습니다."

그가 유다에게 돌아가 말하였다.

"그녀를 찾지 못했네. 거기 창녀가 없다고 하더군."

"그 여자가 그것을 갖도록 내버려 두게. 그렇지 않으면 우리가 웃음 거리가 될 걸세. 어쨌든 나는 염소 새끼를 보냈고, 자네가 찾지 못했을 뿐이야."

그리고 석 달쯤 지나서 어떤 사람이 유다에게 말하였다.

"당신의 며느리 다말이 창녀 짓을 하여 임신하였소."

"그녀를 당장 끌어내 불에 태워 죽이시오!"

다말이 끌려나가며 시아버지에게 전갈을 보냈다.

"저는 이 물건 임자로 임신하게 되었습니다. 이 끈 달린 도장과 지팡이가 뉘 것인지 한번 보십시오."

유다가 그것을 알아보고 말하였다.

"그 애가 나보다 낫다. 내가 셀라를 주지 않았다."

그리고 다시는 잠자리를 같이하지 않았다. 다말이 해산할 때 보니 쌍둥이였다. 한 아이가 먼저 손 하나를 불쑥 내밀었다. 산파가 그 손을 잡아 손목에 붉은 실을 매고 말하였다.

"이 아이가 먼저 나왔다."

그런데 그가 도로 손을 안으로 들이고 다른 아이가 나왔다. 산파가 소리쳤다.

"네가 왜 밀치고 나오느냐?"

그리고 이름을 '베레스'라 불렀다. 손목에 붉은 실을 맨 아이가 나오자 '세라'라 하였다.

＊30＊
보디발
여자는 임금도 망하게 할 수 있다

바로의 경호대장 보디발이 요셉을 샀다. 하나님이 요셉과 함께하시는 것을 보고, 주인이 가정의 모든 일을 맡겼다. 하나님이 보디발의 집에 복을 내리자 집안일도 잘되고 재산도 늘어났다. 주인이 전 재산을 그에게 맡기고 자기 먹는 음식 외에는 아무것도 간섭하지 않았다. 요셉은 건장하고 잘 생긴 남자였다.

하루는 보디발의 아내가 요셉에게 눈짓하며 잠자리를 같이하자고 하였다. 요셉이 거절하며 말하였다.

"주인이 집안의 모든 일을 제게 맡기고 아무것도 간섭하지 않습니다. 이 집에 저만한 권한을 가진 사람이 없습니다. 주인은 저에게 아무 것도 금하지 않았으나 당신만은 금하셨습니다. 당신이 그의 아내이기 때문입니다. 그런데 제가 어떻게 감히 이런 악한 짓을 하여 하나님께 범죄 할 수 있겠습니까?"

그녀는 날마다 치근거렸으나 요셉은 단호히 거절하며 함께 있지도 않았다. 어느 날 요셉이 업무를 수행하려고 그 집에 들어갔다. 마침 거기 종들이 하나도 없었다. 그녀가 요셉의 옷을 잡고 통사정하였다.

"나와 함께 잠자리에 들자."

요셉이 자기 옷을 그녀의 손에 두고 뿌리치며 밖으로 뛰쳐나왔다. 그녀가 집안의 종들을 불러 말하였다.

"이 옷을 봐라. 주인이 데리고 온 히브리인이 우리를 희롱하였다. 그가 나를 겁탈하려고 내 방에 들어왔다. 내가 소리를 지르자 옷을 벗어두고 달아났다."

그리고 주인이 돌아오자 말하였다.

"당신이 데리고 온 히브리 종이 내 방에 들어왔어요. 내가 소리를 지르자 옷을 벗어두고 달아났습니다."

주인이 대단히 화가 나서 요셉을 잡아 감옥에 처넣었다. 궁중 죄수들을 가두는 곳이었다. 요셉이 감옥에 갇혔으나 하나님이 함께하시고 축복하여 간수장의 신임을 받게 하셨다. 간수장이 죄수들을 다 요셉에게 맡기고 제반 업무를 처리하게 하였던바, 요셉의 일에 전혀 간섭하지 않았다.

술을 따르는 신하와 빵을 굽는 신하가 왕에게 죄를 범하였다. 바로가 분노하여 경호대장의 집에 있는 감옥에 가두었다. 요셉이 갇혀있는 곳이었다. 경호대장이 그들을 요셉에게 맡겨 보살피게 하였다. 시간이 지나 술을 따르는 신하와 빵을 굽는 신하가 같은 날 서로 다른 꿈을 꾸었다. 아침에 보니 그들이 수심에 잠겨 있었다. 요셉이 물었다.

"오늘은 어찌하여 수심에 잠겨 있습니까?"

"우리가 꿈을 꾸었으나 해몽할 사람이 없구나."

"해몽은 하나님이 하십니다. 저에게 말씀하십시오."

술을 따르던 신하가 말하였다.

"내 앞의 포도나무에 3개의 가지가 있었다. 싹이 나자마자 꽃이 피고 포도송이가 달려 곧 익었다. 나는 왕의 술잔을 들고 있었다. 그 포도를 따서 즙을 만들어 술잔에 붓고 왕에게 갖다 드렸다."

"3개의 포도나무 가지는 3일을 뜻합니다. 3일 내 왕이 당신을 석방하여 전직을 회복시킬 것입니다. 전에 하던 대로 왕에게 다시 술을 따를 것입니다. 모든 일이 잘 되거든 저를 기억하여 주시고, 제 사정을 왕에게 말씀드려 여기서 나가게 해주십시오. 저는 히브리 땅에서 강제로 끌려왔으며, 여기서도 감옥에 갇힐 만한 일은 하지 않았습니다."

빵을 굽던 신하가 요셉의 해몽을 듣고 말하였다.

"나도 꿈을 꾸었다. 빵을 담은 3개의 광주리가 내 머리 위에 있고, 제일 위쪽 광주리에 왕을 위해 만든 여러 가지 구운 음식이 있었다. 새들이 와서 그것을 먹고 있었다."

"3개의 광주리는 3일을 뜻합니다. 3일 내 왕이 당신을 끌어내 나무에 매달 것이며, 새들이 당신의 시체를 뜯어먹을 것입니다."

3일째 날은 바로의 생일이었다. 그가 모든 신하를 위해 잔치를 베풀고, 술 따르던 신하와 빵 굽던 신하를 감옥에서 끌어내 신하들 앞에 세웠다. 그리고 술 따르던 신하의 전직을 회복시켜 다시 술을 따르게 하고, 빵 굽던 신하를 나무에 매달아 처형하였다.

이 모든 일이 요셉의 말대로 되었으나, 술 따르는 신하는 요셉을 까마득하게 잊어버리고 기억하지 않았다.

＊31＊

바로(1)

너희 몸을 정의의 도구로 바쳐라

바로가 꿈을 꾸었다. 나일 강가에 서서 보니 건강하고 살진 암소 7마리가 강에서 올라와 풀을 뜯어 먹고 있었다. 그 뒤에 흉측하고 뼈만 앙상하게 남은 7마리의 암소가 강에서 올라와 먼저 나온 소들과 함께 강변에 서더니, 그 깡마른 소들이 건강하고 살진 소들을 먹어버렸다.

이어서 또 꿈을 꾸었다. 줄기 하나에 무성하고 알찬 7이삭이 나왔다. 그 뒤에 사막의 바람에 말라붙어 쭉정이가 된 다른 7이삭이 나와 먼저 나온 이삭을 삼켜버렸다. 바로가 꿈에서 깨어나 번민하다가, 이집트의 마법사와 지혜로운 자를 다 불러 물어보았으나 해몽하는 사람이 없었다. 그때 술 따르는 신하가 바로에게 말하였다.

"제가 오늘 비로소 제 잘못을 기억합니다. 폐하께서 빵 굽는 신하와 저에게 노하여 경호대장의 감옥에 가두었을 때, 우리가 같은 날 서로 다른 꿈을 꾸었습니다. 거기 경호대장의 종으로 있던 히브리 청년이 우리와 함께 있었습니다. 그에게 꿈 이야기를 했더니 우리의 꿈을 각각 해석하여 주었습니다. 결국 그의 해몽대로 저는 복직이 되고, 빵 굽던 신하는 나무에 달려 처형되었습니다."

바로가 급히 요셉을 데려오라고 명하였다. 요셉이 수염을 깎고 옷을 갈아입은 후 나왔다. 바로가 말하였다.

"내 꿈을 해석하는 사람이 아무도 없다. 나는 네가 꿈을 잘 해석한다는 말을 들었다."

"저는 아무것도 할 수 없지만, 하나님께서 그 꿈의 뜻을 알려주실 것

❶ 아브라함 이야기

입니다."

바로가 꿈 이야기를 자세히 하자 요셉이 말하였다.

"그 꿈은 동일합니다. 하나님이 앞으로 일어날 일을 왕에게 보이신 것입니다. 7마리의 살진 소는 7년을 가리키며, 7개의 알찬 이삭도 7년을 뜻합니다. 그 후 올라온 야위고 흉측한 소도 7년을 가리키며, 사막의 바람에 말라붙은 쭉정이도 7년을 말합니다. 앞으로 7년 동안 이집트 전역에 큰 풍년이 있을 것입니다. 이어서 7년 동안 흉년이 들 것이며, 풍년은 잊히고 이 땅은 황폐할 것입니다. 그 기근이 너무 심하여 이전의 풍년을 기억하지 못할 것입니다.

왕이 꿈을 2번 연달아 꾸신 것도 하나님이 이 일을 분명히 정하셨으며, 그 일을 속히 행하실 것을 뜻합니다. 이제 왕은 총명하고 지혜로운 사람을 택하여 나랏일을 맡기셔야 합니다. 행정구역을 5개로 나눠 각 구역마다 관리를 두고, 7년 동안의 풍년에 잉여 농산물을 모두 거둬들여 왕의 권한으로 각 성의 창고에 비축하십시오. 그렇게 식량을 모아두시면 앞으로 7년 동안 흉년이 들어도 백성이 굶어 죽지 않을 것입니다."

모든 신하가 요셉의 제안을 좋게 여겨 바로가 말하였다.

"하나님의 영이 충만한 이런 사람을 우리가 어디서 찾을 수 있겠는가? 하나님이 이 모든 일을 네게 알게 하셨으니, 너처럼 총명하고 지혜로운 사람이 없다. 너는 내 나라를 다스려라. 내 백성이 다 네 명령에 복종할 것이다. 내가 너보다 높은 것은 이 보좌뿐이다."

그리고 자기 인장 반지를 빼서 요셉의 손가락에 끼워주고, 고운 모시 옷을 입힌 후 금목걸이를 걸어주며 말하였다.

"내가 너를 이집트 전국을 다스릴 총리로 임명한다."

그리고 요셉을 궁중 2호 수레에 태웠다. 그가 가는 곳마다 의전관이 외쳤다.

"엎드려라!"

이렇게 요셉은 이집트의 총리가 되었다.

＊32＊
요셉의 형들
심은 대로 거두는 법이다

바로가 요셉에게 말하였다.

"나는 왕이다. 네 허락이 없이는 이집트 땅에서 손발을 놀릴 자가 없을 것이다."

그리고 '사브낫 바네아'라는 이집트 이름을 붙여주고, 제사장 보디베라의 딸 아스낫을 아내로 주었다. 요셉이 30세에 총리가 되어 이집트 전역을 순회하였다.

7년 동안의 풍년으로 그 땅에는 농산물이 엄청나게 많았다. 모든 곡식을 거두어 각 성에 비축하였다. 그가 저장한 곡식이 바다의 모래처럼 많아 비축량을 계산할 수도 없었다.

요셉은 흉년이 들기 전에 아들 둘을 낳았다. 장남의 이름을 '므낫세'라 짓고 말하였다.

"하나님께서 나의 모든 고난과 내 아버지의 집안 식구들을 잊어버리게 하셨다."

차남의 이름을 '에브라임'이라 짓고 말하였다.

"내가 고생하는 땅에서 하나님이 자식을 주셨다."

이집트 땅에 7년 동안의 풍년이 끝나고, 요셉의 말대로 7년 흉년이 시작되었다. 다른 나라에는 기근이 들어 굶주렸으나 이집트 땅에는 식량이 있었다. 그러다가 이집트에도 서서히 기근이 들어 백성은 바로에게 식량을 달라고 부르짖었다. 바로는 요셉에게 가서 그가 시키는 대로 하라고 하였다.

이집트 전역에 기근이 더욱 심해지자 요셉은 모든 창고를 열고 이집트인에게 곡식을 팔았다. 기근이 온 세상을 휩쓸고 있었는바, 다른 나라 사람들도 요셉에게 곡식을 사려고 이집트로 몰려들었다. 야곱도 이집트에 곡식이 있다는 말을 듣고 아들들에게 말하였다.

"어찌하여 너희는 서로 바라만 보고 있느냐? 이집트에 곡식이 있다는 말을 들었다. 굶어 죽지 않으려면 가서 사 오너라."

요셉의 형들이 곡식을 사려고 이집트로 떠났다. 야곱은 요셉의 동생 베냐민을 보내지 않았다. 그에게 무슨 일이 일어날지 모른다는 두려움 때문이었다. 야곱의 아들들이 곡식을 사려는 사람들 틈에 끼어 이집트에 도착하였다. 그들이 요셉 앞에 엎드려 절하였다. 요셉이 그들을 모른 척하고 큰 소리로 물었다.

"너희는 어디서 왔느냐?"

"곡식을 사려고 가나안 땅에서 왔습니다."

그들은 요셉을 알아보지 못했으나 요셉은 전에 꾼 꿈을 생각하며 말하였다.

"너희는 간첩이다. 우리의 취약한 곳을 알아보려고 온 자들이 틀림없다!"

"아닙니다. 우리는 곡식을 사려고 왔을 뿐입니다. 우리는 다 한 형제로서 건실한 사람들입니다."

"아니다. 너희는 이 땅을 탐색하러 왔어!"

"우리는 12형제로서 가나안 땅에 사는 한 사람의 아들입니다. 막내는 지금 아버지와 함께 있고 하나는 없어졌습니다."

"내가 이미 말한 대로 너희는 간첩이다. 간첩이 아니라면 그 사실을 증명해야 한다. 내가 바로의 이름으로 맹세하지만, 너희 막냇동생을 데려오지 않으면 이곳을 떠나지 못할 것이다. 너희 중 하나가 가서 그를 데려오너라. 너희 말이 입증될 때까지 나머지는 감옥에 가둬두겠다. 내가 목숨을 걸고 맹세하지만, 그를 데려오지 않으면 너희는 분명히 간첩이다."

그리고 그들을 3일 동안 가둬두었다. 3일 만에 요셉이 그들에게 말하였다.

"나는 하나님을 두려워하는 사람이다. 내가 시키는 대로 하면 너희 목숨만은 살려주겠다. 너희가 정말 건실하다면 한 사람만 여기 갇혀 있고, 나머지는 곡식을 가지고 가서 굶주리는 가족들에게 갖다 주어라. 그리고 너희 막냇동생을 데려오너라. 그러면 너희가 한 말이 입증되어 죽지 않을 것이다."

그들이 그렇게 합의하고 서로 말하였다.

"우리가 동생에게 한 일로 지금 천벌을 받고 있다. 그가 살려달라고 애걸할 때 그 말을 듣지 않았던바, 이제 이런 괴로움을 당하게 되었다."

르우벤이 말하였다.

"내가 그 애를 해치지 말자고 하지 않았더냐? 너희가 내 말을 듣지 않아 지금 그 대가를 치르는 것이다."

그들은 요셉이 통역관을 두었던바 그 말을 알아듣는 줄 몰랐다. 요셉이 잠시 그들을 떠나 울고 돌아와 시므온을 끌어내 묶었다. 그들의 자루에 곡식을 채우게 하고, 각자의 돈을 그 자루에 도로 넣게 하였다. 길을 가는 중에 먹을 음식도 주었다. 그들이 곡식을 나귀에 싣고 떠났다. 하룻밤 쉬어가려고 머문 곳에서, 나귀에게 먹이를 주려고 자루를 풀어보니 돈이 그대로 들어있었다.

"돈을 도로 돌려주었다. 내 자루 속에 돈이 있다."

그들이 두려워 떨며 서로 쳐다보고 한탄하였다.

"어찌하여 하나님이 우리에게 이런 일을 하셨는가?"

그들이 가나안 땅에 돌아와 그 모든 일을 아버지에게 말하였다.

"그 나라의 총리가 우리를 간첩으로 취급하였습니다. 우리는 건실한 사람들로 한 아버지의 아들이며, 하나는 없어지고 막내는 아버지와 함께 있다고 했습니다. 그는 우리가 건실한 사람임을 입증하기 위해 한 사람만 거기 남아있고, 나머지는 곡식을 가지고 가서 굶주리는 가족들에게 갖다 주며, 막냇동생을 데려오라고 하였습니다. 그래야 우리가 건실한 사람임을 알고 동생을 돌려보낸다고 하였으며, 또 무역도 할 수 있다고 했습니다."

그리고 각자 자루를 쏟아보니 그 속에 돈주머니가 그대로 들어있었다. 그들이 보고 두려워하였다. 야곱이 말하였다.

"너희가 내 자식들을 잃게 하는구나! 요셉도 없어지고 시므온도 없어졌다. 이제 베냐민마저 빼앗아가려고 하니, 모든 일이 다 나를 괴롭게 하는구나."

르우벤이 말하였다.

"제가 베냐민을 아버지께 데려오지 않으면 저의 두 아들을 죽여도 좋습니다. 저에게 맡겨주십시오. 제가 책임을 지겠습니다."

"내 아들은 너희와 함께 내려가지 못한다. 그의 형은 죽었고 그만 남았다. 너희가 가는 도중에 그에게 무슨 일이 일어난다면, 너희는 백발이 된 나를 슬픔 가운데 무덤으로 내려보내는 자가 될 것이다."

33

베냐민

베냐민
반드시 그 상을 받을 것이다

가나안 땅에 기근이 더욱 심하여 이집트에서 사 온 식량도 다 떨어졌다. 야곱이 말하였다.

"가서 양식을 좀 더 사 오너라."

유다가 대답하였다.

"그는 우리가 동생을 데려가지 않으면 다시 보지 못할 것이라고 엄히 경고했습니다. 동생을 우리와 함께 보내주십시오. 그래야 양식을 사 올 수 있습니다. 그렇지 않으면 내려가지 않겠습니다."

"너희가 왜 다른 동생이 있다고 하여 나를 이처럼 괴롭히느냐?"

형제들이 말하였다.

"그가 우리 가족에 대하여 자세히 물으며, '너희 아버지가 지금도 살아 계시냐?', '너희에게 또 다른 동생이 있느냐?'고 하여 우리는 그저 대답만 했습니다. 그가 그리 말할 줄 어떻게 알겠습니까?"

유다가 말하였다.

"베냐민을 저와 함께 보내주십시오. 우리가 즉시 떠나겠습니다. 그래야 우리 가족이 살 수 있습니다. 제가 목숨을 걸고 그 책임을 지겠습니다. 무사히 그를 데리고 와서 아버지 앞에 두지 않으면 제가 평생 그 피의 대가를 치르겠습니다. 우리가 지체하지 않았다면 벌써 2번이나 다녀왔을 것입니다."

"정 그렇다면 이렇게 해라. 이 땅에서 제일 좋은 유향과 꿀과 향품과 몰약과 비자와 편도를 조금씩 가지고 가서 그에게 선물로 주어라. 그리고 그가 너희 자루에 돈을 도로 넣어주었으니, 너희는 그 돈의 2배를 가지고 가라. 아마 착오가 있었을 것이다. 너희 동생도 그에게 즉시 데리고 가라. 전능하신 하나님이 그 사람 앞에서 너희에게 자비를 베풀어 시므온과 베냐민을 돌려보내 주기를 바랄 뿐이다. 내가 자식을 잃어도 이제 어쩔 수 없다."

그래서 2배의 돈과 선물을 가지고 베냐민과 함께 이집트로 내려갔다. 그들이 앞에 서자 요셉은 베냐민이 함께 있는 것을 보고 청지기에게 말하였다.

"이들을 내 집으로 안내하고 짐승을 잡아 식사를 준비하라. 정오에 나와 함께 식사할 것이다."

그들이 집에 들어가며 서로 말하였다.

"지난번 그 돈 때문에 우리가 여기 끌려왔다. 그가 우리 나귀를 빼앗고 노예로 삼을 것이 뻔하다."

그들이 문 앞에 서서 청지기에게 말하였다.

"지난번에 양식을 가지고 돌아가다가 하룻밤을 보내려고 머문 곳에서 자루를 풀어보니, 우리 돈이 각자의 자루에 그대로 있었습니다. 그래서 그 돈을 도로 가지고 왔으며, 또 양식을 살 다른 돈도 가지고 왔습니다. 우리는 누가 그 돈을 자루에 넣었는지 모릅니다."

"안심하고 두려워하지 마십시오. 여러분의 하나님, 곧 당신들 아버지의 하나님이 그 돈을 자루에 넣어주신 것입니다. 나는 이미 그 돈을 받았습니다."

그리고 그가 시므온을 데리고 왔다. 그들을 요셉의 집으로 인도하여 발을 씻게 하고, 나귀에게 먹이도 주었다. 요셉의 형들은 그와 함께 식사한다는 말을 듣고 선물을 챙겨놓았다. 요셉이 도착하자 선물을 주며 엎드려 절하였다. 요셉이 안부를 물으며 말하였다.

"너희가 말한 그 노인은 안녕하시냐? 아직 생존하고 계시냐?"

그들이 머리 숙여 다시 절하며 말하였다.

"우리 아버지는 지금까지 살아계시며 평안히 잘 있습니다."

그리고 베냐민을 보고 물었다.

"이 사람이 너희가 말한 그 막냇동생이냐?"

그들이 대답하자 베냐민에게 말하였다.

"하나님이 너에게 은혜를 베풀어주시기 원한다."

요셉은 동생을 보고 가슴이 미어져 급히 밖으로 뛰쳐나갔다. 울 곳을 찾다가 자기 안방으로 들어가 실컷 울었다. 얼굴을 씻고 다시 나와 정을 억제하며 하인들에게 음식을 차리라고 하였다.

그들이 요셉과 그 형제들에게 따로 상을 차리고, 이집트인에게도 상을 따로 차렸다. 이집트인이 히브리인과 함께 먹는 것을 아주 싫어하였기 때문이다.

하인들이 그들을 나이순으로 요셉을 향해 앉게 하자 서로 놀라 쳐다보았다. 요셉은 자기 식탁의 음식을 형들에게 주고, 베냐민에게는 다섯 몫을 주었다. 형제들이 요셉과 함께 마음껏 먹고 마셨다.

* 34 *
# 유다

신실한 사람은 거짓말하지 않는다

요셉이 청지기에게 지시하였다.

"너는 각 사람의 자루에 최대한 양식을 채우고 돈도 도로 넣어라. 막냇동생의 자루에는 내 은잔도 함께 넣어라."

그가 그대로 하고 아침 일찍 나귀에 태워 그들을 떠나보냈다. 그들이 성에서 얼마 가지 않았을 때 요셉이 청지기에게 말하였다.

"그들을 급히 뒤쫓아 가서 '어찌하여 너희가 선을 악으로 갚느냐? 무엇 때문에 내 주인이 술을 마시며 점치는 은잔을 훔쳐 갔느냐? 너희는 정말 악한 짓을 하였다!'라고 하라."

그가 가서 그대로 말하자 그들이 대답하였다.

"어찌하여 이런 말씀을 하십니까? 우리는 절대 그런 짓을 하지 않았습니다. 우리 자루의 돈도 당신에게 도로 가져갔습니다. 무엇 때문에 우리가 당신 주인의 은금을 도둑질하겠습니까? 우리 중에 누구든지 그것을 가진 자가 발견되면 죽이십시오. 그리고 나머지는 당신의 종이 되겠습니다."

"좋소! 그렇다면 당신들의 말대로 하겠소. 누가 은잔을 훔쳤든지 그만 내 종이 될 것이며, 나머지는 아무 죄가 없을 것이오."

그들이 자루를 급히 땅에 내려놓자 그가 장남부터 막내까지 나이순으로 샅샅이 뒤졌다. 베냐민의 자루에서 그 잔이 발견되었다. 이를 본 형제들이 옷을 찢고 슬퍼하며, 각자 짐을 나귀에 싣고 성으로 되돌아왔다. 요셉은 집에 그대로 있었다. 그들이 땅에 엎드려 절하자 요셉이 말하였다.

"너희가 어찌하여 이런 짓을 하였느냐? 내가 점으로 범인을 찾아낼 수 있다는 것을 몰랐느냐?"

유다가 대답하였다.

"우리가 총리께 무슨 말씀을 드리겠습니까? 무슨 변명을 하며 어찌 무죄를 입증할 수 있겠습니까? 하나님이 우리의 죄를 드러내셨으니, 이제 우리와 이 잔이 발견된 자가 다 당신의 종이 되겠습니다."

"아니다. 잔을 훔쳐 간 사람만 내 종이 될 것이며, 너희는 너희 아버지께 평안히 돌아가라."

유다가 가까이 가서 말하였다.

"총리께 한 말씀만 드리겠습니다. 제발 저에게 노하지 마십시오. 총리께서는 왕과 다름이 없습니다. 전에 총리께서 우리에게 물었습니다.

'너희는 아버지나 다른 형제가 있느냐?'

'우리에게 나이 많은 아버지가 계시고, 또 노년에 낳은 어린 동생이 있습니다. 그의 형은 죽었고, 그 어머니가 낳은 아들 가운데 그만 남아 아버지가 무척 사랑합니다.'

'그 아이를 데리고 와서 대면하게 하라.'

우리는 그 아이가 아버지를 떠날 수 없으며, 그렇게 되면 아버지가 죽게 될 것이라고 하였습니다. 그러나 총리께서 말씀하셨습니다.

'너희 막냇동생을 데려오지 않으면, 너희가 다시는 나를 보지 못할 것이다.'

우리가 아버지께 돌아가 총리의 말씀을 그대로 전했습니다. 그 후 아버지가 다시 가서 양식을 좀 사 오라고 하여 우리가 말했습니다.

'우리가 내려갈 수 없습니다. 막내를 우리와 함께 보내주시면 가겠습니다. 그렇지 않으면 그를 볼 수 없습니다.'

아버지가 말씀하셨습니다.

'너희도 알겠지만, 라헬은 나에게 두 아들만 낳아주었다. 그런데 하나는 나를 떠났으니 맹수에게 찢겨 죽은 것이 틀림없다. 그 후 내가 아직 그를 보지 못하였다. 너희가 이 아이마저 내게서 빼앗아가려고 하는구나! 그에게 무슨 일이 일어나면, 백발이 된 나를 슬픔 가운데 무덤으로 내려보내는 자가 될 것이다.'

아버지의 생명이 이 아이에게 달려 있습니다. 이 아이가 우리와 같이 돌아가지 않으면 아버지가 죽게 될 것입니다. 이렇게 되면 백발이 된 아버지를 우리가 죽이는 셈이 됩니다. 저는 아버지께 목숨을 걸고 이 아이의 안전을 보장하며 약속했습니다.

'이 아이를 아버지께 데리고 돌아오지 않으면, 제가 평생 그 죄의 대가를 치르겠습니다.'

사정이 이러하니 제가 대신 총리의 종이 되겠습니다. 제발 이 아이는 형제들과 함께 돌아가게 해주십시오. 아이를 데려가지 않고 어떻게 아버지를 뵐 수 있겠습니까? 아버지께 불행한 일이 닥치는 것을 차마 볼 수 없습니다."

✳ 35 ✳
요셉(2)
자기를 낮추면 높아질 것이다

요셉이 더이상 정을 억제할 수 없었던바, 큰 소리로 명하여 하인들을 물러가게 하였다. 그리고 자신이 요셉이라는 사실을 알렸다. 다른 사람은 아무도 없었다. 요셉이 형들에게 말하였다.

"나는 요셉입니다. 아버지께서 아직 살아계십니까?"

그들은 너무 놀라 아무 말도 하지 못하였다. 요셉이 다가가 말하였다.

"이리 가까이 오십시오."

그들이 다가오자 요셉이 말하였다.

"나는 형님들이 이집트에 판 동생 요셉입니다. 형님들이 나를 팔았다고 근심하거나 한탄하지 마십시오. 하나님께서 우리 가족을 구하려고 나를 형님들보다 먼저 이곳에 보내신 것입니다. 이 땅에 2년 동안 흉년이 들었으나, 앞으로 5년간은 경작도 못 하고 추수도 못 할 것입니다.

하나님이 놀라운 방법으로 형님들과 자손들을 살리려고 나를 보내셨던 것입니다. 나를 여기 보내신 분은 하나님이십니다. 하나님이 나를 바로의 고문관으로 삼으시고, 또 모든 권한을 나에게 맡겨 온 이집트를 다스리는 총리가 되게 하셨습니다. 이제 형님들은 속히 아버지께 돌아가 아들 요셉의 말을 전해주십시오.

'하나님께서 저를 이집트의 총리로 삼으셨으니 지체 없이 내려오십시오. 아버지는 아들들과 손자들과 함께 모든 양과 소와 짐승을 이끌고 와서, 이곳 고센 땅에 살며 저와 가까이 계실 수 있습니다. 앞으로 5년간 흉년이 더 이어지므로 제가 아버지를 보살피겠습니다. 그렇지 않으면 아버지와 집안 식구들과 짐승이 다 굶주릴 것입니다. 여러 형님들과 동생 베냐민도 제가 요셉이라는 것을 보았습니다.'

제가 이집트에서 누리는 이 모든 영화와 형님들이 본 것을 다 말씀드리고, 서둘러 아버지를 모시고 내려오십시오."

그리고 동생 베냐민을 끌어안고 울었다. 베냐민도 요셉을 안고 울었다. 또 요셉이 형들과 하나하나 입 맞추며 울었다. 그제야 형들이 요셉과 말하기 시작하였다. 요셉의 형들이 왔다는 소문이 바로의 궁에 전해지자 왕과 신하들이 다 기뻐하였다. 바로가 요셉에게 말하였다.

"너는 네 형들에게 식량을 주고 가나안 땅에 있는 네 아버지와 가족을 데려오게 하라. 내가 그들에게 이집트에서 제일 좋은 땅을 주겠다. 그들은 가장 좋은 농산물을 먹고 살 것이다. 또 그들에게 이집트 수레를 주어 처자들과 아버지를 태워오게 하라. 그들이 가져오지 못하는 물건에 대해서는 염려할 필요가 없다. 이집트의 제일 좋은 것이 다 그들의 소유가 될 것이다."

요셉은 바로가 명한 대로 수레와 길에서 먹을 음식과 옷 1벌씩을 주었으며, 베냐민에게는 은화 300개와 옷 5벌을 주었다. 그리고 아버지에게는 이집트의 제일 좋은 물품을 수나귀 10마리에 실어주고, 암나귀 10마리에 곡식과 빵과 음식도 가득 실어 보내며 말하였다.

"형님들, 길에서 다투지 마십시오."

그들이 가나안 땅에 돌아가 아버지에게 말하였다.

"요셉이 살아있습니다! 이집트의 총리가 되었습니다!"

야곱이 그 말을 믿지 못하다가 요셉의 말을 전해 듣고, 또 자기를 태우라고 보낸 수레를 보고 나서야 정신이 들어 말하였다.

"더 물어볼 필요도 없다. 내 아들 요셉이 아직 살아있다니! 내가 죽기 전에 가서 봐야겠다."

＊36＊
야곱(2)
나를 평탄한 길로 인도하소서

야곱이 브엘세바에 이르러 아버지 이삭의 하나님께 제사를 드렸다. 그날 밤 하나님이 환상 가운데 나타나 부르셨다.

"야곱아, 야곱아!"

"제가 여기 있습니다."

"나는 네 아버지의 하나님이다. 이집트로 내려가기를 두려워하지 마라. 내가 거기서 네 후손을 큰 민족이 되게 하겠다. 내가 너와 함께 이집트로 내려갈 것이며, 네 후손을 인도하여 다시 이 땅으로 돌아오게 하겠다. 그러나 너는 요셉이 지켜보는 가운데 이집트에서 죽을 것이다."

야곱의 아들들이 바로가 보낸 수레에 아버지와 처자들을 태웠다. 그들은 가나안 땅에서 얻은 가축과 모든 재산을 가지고 이집트로 갔다. 야곱은 아들과 손자, 딸과 손녀를 데리고 이집트로 내려갔다. 야곱과 함께 이집트에 내려간 식구는 며느리 외 66명이고, 요셉과 그 두 아들을 포함하면 모두 70명이었다.

야곱이 먼저 유다를 요셉에게 보내 고센에서 만나자고 하였다. 요셉이 수레를 타고 고센에 왔다. 아버지를 만나 목을 끌어안고 오랫동안 울었다. 야곱이 요셉에게 말하였다.

"네가 아직 살아있음을 내 눈으로 똑똑히 보았으니, 이제 죽어도 여한이 없다."

요셉이 형들과 그 가족들에게 말하였다.

"바로에게 가서 형님들과 아버지의 가족이 모두 여기 왔다고 말하겠습니다. 목축하는 사람들로 모든 재산을 가지고 양과 소도 함께 끌어왔다고 하겠습니다. 바로가 직업이 무엇이냐고 물으면 어릴 때부터 목축하며 살았다고 하십시오. 이집트인이 목축하는 사람을 천시하는바, 형님들과 가족은 고센 땅에서 살게 될 것입니다."

요셉이 바로에게 가서 보고하였다.

"제 아버지와 형들이 양과 소와 모든 재산을 가지고 와서 지금 고센에 있습니다."

그리고 형들 가운데 5명을 택하여 바로에게 데려가 보였다. 바로가 물었다.

"그대들의 직업은 무엇인가?"

"우리는 우리 조상들과 마찬가지로 목자들입니다. 가나안 땅에 기근이 심하여 우리 짐승을 기를 목초지가 없어 이곳에 왔습니다. 저희들을 고센 땅에서 살게 해주십시오."

바로가 요셉에게 말하였다.

"네 아버지와 형들이 왔으니, 그들을 이집트 제일의 목초지인 고센 땅에 살게 하라. 이집트의 모든 땅을 처분할 권한이 네게 있지 않느냐? 그리고 그들 가운데 유능한 사람들이 있거든 내 짐승을 맡겨 관리하게 하라."

요셉이 자기 아버지 야곱을 모셔다가 바로 앞에 세웠다. 야곱이 축복하며 인사하자 바로가 물었다.

"연세가 얼마나 되셨습니까?"

"나그네로 살아온 세월이 130년 되었습니다. 제 조상들에 비하면 나이가 얼마 되지 않지만 정말 고달픈 세월을 보냈습니다."

그리고 바로에게 인사하고 나왔다. 요셉은 바로가 명한 대로 아버지와 형들에게 이집트에서 제일 좋은 땅 라암셋을 주었으며, 가족 수에 따라 양식을 공급하였다.

✳ 37 ✳

요셉(3)

뱀같이 지혜롭고 비둘기같이 순결해라

기근이 더욱 심하여 온 땅에 양식이 없었다. 이집트와 가나안 사람들이 굶주림으로 허덕이고 있었다. 요셉이 곡식을 팔아 모든 돈을 바로의 궁전으로 가져왔다. 돈이 다 떨어지자 사람들이 간청하였다.

"우리에게 양식을 주십시오. 돈은 이미 다 떨어졌습니다."

"여러분의 짐승을 끌어오십시오. 양식으로 바꿔주겠습니다."

그들이 자기 짐승을 끌고 왔다. 요셉은 그들의 말과 양과 소와 나귀 등을 받고 양식을 공급하였다. 해가 바뀌자 백성이 다시 와서 말하였다.

"우리가 총리께 숨기지 않고 다 말씀드립니다. 이제는 우리 돈도 다 떨어지고, 짐승도 총리께 다 돌아가 내놓을 것이 아무것도 없습니다. 남은 것이라곤 우리 몸과 토지뿐입니다. 우리와 토지를 사고 양식을 주십시오. 토지를 왕께 드리고 왕의 종이 되겠습니다. 우리에게 종자를 주어 굶어 죽지 않게 해주십시오. 그러면 땅이 황폐하지는 않을 것입니다."

요셉이 이집트의 모든 토지를 사서 바로에게 바쳤다. 이집트인이 기근에 시달리다 못해 토지를 팔게 되었고, 모든 땅이 바로의 소유가 되었다.

이처럼 모든 백성을 노예로 삼고, 이집트 전역의 토지를 사들였으나 제사장의 토지는 그대로 두었다. 그들은 바로가 제공하는 양식을 먹었기 때문이다. 요셉이 백성에게 말하였다.

"이제 내가 왕을 위해 여러분의 몸과 토지를 샀습니다. 여기 종자가 있으니 여러분이 땅에 뿌리십시오. 수확의 20%는 왕에게 바쳐야 합니다. 여러분은 그 나머지를 가지고 종자로도 쓰고 가족이 먹을 식량으로 쓰십시오."

"총리께서 우리를 살려주셨습니다. 우리가 총리의 은혜를 입었으니 왕의 종이 되겠습니다."

이렇듯 요셉은 수확의 20%를 왕에게 바치는 토지법으로 제정하였다. 이스라엘 백성은 고센 땅에 살면서 재산을 모으고 번성하여 많은 자녀를 낳았다.

✳ 38 ✳

야곱(3)

하나님의 나라가 가까이 왔다

야곱이 이집트에서 17년을 살고 147세가 되었다. 죽을 때가 가까워 요셉을 불러 말하였다.

"네가 진정으로 나를 사랑한다면 네 손을 내 허벅지에 넣고, 나를 이집트 땅에 장사하지 않겠다고 엄숙히 선언해라. 내가 죽거든 내 조상들이 묻힌 곳에 나를 매장해라."

"제가 아버지의 말씀대로 하겠습니다."

"네가 그렇게 하겠다고 내게 맹세해라."

요셉이 맹세하자 야곱은 침대 머리맡에서 하나님께 경배하였다.

그리고 얼마 후 아버지가 병들었다는 소식을 듣고, 요셉이 두 아들 므낫세와 에브라임을 데리고 왔다. 그 말을 듣고 야곱이 힘을 내어 일어나 말하였다.

"전에 전능하신 하나님이 가나안 땅 루스에서 나타나 나를 축복하시며 말씀하셨다.

'내가 네게 많은 자손을 주고, 너를 번성하게 하여 많은 민족의 조상

이 되게 하며, 내가 이 땅을 네 후손에게 영원한 소유로 주겠다.'

내가 여기 오기 전에 태어난 너의 두 아들 에브라임과 므낫세는 내 아들이다. 내가 그들을 르우벤과 시므온같이 아들로 삼겠다. 앞으로 네가 아들을 더 낳게 되면 그들은 네 아들이 될 것이며, 에브라임과 므낫세의 이름으로 유산을 받게 될 것이다.

내가 이렇게 하는 것은 네 어머니 라헬 때문이다. 애석하게도 너의 어머니는 메소포타미아에서 돌아오던 길에 죽었다. 에브랏에서 그리 멀지 않은 곳이다. 나는 네 어머니를 에브랏으로 가는 길가에 장사하였다."

야곱이 요셉의 아들을 보고 물었다.

"이 애들은 누구냐?"

"하나님이 주신 제 아들들입니다."

"그들을 내 앞으로 데리고 오너라. 내가 축복하겠다."

야곱은 눈이 어두워 잘 보지 못했다. 요셉이 두 아들을 아버지 앞으로 데려가자 야곱이 끌어안고 입 맞추며 요셉에게 말하였다.

"내가 너를 다시 보리라고는 꿈에도 생각지 못했다. 그런데 하나님이 네 자녀들까지 보게 하셨구나."

요셉이 아버지의 무릎에서 두 아들을 물러서게 하고 바닥에 엎드려 절하였다. 그리고 에브라임을 야곱의 왼편에, 므낫세를 오른편에 앉혔다. 그런데 야곱은 팔을 어긋맞게 펴서 오른손을 차남인 에브라임의 머리에, 왼손을 장남인 므낫세의 머리에 얹어 축복하였다.

"할아버지 아브라함과 아버지 이삭의 하나님, 오늘까지 평생 저의 목자 되신 하나님이시여, 저를 모든 환난에서 구해주신 천사여, 이 아이들을 축복하소서. 이들이 저와 제 할아버지 아브라함과 제 아버지 이삭의 이름으로 불리게 하시며, 세상에서 번성하여 많은 자손을 갖게 하소서."

요셉은 아버지가 오른손을 에브라임의 머리에 얹은 것을 보고 그 손을 잡으며 말하였다.

"아버지, 이 아이가 장남입니다. 오른손을 이 아이의 머리에 얹으십시오."

"애야, 나도 알고 있다. 므낫세도 한 민족의 조상이 되어 크게 되겠지만, 그 동생이 더 크게 되어 여러 민족을 이룰 것이다."

그리고 축복하며 말하였다.

"이스라엘 사람들이 축복할 때, 너희 이름을 사용하여 '하나님이 너를 에브라임과 므낫세처럼 되게 하시기를 원한다.'라고 할 것이다."

야곱은 에브라임을 므낫세 보다 앞세웠다. 그리고 요셉에게 말하였다.

"나는 죽지만 하나님이 너희와 함께하여 내 조상들의 땅으로 돌아가게 하실 것이다. 내가 특별히 비옥한 세겜 땅을 네 형들에게 주지 않고 네게 주겠다. 내가 아모리 족속에게서 칼과 활로 빼앗은 땅이다."

그리고 야곱이 자기 아들들을 불러 말하였다.

"너희는 이리 모여라. 내가 앞으로 너희에게 일어날 일을 일러주겠다. 야곱의 아들들아, 다 모여서 들어라. 너희 아버지 이스라엘의 말을 들어라.

르우벤아, 너는 내 장자요, 힘이요, 기력의 첫 열매로서 위엄 있고 능력이 탁월하지만, 거친 파도와 같아 으뜸이 되지는 못할 것이다. 내 침상을 더럽히고 아버지를 욕되게 하였기 때문이다.

시므온과 레위는 단짝으로 그 칼은 폭력의 도구이다. 내가 그 모의에 가담하지 않고 회의에 끼어들지 않을 것이다. 그들은 분노로 사람을 죽이고 재미로 소의 발목 힘줄을 끊었다. 그 분노가 맹렬하고 격노가 잔인하니 저주를 받을 것이다. 이들을 사방으로 분산시키고 백성 가운데서 흩어버릴 것이다.

유다야, 너는 네 형제들의 찬양을 받을 것이다. 네 손이 원수의 목덜

미를 잡을 것이며, 네 형제들이 네 앞에서 절할 것이다. 내 아들 유다는 먹이를 찢으며 굴에 들어가 엎드리고 눕는 사자 같으니, 누가 감히 건드릴 수 있겠는가!

왕의 지팡이가 유다를 떠나지 않을 것이다. 그 지팡이의 소유자가 오실 때까지 그가 통치자의 지휘봉을 가지고 다스릴 것이며, 모든 백성이 그에게 복종할 것이다.

그는 자기 나귀를 포도나무에 매고, 그 암나귀 새끼를 제일 좋은 포도나무 가지에 맬 것이며, 그 옷을 포도주와 포도즙에 빨 것이다. 그 눈은 포도주로 붉을 것이며, 그 이는 우유로 흴 것이다.

스불론은 해변에 살 것이다. 그곳은 배가 정박하는 항구가 되고, 그 영토는 시돈까지 미칠 것이다.

잇사갈은 양쪽에 짐을 잔뜩 싣고 꿇어앉은 건장한 나귀이다. 그는 좋은 휴식처와 아름다운 땅을 보고, 허리를 구부려 짐을 나르며 종이 되어 섬길 것이다.

단도 다른 지파처럼 자기 백성을 다스릴 것이다. 그는 도로변의 뱀이요, 길가의 독사와 같다. 말의 뒤꿈치를 물어 그 탄 사람을 뒤로 떨어지게 할 것이다. 주여, 내가 주의 구원을 기다립니다.

갓은 침략자의 공격을 받을 것이나 오히려 그 뒤를 공격할 것이다.

아셀의 농산물은 풍성하여 그가 왕의 음식물을 제공하리라.

납달리는 아름다운 새끼를 밴 풀어놓은 암사슴이다.

요셉은 샘 곁의 무성한 가지로 담을 넘는구나. 그 원수들이 무섭게 그를 공격하며 활을 쏘고 추적하지만, 오히려 그 활이 견고하고 그 팔에 힘이 있으니, 이스라엘의 반석이시며 목자가 되시는 야곱의 전능하신 하나님의 능력 때문이다.

너를 도울 분은 네 아버지의 하나님이시다. 전능하신 하나님이 너를 축복하실 것이니, 위로 하늘의 복과 아래로 샘물의 복과 많은 자녀와 짐승을 기르는 복이다. 네 아버지의 축복이 내 선조들의 축복보다 낫다. 높은 산처럼 한없는 축복이 형제들 가운데 뛰어난 요셉의 머리에 내리기를 원하노라.

베냐민은 사나운 이리와 같이 아침에는 원수를 삼키고 저녁에는 그 약탈물을 나누리라."

이들은 이스라엘 12지파로 야곱은 각자에게 적합한 말로 축복하였다. 그리고 명하였다.

"이제 나는 내 조상들의 곁으로 간다. 너희는 그들이 묻힌 에브론의 굴에 나를 장사해라. 그 굴은 가나안 땅의 막벨라 밭에 있다. 할아버지 아브라함이 그 밭과 함께 굴을 사서 할머니 사라와 함께 거기 장사 되었고, 아버지 이삭과 어머니 리브가도 거기 장사 되었으며, 나도 레아를 거기 장사하였다. 그 밭과 굴은 헷 사람에게서 산 것이다."

야곱이 유언을 마친 후 발을 거두어 침대에 모으고, 마지막 숨을 거두었다.

＊39＊

요셉(4)

罪를 범하면 꾸짖고 회개하면 용서하라

요셉이 울면서 아버지 야곱에게 몸을 굽혀 입 맞추고, 시중드는 의

사들에게 시신에 향을 넣으라고 명하였다. 의사들이 40일간 그 몸에 향을 넣었다. 시신이 썩지 않게 보통 향을 넣는 기간이었다. 이집트인이 70일 동안 그의 죽음을 슬퍼하였다. 애도 기간이 지나자 요셉이 바로의 신하들에게 말하였다.

"당신들이 나를 좋게 여긴다면 이 말을 왕에게 전해주시오. 우리 아버지가 나에게 맹세까지 시키며, 가나안 땅에 손수 파둔 묘실에 장사하라고 하셨습니다. 이제 내가 올라가 아버지를 장사할 수 있도록 왕의 허락을 받아주십시오. 장사가 끝나는 대로 돌아오겠습니다."

바로가 명하였다.

"네가 맹세한 대로 올라가 네 아버지를 장사하라."

요셉이 아버지를 모시고 올라갔다. 바로의 모든 신하와 궁중 자문위원과 이집트의 고위 관리가 함께 올라갔다. 요셉의 가족과 그 형제와 친척도 함께 올라가고, 고센 땅에는 어린아이들과 양 떼와 소 떼만 남았다.

전차와 마병까지 동원된 장사 행렬이 장사진을 이루었다. 그들이 요단강 건너편 아닷 타작마당에 이르러 오랫동안 울고, 요셉은 거기서 관습대로 7일 동안 곡하며 슬퍼하였다. 그 땅에 사는 가나안 사람들이 그 소리를 듣고 말하였다.

"이는 이집트인이 애통하는 소리다!"

야곱의 아들들은 자기 아버지가 명한 대로 그를 가나안 땅으로 메고 가서 막벨라 굴에 장사하였다. 요셉이 아버지를 매장한 후 그 형제들과 장례식에 따라간 모든 사람들과 함께 이집트로 돌아왔다. 요셉의 형들이 걱정에 휩싸여 말하였다.

"요셉이 앙심을 품고 우리에게 복수하면 어쩌지?"

그들이 요셉에게 전갈을 보냈다.

"당신의 아버지가 돌아가시기 전에 이 말을 전하라고 우리에게 지시하셨습니다.

'네 형들이 너에게 악한 짓을 했어도 이제 너는 그들의 잘못을 용서해라.'

그러니 당신도 당신 아버지의 하나님, 그 하나님의 종들인 우리를 용서하십시오."

요셉이 그 전갈을 받고 크게 울었다. 그럼에도 형들이 직접 와서 요셉 앞에 엎드려 말하였다.

"우리는 당신의 종들입니다."

"두려워하지 마십시오. 제가 하나님을 대신하겠습니까? 형님들은 저를 해치려고 하였으나, 하나님은 그것을 선으로 바꿔 오늘날 많은 사람의 생명을 구하셨습니다. 그러니 형님들은 조금도 두려워하지 마십시오. 제가 형님들과 자녀들을 보살피겠습니다."

이처럼 요셉은 따뜻한 말로 그들을 안심시켰다. 요셉은 가족들과 함께 110세까지 살면서 에브라임의 자손 3대를 보았으며, 므낫세의 아들인 마길의 자녀들도 그의 슬하에서 키웠다. 요셉이 형제들에게 말하였다.

"나는 죽지만 하나님은 분명히 형님들을 보살펴 이 땅에서 인도하실 것이며, 아브라함과 이삭과 야곱에게 약속하신 땅에 이르게 하실 것입니다."

그리고 이스라엘 자손들에게 말하였다.

"하나님은 분명히 너희를 인도하여 그 땅에 이르게 하실 것이다. 그때 내 유해를 메고 올라가겠다고 나에게 맹세해라."

요셉이 110세에 죽자 그 몸에 향을 넣고 입관하였다.

＊40＊
욥
네가 나를 사랑하느냐?

우스 땅에 욥이라는 사람이 살았다. 진실하고 정직하며 하나님을 경외하고 악을 멀리하였다. 아들 7명과 딸 3명이 있었다. 그의 소유는 양 7천, 낙타 3천, 소 1천, 암나귀 5백 마리였다. 거느리는 종도 많고 동방에서 제일가는 큰 부자였다.

그의 아들들은 생일마다 잔치를 베풀고 형제와 누이를 초대하여 함께 먹고 마시며 즐거워하였다. 잔치가 끝날 때 욥이 그들을 성결하게 하고, 아침 일찍 일어나 자녀의 수 대로 번제를 드렸다. 자녀들이 마음으로라도 하나님을 떠나지 않을까 걱정되었기 때문이다.

어느 날 천사가 하나님 앞에 섰을 때, 사탄도 그들 가운데 와 있었다. 하나님이 사탄에게 물었다.

"네가 어디서 왔느냐?"

"땅을 두루 돌아다니고 왔습니다."

"네가 내 종 욥을 보았느냐? 그처럼 진실하고 정직하며, 나를 두려운 마음으로 섬기고 악을 멀리하는 사람이 없다."

"그에 대한 이유가 어찌 없겠습니까? 주께서 항상 그와 그 가정과 재산을 보호하시고, 그의 모든 일을 축복하여 온 땅을 덮을 만큼 큰 부자가 되게 하셨습니다. 그의 소유를 한번 빼앗아보십시오. 당장 정면으로 주를 저주할 것입니다."

"좋다. 네가 그의 소유는 마음대로 하되 그 몸에는 손대지 마라."

사탄이 하나님 앞에서 물러 나왔다. 하루는 욥의 자녀들이 장자의 집에 모여 식사하며 포도주를 마시고 있었다. 그때 한 종이 욥에게 달려와 말하였다.

"우리는 소로 밭을 갈고 있었으며, 나귀는 주변 목초지에서 풀을 뜯고 있었습니다. 스바 사람들이 갑자기 기습하여 소와 나귀를 빼앗고 종들을 죽였습니다. 저만 간신히 살아나왔습니다."

그때 또 한 종이 와서 말하였다.

"불이 하늘에서 내려와 양 떼와 종들을 모조리 태워 죽였습니다. 저만 간신히 살아나왔습니다."

그때 또 다른 종이 와서 말하였다.

"갈대아 사람들이 갑자기 기습하여 종들을 죽이고 낙타를 모조리 끌어갔습니다. 저만 간신히 살아나왔습니다."

그때 또 다른 한 종이 와서 말하였다.

"자녀들이 장자의 집에서 식사하며 포도주를 마시고 있었습니다. 갑자기 사막에서 태풍이 불어와 집이 폭삭 무너져 다 깔려 죽었습니다. 저만 간신히 살아나왔습니다."

욥이 일어나 자기 옷을 찢은 후, 머리털을 밀고 땅에 엎드려 하나님께 경배하며 말하였다.

"내가 태어나며 아무것도 가져온 것이 없으니 죽을 때도 그러하리라. 주신 분도 하나님이시요, 가져가신 분도 하나님이시니, 하나님의 이름이 찬양을 받으시기 원하노라."

이런 일을 당하고도 욥은 죄를 범하거나 하나님을 원망하지 않았다.

＊41＊
욥의 부인

여자는 조용히 복종하며 배우라

천사가 하나님 앞에 섰을 때, 사탄도 그들 가운데 와 있었다. 하나님이 사탄에게 물었다.

"네가 내 종 욥을 보았느냐? 네가 나를 자극하여 이유 없이 그를 치게 하였으나, 그는 여전히 진실을 간직하고 있다."

"가죽은 가죽으로 바꾸는 법입니다. 사람이 자기 생명을 구하기 위해서는 무엇이든지 포기할 것입니다. 이제 주의 손을 펴서 그 살과 뼈를 한번 쳐 보십시오. 당장 정면으로 주를 저주할 것입니다."

"좋다. 네가 그를 마음대로 하되 그 생명만은 해치지 마라."

사탄이 하나님 앞에서 물러나 욥을 쳐서 그 발바닥부터 정수리까지 악성 종기가 나게 하였다. 욥이 재 가운데 앉아 기와 조각으로 자기 몸을 긁고 있을 때 부인이 와서 말하였다.

"당신이 아직도 진실을 고수할 셈이오? 하나님을 저주하고 죽으세요."

"당신의 말이 어리석은 여자의 말 같소. 우리가 하나님께 복을 받았으니 재난을 당하지 말라는 법이 있소?"

이런 일을 당하고도 욥은 입술로 하나님께 죄를 범하지 않았다. 그의 친구 엘리바스와 빌닷과 소발, 그리고 엘리후가 와서 책망도 하고 변론도 하였으나, 욥은 끝까지 믿음의 지조를 지켰다. 그리하여 사탄의 시험을 모두 물리치고 승리할 수 있었다.

하나님이 욥의 말년에 처음보다 더 많은 복을 주셨던바, 양 1만 4천, 낙타 6천, 소 2천, 암나귀 1천 마리를 소유하였다. 그리고 아들 7명과 딸 3명을 더 낳았다. 온 땅에 욥의 딸들처럼 아름다운 여자가 없었다. 욥이 아들들과 함께 딸들에게도 유산을 나눠주고, 140년을 살며 4대까지 자손을 보고 수명을 다해 죽었다.

✳ 42 ✳
십브라와 부아
천국은 힘쓰는 사람들이 차지한다

요셉 시대의 사람들이 다 죽었다. 이스라엘 자손들이 많은 자녀를 낳고 크게 번성하여 고센 땅을 가득 메울 만큼 되었다. 요셉을 모르는 새 왕이 등극하여 이집트를 다스렸다. 그가 자기 백성에게 말하였다.

"보라, 이스라엘 자손의 수가 너무 많고 강하여 우리에게 위협이 된다. 이제 그들을 지혜롭게 잘 다스려야 한다. 그렇지 않으면 전쟁이 일어날 때 적과 합세하여 우리를 치고 달아날 것이다."

이집트인이 이스라엘 자손을 노예로 삼고 감독을 세웠으며, 강제로 바로의 국고 성을 건축하게 하였다. 그들은 학대를 받으면 받을수록 더 번성하여 그 수가 늘어갔다. 이집트인이 두려워하여 더욱 혹독한 일로 괴롭혔으며, 진흙을 이겨 벽돌을 굽게 하고 여러 가지 고된 일로 잔인하게 혹사시켰다.

이집트 왕이 히브리 산파인 십브라와 부아에게 명령하였다.

"히브리 여자가 출산할 때 남자면 죽이고 여자면 살려라."

그들은 하나님이 두려워 이집트 왕의 명령을 어기고 아이들을 살려주었다. 이집트 왕이 불러 물었다.

"너희가 어찌하여 내 명령을 어기고 아이들을 살려주었느냐?"

"히브리 여자들은 건강하여 우리가 이르기 전에 출산하였습니다."

산파들이 하나님을 두려워한바, 하나님이 은혜를 베풀어 그들의 가정을 지켜주셨다. 이스라엘 자손은 계속 번성하여 강력한 민족이 되었다. 바로가 명령을 내렸다.

"갓 태어난 히브리 남자는 모조리 강에 던지고 여자만 살려라."

43
아므람과 요게벳
모든 생명은 다 나에게 속하였다

아므람이 같은 레위 지파의 요게벳과 결혼하여 아들을 낳았다. 아이가 아주 잘 생긴 것을 보고, 3개월 동안 숨겼으나 더이상 어찌할 방도가 없었다. 갈대 상자를 구해 물이 새지 않도록 역청과 나무 진을 칠하고, 아이를 담아 나일 강변의 갈대 사이에 두었다. 그 누이 미리암이 아이가 어떻게 되는지 보려고 멀리서 지켜보고 있었다.

그때 마침 바로의 딸이 목욕하려고 강으로 내려왔으며, 시녀들은 강변을 거닐고 있었다. 공주가 갈대 사이에 있는 상자를 보고 시녀를 보내 건져오라고 하였다. 상자를 열자 속에 있던 아이가 울었다. 공주가 측은히 여겼다.

"히브리인의 아이구나!"

미리암이 공주에게 가서 말했다.

"제가 히브리 여자 중에서 유모를 구하여 공주님을 위해 아이를 양육하게 할까요?"

"좋다. 가서 유모를 데려오너라."

그 누이가 아이 어머니를 데리고 가자 공주가 말하였다.

"이 아이를 데려다가 나를 위해 젖을 먹이라. 내가 그 삯을 주겠다."

요게벳이 자기 아이를 데려다가 양육하였다. 아이가 어느 정도 자라자 공주에게 데리고 갔다. 공주가 양자로 삼고 말하였다.

"내가 물에서 건졌으니 이름을 모세라 하겠다."

✳ 44 ✳
십보라
내가 너를 위로할 것이다

모세가 장성하여 자기 백성이 고된 노동으로 시달리는 모습을 보았다. 어느 날 한 이집트인이 히브리인을 치는 것을 보았다. 마침 주변에 사람이 없는 것을 보고 그를 쳐 죽여 시체를 모래 속에 숨겼다. 다음 날 나가보니 이번에는 히브리인끼리 서로 싸우고 있었다. 모세가 잘못한 사람을 꾸짖었다.

"어찌하여 당신이 동족을 치시오?"

"누가 당신을 우리 지도자나 재판관으로 세웠소? 어제는 이집트인을 죽이더니 오늘은 나를 죽일 셈이오?"

모세가 두려워하며 중얼거렸다.

"아차, 그 일이 탄로 났구나!"

바로가 듣고 죽이려 하자 모세는 미디안 땅으로 피신하였다. 모세가 우물가에 있을 때, 미디안 제사장의 일곱 딸들이 왔다. 그들이 물을 길어 구유에 채우고 양 떼에게 먹이려 하였다. 그때 다른 목자들이 나타나 훼방하자 모세가 일어나 그들을 치고 양 떼에게 물을 먹여주었다. 그 딸들이 자기 아버지 르우엘에게 돌아가자 그가 물었다.

"오늘은 어찌하여 이렇게 일찍 돌아왔느냐?"

"어떤 이집트인이 우리를 도와주고 양 떼에게 물까지 먹여주었습니다."

"그가 어디 있느냐? 그를 왜 버려두고 왔느냐? 초대하여 음식을 대접해라."

모세가 거기 머물러 살겠다고 하자 르우엘이 자기 딸 십보라와 결혼시켰다. 아내가 아들을 낳자 모세가 말하였다.

"내가 타국에서 객이 되었다."

그리고 이름을 게르솜이라 하였다. 이후 이집트 왕이 죽었으나 이스라엘 백성은 여전히 고역에 시달리며 부르짖었다. 그들의 신음 소리가 하늘에 사무쳤다. 하나님이 아브라함과 이삭과 야곱에게 하신 약속을 기억하고 그들을 돌볼 생각을 하셨다.

✳ 45 ✳
모세(1)
제가 여기 있습니다

모세가 장인 이드로의 양 떼를 치다가 광야를 지나 하나님의 산 호렙에 이르렀다. 하나님의 천사가 떨기나무 불꽃 가운데 나타났다. 나무에 붙은 불이 사그라지지 않자 혼자 중얼거렸다.

"이상하다. 어찌하여 떨기나무가 타지 않는가? 가서 자세히 살펴봐야겠다."

하나님이 모세가 가까이 오는 것을 보고 떨기나무 가운데서 부르셨다.

"모세야! 모세야!"

"제가 여기 있습니다."

"더 이상 가까이 오지 마라. 네가 선 곳은 거룩한 땅이다. 신을 벗어라. 나는 네 조상의 하나님, 아브라함의 하나님, 이삭의 하나님, 야곱의 하나님이다."

이 말을 듣고 모세가 두려워 얼굴을 가렸다.

"나는 내 백성이 이집트에서 학대받는 모습을 똑똑히 보았고, 잔인한 감독자들로부터 구해달라고 부르짖는 신음 소리를 들었으며, 그들의 고통에 대해서도 잘 알고 있다. 내가 내려와 그들을 이집트인의 손에서 구출하고, 거기서 이끌어 아름답고 넓은 땅, 기름지고 비옥한 땅으로 인도하려고 한다. 이제 내가 너를 바로에게 보내겠다."

"제가 누구이기에 바로에게 가며 이스라엘 자손을 이집트에서 인도한단 말입니까?"

"내가 너와 함께하겠다. 네가 이스라엘 백성을 이집트에서 인도한 후 너희가 이 산에서 나를 섬길 것이다. 이것이 내가 너를 보내는 증거이다."

"제가 이스라엘 자손에게 가서 '여러분 조상의 하나님이 나를 여러분에게 보내셨습니다.'라고 할 때, 그들이 '그의 이름이 무엇이냐?'고 물으면 어떻게 대답합니까?"

"나는 스스로 존재하는 자다. 스스로 존재하는 자가 보냈다고 하라. 이는 나의 영원한 이름이며, 앞으로 모든 세대가 기억할 이름이다. 또 이스라엘 장로들을 모으고 말하라.

'여러분 조상의 하나님, 아브라함과 이삭과 야곱의 하나님이 나에게 나타나 말씀하셨습니다. 내가 너희를 돌아보고 이집트에서 당한 일을 보았다. 약속한 대로 내가 이집트에서 고생하는 너희를 이끌어 기름지고 비옥한 땅으로 인도하겠다.'

그러면 그들이 네 말을 들을 것이다. 그리고 장로들과 함께 이집트 왕에게 가서 말하라.

'히브리인의 하나님이 우리에게 나타나셨습니다. 우리가 하나님께 희생제물을 드릴 수 있도록 3일 길쯤 광야로 나가게 해주십시오.'

이집트 왕이 강한 압력을 받지 않는 한 너희를 보내지 않을 것이다. 그때 내가 여러 가지 기적으로 이집트를 벌할 것이며, 그 후 그가 너희를 나가게 할 것이다. 또 내가 이집트인이 내 백성에게 호감을 갖게 하여 너희가 떠날 때 빈손으로 가지 않도록 하겠다.

모든 이스라엘 여자가 자기 이웃이나 자기 집에 사는 이집트 여자에게 금은보화와 의복을 요구하여 자녀들을 꾸밀 것이다. 너희가 이런 식으로 이집트인의 물건을 빼앗게 될 것이다."

"그들이 저도 믿지 않고 제 말도 듣지 않으며, 하나님이 저에게 나타나지 않았다고 하면 어떻게 합니까?"

"네 손에 든 것이 무엇이냐?"

"지팡이입니다."

"그것을 땅에 던져라."

지팡이가 뱀이 되었다. 모세가 피하자 하나님이 말씀하셨다.

"네 손을 내밀어 그 뱀의 꼬리를 잡아라."

모세가 뱀을 잡으니 다시 지팡이가 되었다.

"이는 아브라함의 하나님, 이삭의 하나님, 야곱의 하나님이 너에게 나타난 사실을 믿게 하려는 것이다. 네 손을 품에 넣어라."

손이 문둥병에 걸려 눈처럼 희어졌다.

"네 손을 다시 품에 넣어라."

손이 전과 같이 회복되었다.

"그들이 너를 믿지 않고 처음 기적에 관심을 갖지 않아도 나중 기적은 믿을 것이다. 그 기적에도 너를 믿지 않고 네 말을 듣지 않으면, 나일 강에서 물을 조금 떠다가 땅에 부어라. 그 물이 피가 될 것이다."

"주여, 저는 원래 말을 잘 못 합니다. 주께서 말씀하신 후에도 그러하니, 저는 정말 말이 느리고 혀가 둔한 자입니다."

"사람의 입을 누가 만들어주었느냐? 누가 사람을 벙어리나 귀머거리가 되게 하며, 사람에게 밝은 시력을 주고 맹인이 되게 하느냐? 자, 가거라! 내가 너를 도와 네가 할 말을 일러주겠다."

"주여, 제발 다른 사람을 보내주십시오."

하나님이 노하시며 말씀하셨다.

"레위 사람 네 형 아론은 어떠냐? 그는 말을 잘 한다. 그가 지금 너를 만나러 오고 있으니, 그가 너를 보면 기뻐할 것이다. 너는 그에게 할 말을 일러주어라. 너희가 말할 때 내가 너희를 도와주고, 너희 할 일을 가르쳐주겠다. 그가 너를 대신하여 백성에게 말할 것이며, 그는 너의 대변자가 되고 너는 마치 그에게 하나님처럼 될 것이다. 너는 이 지팡이를 손에 잡아라. 이걸로 기적을 행할 것이다."

아론

하나님이 일하시니 나도 일한다

하나님이 아론에게 말씀하셨다.

"너는 광야로 가서 모세를 맞아라."

아론이 하나님의 산에서 모세를 만나 입 맞추었다. 모세가 하나님의 말씀을 전해주었다. 그들이 이집트로 가서 이스라엘 장로들을 다 모아놓고, 아론은 하나님이 모세에게 말씀하신 것을 전하고, 모세는 백성 앞에서 기적을 행하였다. 백성이 그 말을 믿었으며, 하나님이 그들의 고통을 돌아보셨다는 말을 듣고 머리 숙여 경배하였다.

그리고 모세와 아론이 바로에게 가서 말하였다.

"이스라엘의 하나님이 '내 백성을 광야로 보내 나를 기념하는 명절을 지키게 하라.'라고 말씀하십니다."

"도대체 하나님이 누구기에 내가 그 말을 듣고, 이스라엘 자손을 보내야 한단 말이냐? 나는 하나님을 알지 못하며, 이스라엘 자손도 보내지 않겠다."

"히브리인의 하나님이 우리에게 나타나셨습니다. 우리가 3일 길쯤 광야로 들어가 하나님께 희생제물을 드릴 수 있도록 해주십시오. 그렇지 않으면 하나님이 무서운 질병과 칼로 치실 것입니다."

"모세와 아론아, 너희가 어찌하여 일을 못 하게 하느냐? 가서 너희 일이나 해라. 이제 너희 백성이 많아 그 일을 중단시키려 하는구나."

그날 바로가 감독들과 작업반장들에게 명하였다.

"너희는 벽돌을 만드는데 필요한 짚을 더이상 주지 말고, 그들이 직접 구해 쓰도록 하라. 지금까지 만들던 벽돌의 수도 그대로 하고, 작업량을 조금도 줄이지 마라. 그들이 게을러 '우리 하나님께 희생제물을 드리게 해주십시오.' 하고 있다. 너희는 그들의 일을 더욱 무겁게 하여 계속 고달프게 하고, 거짓말에 귀를 기울일 틈이 없게 하라."

그들이 이스라엘 백성에게 가서 말하였다.

"왕은 너희에게 더이상 짚을 공급하지 않겠다고 하신다. 너희가 직접 나가 짚을 주워서 쓰되, 전과 같이 책임량을 달성하라."

그들이 이집트 온 땅에 흩어져 곡식 그루터기를 걷어 짚 대신 사용하였다. 감독들은 전과 같이 매일 책임량을 달성하라고 독촉하였으며, 이스라엘 자손의 작업반장들을 때리며 다그쳤다.

"너희가 왜 어제와 오늘의 책임량을 달성하지 못하였느냐?"

이스라엘 자손의 작업반장들이 바로에게 가서 호소하였다.

"왕은 어찌하여 우리를 이렇게 대하십니까? 감독들이 짚은 주지 않고 벽돌을 만들라 강요합니다. 우리가 매를 맞는 잘못은 왕의 백성에게 있습니다."

"너희가 정말 게으르구나. 일은 하지 않고 희생제물을 드리게 해달라고 한다. 나가서 일이나 해라. 짚은 주지 않겠다. 전과 같은 양의 벽돌을 만들어야 한다."

작업반장들은 벽돌의 수를 조금도 줄일 수 없다는 말을 듣고, 자기들이 곤경에 처한 사실을 알게 되었다. 그들이 바로 앞에서 나오다가 그들을 기다리던 모세와 아론을 보고 말하였다.

"당신들이 우리를 바로와 그 신하들에게 눈엣가시처럼 만들고, 그들에게 우리를 죽일 구실을 주었소. 하나님이 당신들의 일을 판단하여 벌하실 것이오."

모세가 하나님께 부르짖었다.

"하나님, 어찌하여 이 백성에게 이런 어려움을 주십니까? 왜 저를 보내셨습니까? 제가 바로에게 가서 주의 이름으로 말한 그때부터 그가 더욱 이 백성을 학대합니다. 그럼에도 주께서는 주의 백성을 구해주지 않으셨습니다."

"이제 너는 내가 바로에게 행할 일을 보게 될 것이다. 그는 내 백성을 보내지 않을 수 없다. 내가 압력을 가할 터이니 그가 내 백성을 쫓아낼 것이다.

나는 하나님이다. 아브라함과 이삭과 야곱에게 전능한 하나님으로 나타났으나 야훼라는 이름을 알리지 않았다. 그들이 나그네로 살던 가나안 땅을 주기로 약속하고 그들과 계약을 맺었다. 이집트인이 종으로 삼은 이스라엘 백성의 신음 소리를 듣고 내 계약을 기억하였다. 너는 이스라엘 자손에게 일러주어라.

'나는 하나님이다. 내가 너희를 이집트인의 노예 생활에서 해방시켜 자유인이 되게 하고, 큰 능력과 심판으로 구원하여 내 백성으로 삼고 너희 하나님이 될 것이다. 너희는 내가 이집트인의 노예 생활에서 너희를 구출한 하나님임을 알게 될 것이다. 내가 아브라함과 이삭과 야곱에게 주기로 맹세한 땅으로 너희를 인도하겠다. 내가 그 땅을 너희 소유가 되게 하겠다.'

나는 하나님이다."

모세가 하나님의 말씀을 전했으나, 그들은 마음이 상하고 혹독한 노역에 시달리고 있었던바 그 말을 듣지 않았다. 하나님이 모세에게 말씀하셨다.

"너는 이집트 왕 바로에게 가서 이스라엘 자손을 그 땅에서 나가게 하라고 말하라."

"이스라엘 자손도 제 말을 듣지 않는데 바로가 제 말을 들어주겠습니까? 저는 말을 잘 못 하는 자입니다."

＊47＊
바로(2)
내 앞에 다른 신을 두지 마라

하나님이 모세와 아론에게 명하셨다. 그때 모세는 80세, 아론은 83세였다.

"너희는 이스라엘 자손과 이집트 왕에게 내 말을 전하고, 그들을 이집트에서 인도하라. 바로가 기적을 요구하고 내가 너희를 보낸 증거를 보이라 하면, 모세는 아론에게 지팡이를 바로 앞에 던지라고 하라. 뱀이 될 것이다."

아론이 바로와 그 신하들 앞에 지팡이를 던지자 뱀이 되었다. 바로가 이집트의 지혜로운 자들과 마법사들을 불렀다. 그들도 마술을 부려 지팡이를 던지자 뱀이 되었다. 아론의 뱀이 그들의 뱀을 삼켜버렸다. 바로가 고집을 피우며 하나님이 말씀대로 모세와 아론의 말을 듣지 않았다. 하나님이 모세에게 말씀하셨다.

"바로가 대단히 완고하여 내 말을 거절하고 있다. 아침에 바로에게 가라. 나일 강변에서 그를 만나 지팡이를 손에 잡고 말하라.

'히브리인의 하나님이 이스라엘 백성을 보내라고 말씀하셨으나 왕은 지금까지 듣지 않았습니다. 그래서 다시 말씀하십니다. 내가 모세에게 명하여 지팡이로 강물을 치게 할 것이다. 강물은 피로 변하고 물고기는 죽을 것이다. 물에서는 악취가 나서 이집트인이 먹을 수 없을 것이다.'

그리고 아론에게 지팡이를 잡고 이집트의 모든 강과 운하와 연못과 호수 위에 펴라고 하라. 그 모든 물이 피가 될 것이며, 나무그릇과 항아리에도 피가 들어있을 것이다."

모세와 아론이 하나님이 명하신 대로 바로와 그 신하들 앞에서 지팡이를 들어 강물을 치자 다 피로 변하였다. 물고기가 죽고 물에서는 악취가 나서 이집트인이 마실 수 없었다.

바로의 마법사들도 마술로 그렇게 하였다. 바로는 더욱 완강하여 하나님의 말씀대로 그 말을 듣지 않았으며, 발길을 돌려 궁전으로 들어가 버렸다. 이집트인이 물을 마실 수 없어 강변 일대를 파기 시작하였다. 그리고 7일이 지났다. 하나님이 모세에게 말씀하셨다.

"너는 바로에게 가서 내 말을 알려라.

'내 백성을 보내 나를 섬기게 하라. 거절하면 내가 개구리로 네 나라를 벌하겠다. 개구리가 나일 강에 득실거려 네 궁전에 들어가고, 네 침대 위에 올라가며, 네 신하와 백성의 집에 들어가고, 네 화덕과 빵 반죽 그릇에도 들어갈 것이며, 너와 네 백성과 모든 신하에게 뛰어오를 것이다.'

너는 아론에게 지팡이로 강과 운하와 연못을 가리키게 하여 개구리가 이집트 땅으로 올라오게 하라."

아론이 지팡이로 물 위를 가리키자 개구리가 올라와 그 땅을 뒤덮었다. 이집트 마법사들도 그렇게 하였다. 바로가 모세와 아론을 불러 말하였다.

"너희는 하나님께 기도하여 개구리를 물러가게 하라. 내가 네 백성을 보내 하나님께 희생제물을 드릴 수 있도록 하겠다."

"내가 왕을 위해 기꺼이 기도하겠습니다. 언제 하면 되겠습니까?"

"내일이다."

"내가 왕의 말대로 하여 우리 하나님을 알도록 하겠습니다. 내가 기도하면 개구리가 왕과 왕의 궁전과 왕의 신하와 백성을 떠나고, 나일강에만 있게 될 것입니다."

모세와 아론이 바로 앞에서 나왔다. 모세가 기도하자 하나님이 그 요구를 들어주셨다. 개구리가 집과 마당과 밭에서 나와 죽었다. 사람들이 개구리를 모아다가 무더기를 쌓으니 온 땅에 악취가 풍겼다. 바로는 개구리가 없어진 것을 보고, 마음이 돌처럼 굳어 하나님의 말씀대로 그 말도 듣지 않았다. 하나님이 모세에게 말씀하셨다.

"너는 아론에게 지팡이를 들어 땅의 티끌을 치라고 하라. 이집트 온 땅의 티끌이 이가 될 것이다."

아론이 지팡이로 티끌을 치자 이가 되어 사람과 짐승에게 달라붙었다. 마법사들도 시도하였으나 그렇게 하지 못했다. 이가 곳곳에 득실거리자 그들이 바로에게 말하였다.

"이는 하나님이 행하신 일입니다."

바로는 하나님의 말씀대로 마음이 굳어 모세와 아론의 말을 듣지 않았다. 하나님이 모세에게 말씀하셨다.

"내일 아침 일찍 일어나 강변에서 바로를 만나 '내 백성을 보내 나를 섬기게 하라. 그렇지 않으면 내가 너와 네 신하와 백성과 네 집에 파리 떼를 보내겠다. 이집트인의 집에 파리 떼가 득실거릴 것이며, 땅도 파리 떼로 뒤덮일 것이다. 내 백성이 사는 고센 땅은 구별하여 파리 떼가 없게 하겠다. 이로써 내가 온 세상의 하나님임을 알게 될 것이다. 내가 내 백성과 네 백성을 구별할 것이니, 이 기적은 내일 일어날 것이다.'라고 말하라."

하나님이 말씀하신 대로 파리 떼를 보냈다. 바로의 궁전과 신하의 집과 이집트 온 땅에 파리가 득실거려 피해가 막심하였다. 바로가 모세와 아론을 불러 말하였다.

"좋다. 가서 너희 하나님께 희생제물을 드려라. 다만 광야로 나가지 말고 이 땅에서 드려야 한다."

"안 됩니다. 이집트인은 우리의 희생제물을 아주 싫어합니다. 우리가 여기서 제물을 드리면 그들이 우리를 돌로 치지 않겠습니까? 우리 하나님이 명하신 대로 3일 길쯤 광야로 들어가 제물을 드려야 합니다."

"너희가 광야에서 제물을 드릴 수 있다. 하지만 너무 멀리 가서는 안 된다. 이제 나를 위해 기도하라."

"내가 즉시 가서 하나님께 기도하여 내일 파리 떼가 왕과 왕의 신하와 백성을 떠나게 하겠습니다. 왕이 우리를 속여 제물을 드리지 못하게 하는 일이 있어서는 안 됩니다."

모세가 왕 앞에서 물러나 기도하자 하나님이 들어주셨다. 파리가 다 떠나고 1마리도 남지 않았다. 이번에도 바로는 완강하게 버티며 백성을 보내지 않았다. 하나님이 모세에게 말씀하셨다.

"너는 바로에게 가서 내 말을 전하라. '너는 내 백성을 보내 나를 섬기게 하라. 그들을 보내지 않고 계속 잡아두면 너의 모든 짐승, 네 말과 나귀와 낙타와 소와 양에게 무서운 전염병을 보낼 것이다. 내가 이스라엘의 짐승과 이집트의 짐승을 구별하여 이스라엘 자손의 짐승은 하나도 죽지 않게 하겠다.' 내가 내일 이 일을 행하겠다.”

다음날 하나님의 말씀대로 이집트의 모든 짐승이 죽었다. 이스라엘 자손의 짐승은 하나도 죽지 않았다. 바로가 사람을 보내 사실을 확인하였으나 계속 버티며 백성을 보내지 않았다. 하나님이 모세에게 말씀하셨다.

“가마에서 재를 조금 가져다가 바로 앞에서 날려라. 그 재가 먼지처럼 온 땅에 퍼져 이집트인과 그 짐승에게 악성 종기를 일으킬 것이다.”

그들이 가마의 재를 가지고 바로 앞에 섰다. 모세가 하늘을 향하여 재를 날리자 사람과 짐승에 달라붙어 악성 종기가 생겼다. 마법사들도 몸에 종기가 생겨 나타날 수 없었다. 하나님이 바로의 마음을 돌처럼 굳게 하여 모세와 아론의 말을 듣지 않았다. 하나님이 모세에게 말씀하셨다.

“너는 내일 아침 일찍 바로를 만나 '내 백성을 보내 그들이 나를 섬기게 하라. 이번에는 내가 나의 모든 재앙을 너와 네 신하와 네 백성에게 내림으로써, 온 세상에 나와 같은 자가 없음을 알도록 하겠다. 내가 무서운 전염병으로 너와 네 백성을 쳤더라면 네가 벌써 세상에서 사라졌을 것이다.

내가 너를 세운 것은 내 능력을 너에게 보여 내 이름이 온 세상에 널리 퍼지게 하려는 것이다. 너는 지금까지 내 백성에게 거만을 피우며 보내지 않았다. 내가 내일 이맘때 큰 우박을 내리겠다. 그런 우박은 이집트가 생긴 이래 한 번도 보지 못한 것이다.

이제 너는 명령을 내리고, 네 가축과 들에 있는 모든 사람을 안전한 곳으로 피신시켜라. 사람이나 짐승이나 안전한 곳으로 피하지 않으면 모두 죽게 될 것이다.'라고 전하라."

바로의 신하 중에서 하나님의 말씀을 두려워한 자들은 그의 종들과 짐승을 모두 집으로 피신시켰으나, 무시하는 자들은 종들과 짐승을 들에 그대로 놓아두었다. 하나님이 모세에게 말씀하셨다.

"너는 하늘을 향해 손을 들어 이집트의 모든 사람과 짐승과 밭의 식물에 우박이 내리게 하라."

모세가 하늘을 향해 지팡이를 들자 하나님이 뇌성과 우박을 보냈다. 여기저기서 번갯불이 번쩍번쩍하는 가운데 우박이 쏟아졌다. 이집트 역사상 한 번도 보지 못한 광경이었다. 우박이 이집트의 들에 있는 모든 사람과 짐승과 식물을 치고 나무를 꺾어버렸으나, 이스라엘 자손이 사는 고센 땅에는 내리지 않았다. 바로가 사람을 시켜 모세와 아론을 불러 말하였다.

"내가 잘못했다. 하나님은 의롭고 나와 내 백성은 악하다. 하나님께 기도하여 이 끔찍한 뇌성과 우박을 그치게 하라. 내가 너희를 보내주겠다. 너희는 더이상 여기 머물러 있지 않아도 된다."

"내가 성에서 나가는 즉시 하늘을 향해 손을 들고 기도하겠습니다. 뇌성이 그치고 우박이 내리지 않을 것이며, 왕은 하나님이 온 세상을 지배하고 계신다는 사실을 알게 될 것입니다. 나는 왕과 왕의 신하들이 아직도 하나님을 두려워하지 않는 것을 압니다."

이때 보리는 이삭이 나고 삼은 꽃이 피었던바, 삼과 보리가 피해를 많이 입었다. 밀과 쌀보리는 아직 자라지 않아 피해를 입지 않았다. 모세가 바로를 떠나 성 밖으로 나가 하늘을 향해 손을 들었다. 뇌성과 우박이 그치고 땅에 비가 내리지 않았다.

바로는 비와 우박과 뇌성이 그친 것을 보고, 생각을 바꿔 신하들과 함께 여전히 완강하게 버텼다. 바로의 마음이 돌처럼 굳어 이스라엘 백성을 보내지 않았다. 하나님이 모세에게 말씀하셨다.

"너는 다시 바로에게 가라. 내가 그와 그 신하들을 완고하게 하였다. 이는 내가 어떻게 이집트인을 벌하고 그들 가운데 무슨 기적을 보였는지, 네가 네 자녀와 손자들에게 전할 수 있게 하며, 또 내가 하나님임을 그들로 알게 하려는 것이다."

모세와 아론이 바로에게 가서 말하였다.

"히브리인의 하나님이 '네가 언제까지 나에게 복종하지 않겠느냐? 내 백성을 보내 나를 섬기게 하라. 네가 거절하면 내일 메뚜기 떼를 보내겠다. 메뚜기가 온 지면을 덮어 사람이 땅을 볼 수 없을 것이다. 메뚜기가 우박의 피해를 입지 않은 모든 것을 먹고 들에서 자라는 모든 나무를 먹을 것이며, 네 궁전과 네 신하와 백성의 모든 집이 메뚜기로 가득할 것이니, 네 조상들이 아직 보지 못한 것들이다.'라고 말씀하셨습니다."

모세가 바로 앞에서 나왔다. 바로의 신하들이 바로에게 말하였다.

"언제까지 이들이 우리에게 함정이 되어야 합니까? 이스라엘 자손을 보내 그들의 하나님을 섬기게 하십시오. 왕은 아직도 이집트가 망한 줄 모르십니까?"

그리고 모세와 아론을 바로에게 데려갔다. 왕이 말하였다.

"가서 너의 하나님을 섬겨라. 갈 사람이 누구누구냐?"

"우리는 하나님께 명절을 지켜야 합니다. 모두 다 가고 소와 양도 끌고 가야 합니다."

"너희 여자들과 자녀들은 절대 안 된다. 너희가 악한 음모를 꾸미고 있다. 너희 남자만 가서 하나님을 섬겨라. 이것이 너희가 요구한 것이다."

모세와 아론이 바로 앞에서 쫓겨났다. 하나님이 모세에게 말씀하셨다.

"네 손을 이집트 땅 위에 뻗쳐라. 메뚜기 떼가 몰려와 우박 피해를 입지 않고 남은 밭의 모든 것을 먹게 하라."

모세가 지팡이를 뻗치자 하나님이 동풍을 일으켜 그날 온종일 바람이 불게 하셨다. 메뚜기 떼가 이집트 전역을 완전히 덮어 그 피해가 막심하였다. 이런 일은 역사상 전무후무하였다. 메뚜기 떼가 온 땅을 새까맣게 뒤덮어 그나마 우박 피해를 입지 않은 채소와 과일을 모조리 먹어치운바, 이집트 전역에 나무나 채소와 같은 푸른 것이 하나도 남지 않았다. 바로가 모세와 아론을 급히 불러 말하였다.

"내가 범죄하였다. 아무쪼록 내 죄를 이번만 용서하고, 너희 하나님께 기도하여 이 치명적인 재앙을 떠나게 하라."

모세가 바로를 떠나 하나님께 기도하였다. 하나님이 동풍을 강한 서풍으로 돌변시켜 메뚜기 떼를 홍해에 몰아넣으셨다. 이집트 땅에는 메뚜기가 한 마리도 남지 않았다. 그러나 하나님이 바로를 완고하게 하신바 이스라엘 자손을 보내지 않았다. 하나님이 모세에게 말씀하셨다.

"너는 하늘을 향해 손을 들어 이집트 전역에 짙은 흑암이 있게 하라."

모세가 하늘을 향해 손을 들자 흑암이 3일 동안 이집트 전역을 뒤덮었다. 그동안 이집트인은 서로 알아보지 못하고 자리에서 일어나지도 않았다. 그러나 이스라엘 자손이 사는 땅에는 빛이 있었다. 바로가 모세를 불러 말하였다.

"너희는 가서 하나님을 섬겨라. 양과 소는 두고 너희 자녀들만 데리고 가야 한다."

"왕은 우리 하나님께 드릴 희생제물과 불로 태워 바칠 번제물을 주셔야 합니다. 우리 짐승은 한 마리도 남겨두지 않고 다 가지고 가겠습니다. 우리는 그중에서 하나님께 드릴 제물을 골라야 하며, 어떤 짐승을 바쳐야 할지 모릅니다."

하나님이 여전히 바로를 완고하게 하신바, 이스라엘 자손을 보내지 않고 말하였다.

"너는 나를 떠나 다시는 내 앞에 나타나지 마라. 나타나면 죽음을 면치 못할 것이다."

"좋습니다. 내가 다시는 왕 앞에 나타나지 않겠습니다."

✳ 48 ✳
어린양

세상 죄를 지고 가는 하나님의 양이다

하나님이 모세에게 말씀하셨다.

"내가 바로와 이집트 백성에게 한 가지 재앙을 더 내릴 것이다. 그 후에 그가 너희를 여기서 완전히 쫓아낼 것이다. 이제 너는 백성에게 명하여 남녀불문하고 이웃에게 금은보화를 구하게 하라."

하나님이 이스라엘 자손에 대하여 호감을 갖게 하신바, 바로의 신하와 그 백성이 모세를 아주 위대한 인물로 생각하였다. 모세가 바로에게 말하였다.

"하나님이 '한밤중에 내가 이집트 전역을 지나갈 것이다. 왕위에 앉은 바로의 장남부터 맷돌질하는 여종의 장남까지 모조리 죽을 것이며, 짐승의 맏배도 다 죽을 것이다. 이집트 전역에서 지금까지도 없었고 앞으로도 없을 대성통곡이 있을 것이다. 그러나 이스라엘 자손의 땅에는 개 한 마리도 사람이나 짐승을 보고 짖지 않을 것이다. 그때 너희가 나 하나님이 이스라엘 사람을 이집트인과 구별한다는 사실을 알게 될 것이다. 그러면 왕의 신하들도 다 내게 와서 절하며 제발 내 백성을 데려가 달라고 사정하게 될 것이다.'라고 말씀하십니다.”

그리고 모세는 단단히 화가 나서 바로 앞에서 나왔다. 하나님이 모세와 아론에게 말씀하셨다.

“지금부터 너희는 이달을 한 해의 첫 달로 삼고, 모든 이스라엘 백성에게 이달 10일에 가족 단위로 어린양을 한 마리씩 준비하라고 하라. 식구가 적어 다 먹을 수 없으면 사람 수와 먹을 양을 계산하여 이웃과 함께 나눠먹어라.

너희가 준비할 어린양은 흠 없고 1년 된 수컷이어야 하며, 양이 없는 집은 양 대신 염소를 준비해도 된다. 그 양이나 염소를 이달 14일까지 간직하였다가 해질 무렵에 잡고, 피는 그 양을 먹는 집의 문설주와 상인방에 바르고, 그날 밤 그 고기를 불에 구워 쓴 나물과 누룩 넣지 않은 빵과 함께 먹어라.

고기를 날것으로 먹거나 삶아 먹어서는 안 되며, 머리와 다리를 포함해 내장이 들어있는 대로 불에 구워 먹어야 한다. 그 어느 것도 아침까지 남겨두어서는 안 되며, 아침까지 남은 것이 있으면 불에 태워 버려라.

너희가 그것을 먹을 때는 허리띠를 두르고, 신발을 신고, 지팡이를 들고 급히 먹어라. 이것은 나 하나님의 유월절이다. 그날 밤 내가 이집트 땅을 두루 다니며, 사람과 짐승을 가리지 않고 이집트에서 처음 난 것을 모조리 죽이고, 이집트의 모든 신들을 벌할 것이다.

나는 하나님이다. 그 피는 너희가 사는 집의 표가 될 것이다. 내가 그 피를 보면 너희를 넘어가겠다. 내가 이집트를 벌할 때 너희에게는 아무 해도 미치지 않을 것이다. 너희는 이날을 명절로 삼아 기념하고 대대로 지켜라.

너희는 7일 동안 누룩 넣지 않은 빵을 먹어야 하며, 그 첫날에 너희 집에서 누룩을 제거해야 한다. 7일 동안 누룩 넣은 빵을 먹는 사람은 이스라엘 백성 가운데서 제거될 것이다. 그 첫날과 마지막 날에 거룩한 모임을 갖고, 아무 일도 하지 말고 각자 먹을 음식만 준비하라.

너희는 누룩 넣지 않고 빵을 만들어 먹는 이 무교절을 지켜라. 내가 이날 너희를 이집트에서 인도하였다. 이날을 명절로 삼아 대대로 지켜라.

너희는 1월 14일 저녁부터 21일 저녁까지 누룩 넣지 않은 빵을 먹어야 하며, 그 7일 동안 너희 집에 누룩을 두어서는 안 된다. 누룩 넣은 빵을 먹는 사람은 타국인이든 본국인 이든 이스라엘 백성 가운데서 제거될 것이다. 누룩 넣은 것은 그 어떤 것도 먹지 마라. 너희가 어느 곳에 살든지 누룩 넣지 않은 빵을 먹어야 한다."

모세가 장로들을 다 불러 말하였다.

"여러분은 가서 즉시 가족 단위로 어린양을 1마리씩 잡아 유월절을 지키게 하십시오. 우슬초 가지를 꺾어 그릇에 담은 양의 피에 적셔 좌우 문설주와 상인방에 뿌리고, 아침까지 한 사람도 자기 집 문밖으로 나가지 못하게 하십시오.

하나님이 이집트인을 죽이려고 두루 다니실 때, 상인방과 좌우 문설주의 피를 보면 그 문을 넘어가시고, 멸망시키는 천사가 여러분의 집에 들어가 여러분을 죽이는 일이 없도록 하실 것입니다.

여러분은 이 규정을 자손 대대로 영원히 지켜야 합니다. 여러분이 약속한 땅에 들어가거든 이 의식을 지키십시오. 자녀들이 '이 의식은 무엇을 뜻합니까?'라고 물으면, '하나님께 드리는 유월절 제사다. 하나님이 이집트를 치실 때 이스라엘을 넘어가 우리를 살려주셨다.'라고 대답하십시오."

그들이 머리 숙여 경배하였다. 이스라엘 백성은 하나님이 모세와 아론에게 명하신 그대로 하였다. 하나님이 왕위에 앉은 바로의 장남부터 감옥에 있는 죄수의 장남까지, 모든 사람의 큰아들과 짐승의 맏배를 죽이셨다. 그날 밤 바로와 그 신하들과 이집트 백성이 다 일어나고, 이집트 전역에 대성통곡이 있었다. 초상을 당하지 않은 가정이 한 집도 없었다. 바로가 모세와 아론을 불러 말하였다.

"너희와 이스라엘 자손은 일어나 즉시 내 백성을 떠나라. 너희가 요구한 대로 가서 하나님을 섬겨라. 너희 양과 소도 몰아가고 나를 위해 축복하라."

이집트인도 이스라엘 자손에게 빨리 떠나라고 재촉하였다.

"우리가 다 죽게 생겼다!"

이스라엘 백성이 누룩 넣지 않은 밀가루 반죽을 그릇에 담은 채 옷에 싸서 어깨에 메었다. 모세가 지시한 대로 이집트인에게 금은보화와 의복도 요구하였다. 하나님이 호감을 갖게 하여 그들의 요구대로 주게 하였으며, 그 모든 물건을 빼앗다시피 하였다.

＊49＊
유월절
그 피를 보고 너희를 넘어갈 것이다

이스라엘 백성이 라암셋을 떠나 숙곳으로 향하였다. 여자와 아이를 빼고 장정만 60만 명이었다. 그밖에도 여러 혼합 민족이 따라 나왔다.

양과 소와 가축도 수없이 많았다.

이들은 이집트에서 430년 만에 나왔으며, 가지고 나온 밀가루 반죽으로 무교병을 만들어 먹었다. 이집트에서 급히 나오는 바람에 누룩 넣은 반죽을 준비할 시간이 없었다. 하나님이 모세와 아론에게 유월절을 지키는 규정에 대하여 말씀하셨다.

"이방인은 유월절 고기를 먹지 못한다. 너희가 산 사람은 포피를 베어 할례를 받은 후 먹을 수 있다. 임시로 거주하는 외국인이나 고용된 외국인 품꾼도 먹지 못한다. 유월절 고기는 집안에서 먹고 뼈를 꺾어서는 안 된다. 이스라엘 백성은 이 명절을 다 함께 지켜야 한다. 너희와 함께 사는 외국인이 유월절을 지키기 원하면 먼저 할례를 받고 참여하게 하라. 할례받지 않은 사람은 유월절 고기를 먹을 수 없다. 이스라엘 본국인과 외국인이 동일하다."

그들이 그대로 하였다. 바로 그날 하나님이 이스라엘 백성을 각 지파별로 이집트에서 인도하셨다. 하나님이 모세에게 말씀하셨다.

"이스라엘 자손 가운데서 사람이나 짐승이나 첫 태생은 다 거룩히 구별하여 바쳐라. 이는 내 것이다."

모세가 백성에게 말하였다.

"여러분은 이집트에서 나온 이날을 기념하십시오. 하나님이 큰 능력으로 여러분을 인도하셨습니다. 누룩 넣은 빵을 먹어서는 안 됩니다. 7일 동안 누룩 넣지 않은 빵을 먹고, 7일째 하나님께 축제를 드려야 합니다. 7일 동안 줄곧 누룩을 넣지 않은 빵만 먹어야 하며, 누룩이나 누룩 넣은 빵을 야영지 안에 두어서도 안 됩니다.

여러분은 자녀들에게 이런 의식을 갖게 된 것이, 이집트를 떠날 때 하나님이 행하신 일 때문이라고 설명하십시오. 이렇게 함으로써 이 기념일을 항상 기억하고 하나님의 말씀을 명심하게 될 것입니다.

하나님이 약속하신 대로 여러분을 가나안 땅으로 인도하거든, 사람이나 짐승의 첫 태생을 구별하여 하나님께 바치십시오. 나귀의 첫 새끼는 어린양으로 대신 바치십시오. 그렇지 않으면 그 나귀의 목을 꺾어야 합니다. 여러분의 장남은 몸값을 지불하고 다시 사야 합니다.

앞으로 여러분의 아들이 물으면, '하나님이 우리를 이집트에서 인도하셨다. 바로가 완강하게 거절하며 보내지 않았던바, 하나님이 이집트의 첫 태생을 모조리 죽이셨다. 그래서 처음 난 짐승의 수컷은 모두 하나님께 바치고, 장남에 대해서는 몸값을 치르고 있다. 이렇게 함으로써 하나님이 큰 능력으로 우리를 이집트에서 인도하신 날을 항상 기억하게 된다.'라고 말하십시오."

하나님이 그들을 블레셋 땅으로 인도하지 않으셨다. 그들이 전쟁을 보면 마음이 변해 이집트로 되돌아갈 것으로 생각하셨기 때문이다. 그래서 백성을 홍해의 광야 길로 돌아가게 하셨다.

이스라엘 백성이 이집트에서 나올 때 대열을 지어 나왔다. 모세가 요셉의 유골을 가지고 나왔다. 요셉이 이스라엘 자손들에게 '하나님이 너희를 인도하시면 내 유골을 가지고 여기서 나가라.'고 맹세시켰기 때문이다.

그들이 숙곳을 떠나 광야 끝에 있는 에담에 천막을 쳤다. 하나님이 낮에는 시원한 구름기둥으로 인도하시고, 밤에는 불기둥으로 길을 비추어 대낮같이 나아갈 수 있게 하셨다.

＊50＊
이집트 군대

그들을 두려워하지 마라

하나님이 모세에게 말씀하셨다.

"너는 이스라엘 백성을 되돌려 바닷가에 천막을 치게 하라. 바로는 너희가 광야에 갇혀 사방을 헤매는 것으로 생각할 것이다. 내가 바로를 완강하게 하였는바 그는 너희를 추격할 것이고, 나는 그들을 통해서 영광을 얻을 것이다. 그들이 내가 하나님임을 알 것이다."

이스라엘 백성이 그대로 하였다. 이스라엘 백성이 도망쳤다는 말을 듣고 바로가 추격에 나섰다.

"우리가 어찌하여 그들을 놓아주었던고?"

이집트에서 제일 우수한 전차 600대가 그 뒤를 따랐다. 하나님이 바로의 마음을 돌처럼 굳게 하신바, 전차와 마병이 동원된 이집트군이 추격을 계속하여 바닷가에 이르렀다. 이스라엘 백성이 하나님께 부르짖다가 모세에게 말하였다.

"이집트에 매장지가 없어서 우리를 이 광야로 끌어내 죽이려 합니까? 왜 이 꼴을 당하게 합니까? 우리가 이집트에서 그들을 섬기도록 내버려 달라고 하지 않았습니까? 그것이 광야에서 죽는 것보다 낫습니다."

"여러분은 두려워하지 말고, 가만히 서서 오늘 하나님이 행하시는 일을 보십시오. 이들을 다시는 보지 못할 것입니다. 하나님이 여러분을 위해 싸우시니 가만히 계십시오."

하나님이 모세에게 말씀하셨다.

"너는 어찌하여 내게 부르짖느냐? 이스라엘 백성에게 앞으로 나아가라고 하라. 너는 지팡이를 들고 바다 위로 손을 내밀어 물이 갈라지게 하라. 이스라엘 백성이 마른 땅을 밟고 바다를 지나갈 것이다. 내가 이집트인의 마음을 돌처럼 굳게 한바 그 뒤를 따라 들어갈 것이다. 내가 바로와 그 모든 전차와 마병을 통해 영광을 얻을 때, 이집트인이 내가 하나님임을 알게 될 것이다."

이스라엘 백성을 인도하던 하나님의 천사가 그들 뒤로 물러갔다. 구름기둥이 앞에서 뒤로 옮겨 이집트군과 이스라엘 사람 사이에 섰다. 이집트인에게는 흑암을 던져주고, 이스라엘 백성에게는 빛을 비추었다. 밤새도록 이집트군이 이스라엘 진영에 접근하지 못하였다.

모세가 바다 위로 손을 내밀었다. 하나님이 밤새도록 강한 동풍을 불게 하여 바닷물을 물러가게 한바, 바다가 갈라져 마른 땅이 되었다. 이스라엘 백성이 좌우 물 벽 사이로 마른 땅을 밟고 바다를 건넜다.

이집트군이 전차를 몰고 마병과 함께 그들을 추격하여 바다 가운데로 들어갔다. 새벽에 하나님이 불과 구름기둥 가운데서 이집트군을 내려다보시고 그들을 혼란에 빠뜨렸다. 그들의 전차 바퀴를 빠지게 만들어 어려움을 겪게 한바 그들이 외쳤다.

"여기서 달아나자! 하나님이 우리를 쳐서 이스라엘 백성을 위해 싸우고 있다."

하나님이 모세에게 말씀하셨다.

"네 손을 바다 위로 내밀어 이집트인과 그 전차와 마병 위에 물이 다시 흐르게 하라."

모세가 그대로 하자 바닷물이 원래 상태로 되돌아왔다. 이집트인이 물에서 빠져나오려고 하였으나 하나님이 그들을 바다 가운데 뒤집어 엎으셨다. 이스라엘 백성을 뒤쫓아 바다에 들어간 전차와 마병과 이집트인 가운데 한 사람도 살아남은 자가 없었다.

이스라엘 백성이 마른 땅을 밟고 바다를 건넜다. 그날 하나님이 이집트인의 손에서 구원하셨던바, 이스라엘 백성은 그들의 시체가 바닷가에 널려있는 것을 보았다. 그들이 두려워하며 하나님과 그의 종 모세를 믿었다. 모세와 이스라엘 백성이 하나님께 노래를 지어 불렀다.

"내가 하나님께 찬송하리라. 그가 영광스럽게 승리하셨으니 전차와 마병을 바다에 던지셨도다. 야훼는 나의 힘, 나의 노래, 나의 구원이 되시네. 그가 나의 하나님이시니 내가 그를 찬양할 것이요, 그가 내 아버지시니 내가 그를 높이리라. 야훼는 용사이시니 하나님의 이름이시다. 그가 바로의 전차와 군대를 바다에 던지신바 그의 가장 우수한 장교들이 홍해에 잠겼으며, 깊은 물이 그들을 덮은바 그들이 돌처럼 깊은 바다에 가라앉았습니다.

하나님이시여, 주의 오른손에 권능이 있어 원수들을 부숴버리셨습니다. 주는 큰 위엄으로 주를 대적하는 자들을 엎으시고, 불같은 분노를 쏟아 지푸라기처럼 그들을 소멸하셨습니다. 주의 콧김에 물이 쌓여 파도가 언덕처럼 일어서고, 깊은 물이 바다 가운데서 응고되었습니다.

대적들이 으스대며 '내가 그들을 추격하여 따라잡으리라.' '내가 그들의 재물을 약탈하여 원하는 것을 가지리라.' '내가 칼을 뽑아 그들을 멸망시키리라.'라고 하였으나, 주께서 바람을 일으켜 바다가 그들을 덮어 납덩이처럼 깊은 물에 빠지고 말았습니다.

하나님이시여, 신들 중에 주와 같은 자가 누구입니까? 주와 같이 거룩하여 위엄이 있으며, 영광을 받고 두려워할 만하며, 놀라운 기적을 행하는 자가 누구입니까? 주께서 오른손을 드시므로 땅이 그들을 삼켜버렸습니다. 주께서 구원하신 백성을 주의 자비로 인도하시고, 주의 힘으로 그들을 주의 거룩한 땅으로 들어가게 하실 것입니다.

여러 민족이 듣고 떨며, 블레셋 사람들이 공포에 사로잡히고, 에돔의 지도자들이 놀라며, 모압의 권력자들이 두려워하고, 가나안 사람들이 놀라서 낙담할 것입니다. 공포와 두려움이 미치므로 그들이 주의 크신 능력을 보고, 돌같이 굳어 주의 백성이 다 통과할 때까지 꼼짝하지 않을 것입니다. 주께서 주의 백성을 인도하여 주의 산에 심으실 것입니다.

하나님이시여, 이곳은 주의 처소를 위해 택하신 곳이며 주의 손으로 지으신 성소입니다. 하나님이시여, 주는 영원히 다스리실 것입니다."

아론의 누나인 예언자 미리암이 소고를 잡자 모든 여자들이 소고를 잡고 따라 나와 춤을 추었다. 미리암이 노래하였다.

"하나님을 찬송하라! 그가 영광스럽게 승리하셨다!"

* 51 *
# 마라
내가 가서 고쳐주겠다

모세가 이스라엘 백성을 홍해에서 인도하여 수르 광야로 들어갔다. 물 없이 3일 동안 광야를 걸어 마라에 이르렀으나 물이 써서 마실 수 없었다. '쓰다'는 뜻으로 그곳 이름을 '마라'라 불렀다. 백성이 모세에게 불평하였다.

"우리가 무엇을 마셔야 합니까?"

모세가 부르짖자 하나님이 나무토막 하나를 보여주셨다. 그것을 물에 던지자 쓴 물이 단물이 되었다. 거기서 하나님이 법과 규정을 정하고 그들을 시험하여 말씀하셨다.

"너희가 너희 하나님 나 야훼에게 순종하고, 내 보기에 옳은 일을 행하고 나의 모든 명령을 지키면, 내가 이집트인에게 내린 질병을 하나도 내리지 않겠다. 나는 너희를 치료하는 하나님이다."

그리고 그들이 엘림에 이르렀다. 12개의 샘과 70그루의 종려나무가 있었다. 그곳 물가에 천막을 쳤다.

＊52＊

만나

너희에게 빵이 얼마나 있느냐?

이스라엘 백성이 엘림을 떠나 신 광야에 이르렀다. 이집트에서 나온 지 꼭 한 달째였다. 거기서 모세와 아론을 원망하며 말하였다.

"우리가 이집트에서 하나님의 손에 죽었더라면 좋을 뻔했습니다. 거기서는 고기와 빵을 배불리 먹을 수 있었으나, 당신들이 광야로 끌어내 모조리 굶어 죽게 되었습니다."

하나님이 모세에게 말씀하셨다.

"내가 하늘에서 양식을 비처럼 내려주겠다. 매일 나가서 그날그날 필요한 양식을 거두어라. 이것으로 그들을 시험할 것이다. 6일째는 매일 거두는 양의 2배를 거두어 예비하라."

모세와 아론이 이스라엘 백성에게 말하였다.

"오늘 저녁에는 여러분이 하나님을 알게 되고, 내일 아침에는 그 영광을 볼 것입니다. 하나님이 여러분의 불평을 들었습니다. 여러분이 왜 우리를 원망하십니까?"

그리고 모세가 말하였다.

"하나님이 저녁에는 고기를 주셔서 먹게 하시고, 아침에는 빵을 실컷 먹게 하실 것입니다. 하나님이 여러분의 불평을 들었습니다. 우리가 누구입니까? 여러분이 불평하면 우리에게 한 것이 아니라 하나님께 한 것이 됩니다."

모세가 아론에게 말하였다.

"이스라엘 백성이 원망하는 소리를 하나님께서 들었으니, 모두 하나님 앞으로 가까이 나아오게 하십시오."

아론이 백성에게 말할 때 하나님의 광채가 구름 가운데 나타났다. 하나님이 모세에게 말씀하셨다.

"나는 이스라엘 백성이 불평하는 소리를 들었다. 너는 그들에게 일러주어라. 너희가 해질 때 고기를 먹고, 아침에 빵을 배불리 먹을 것이다. 그때 너희는 내가 너희 하나님임을 알게 될 것이다."

이후 저녁에는 메추라기가 날아와 야영지를 덮었고, 아침에는 야영지 주변에 이슬이 내렸다. 그 이슬이 마르자 광야 지면에 흰 서리 같은 작고 둥근 것이 있었다. 이스라엘 백성이 보고 무엇인지 몰라 서로 물었다.

"이것이 무엇이냐?"

모세가 말하였다.

"이는 하나님이 주신 양식입니다. 여러분의 필요에 따라 가족 수대로 한 사람 앞에 약 2ℓ씩 거두라고 명령하셨습니다."

그래서 이스라엘 백성이 거두었다. 많이 거둔 사람도 있고 적게 거둔 사람도 있었다. 하지만 많이 거둔 사람도 남은 것이 없고 적게 거둔 사람도 부족한 것이 없었다. 모세가 아침까지 남기지 말라 하였으나 어떤 사람은 그 말을 듣지 않았다. 다음 날 아침에 보니 벌레가 생기고 냄새가 났다. 모세가 그들에게 분노하였다.

이후 백성은 아침마다 필요한 만큼 거두었고 해가 뜨겁게 쪼이면 녹아버렸다. 6일째는 각자 평일의 2배인 4ℓ씩 거두었고 지도자들은 모세에게 보고하였다. 모세가 그들에게 말하였다.

"내일은 거룩한 안식일이니 구울 것은 굽고 삶을 것은 삶으며, 그 나머지는 내일 아침까지 보관하라고 하나님이 말씀하셨습니다."

그들이 모세의 말대로 아침까지 그것을 보관하였으나, 냄새도 나지 않고 벌레도 생기지 않았다. 모세가 말하였다.

"여러분은 오늘 그것을 먹도록 하십시오. 오늘은 하나님께 바쳐진 안식일로 지면에서 얻지 못할 것입니다. 여러분이 그것을 6일 동안 거두겠지만 7일째 안식일에는 없을 것입니다."

7일째 어떤 사람이 그것을 거두러 나갔으나 얻지 못하였다. 하나님이 모세에게 말씀하셨다.

"너희가 언제까지 내 명령과 지시에 순종하지 않을 작정이냐? 내가 너희에게 안식일을 주었으니 이틀 먹을 양식도 주었다. 7일째는 아무도 밖으로 나가지 말고 자기 천막 안에 머물러 있어라."

그래서 7일째 편히 쉬었다. 백성이 그것을 '만나'라 불렀다. 고수 씨처럼 희고 맛은 꿀 섞은 과자 같았다. 모세가 백성에게 하나님의 명령을 전하였다.

"너희는 만나를 2ℓ쯤 보관하라. 너희 후손들이 대대로 볼 수 있게 하라."

그리고 아론에게 만나 2ℓ를 항아리에 담아 보관하라고 하였다. 아론은 하나님이 모세에게 명하신 대로 하였으며, 이후 만나 항아리는 성막의 법궤 안에 보관되었다. 이스라엘 백성은 그들이 정착할 가나안 땅에 이를 때까지 40년 동안 만나를 먹었다.

53

므리바

하나님을 시험하지 마라

이스라엘 백성이 신 광야를 떠나 이동하였다. 르비딤에 이르러 천막을 쳤으나 마실 물이 없었다. 모세에게 투덜대며 소리쳤다.

"우리에게 마실 물을 주시오."

"여러분은 어찌하여 투덜대며 하나님을 시험하십니까?"

"우리를 어찌하여 이집트에서 끌어내 목말라 죽게 하십니까?"

모세가 하나님께 부르짖었다.

"이 백성을 어찌해야 합니까? 얼마 안 가서 돌로 칠 것입니다."

"너는 장로들을 데리고 나일 강을 치던 네 지팡이를 손에 잡고 백성 앞으로 나아가라. 내가 시내 산 바위 위에서 네 앞에 서겠다. 그때 지팡이로 바위를 치라. 거기서 물이 나올 것이다."

모세가 장로들 앞에서 그대로 하였다. 그곳을 '므리바'라 불렀다. 백성이 하나님과 다투고 시험하며 대들었기 때문이다.

"하나님이 우리 가운데 계시는가, 안 계시는가?"

54

아말렉(1)

그리스도와 마귀가 어찌 어울리겠는가?

르비딤에서 아말렉 사람들이 이스라엘 백성을 공격하였다. 모세가 여호수아에게 명하였다.

"병력을 이끌고 나가서 아말렉과 싸워라. 내일 하나님의 지팡이를 잡고 산꼭대기에 서겠다."

여호수아는 아말렉과 싸우고 모세와 아론과 훌은 산꼭대기에 올라가 섰다. 모세가 손을 들고 있으면 이스라엘이 이기고 손을 내리면 아말렉이 이겼다. 모세가 힘이 빠지자 아론과 훌이 돌을 가져다 앉히고, 양쪽에 서서 해질 때까지 그 손이 내려오지 않게 하였다. 여호수아가 아말렉을 쳐서 완전히 무찔렀다. 하나님이 모세에게 말씀하셨다.

"이를 책에 기록하여 기념이 되게 하고 여호수아에게 자세히 들려주어라. 내가 지상에서 아말렉을 완전히 없애버리겠다."

모세가 거기서 단을 쌓고 '야훼 닛시'라 부르며 외쳤다.

"하나님의 기를 높이 들어라! 하나님이 아말렉과 대대로 싸우실 것이다!"

∗55∗

이드로

내 심판은 공정하다

모세의 장인이자 미디안의 제사장 이드로는 하나님이 모세를 통해서 하신 일을 모두 들었다. 모세가 돌려보낸 그의 아내 십보라와 두 아들, 게르솜과 엘리에셀을 데리고 광야로 갔다.

이드로가 하나님의 산에 이르러 모세에게 전갈을 보냈다. 모세가 나와 맞으며 절하고 입을 맞추었다. 서로 안부를 묻고 함께 천막으로 들어갔다.

하나님이 바로와 이집트인에게 행한 일, 그들이 오는 도중에 당한 어려움, 하나님이 그들을 어떻게 구원하셨는지 등을 모세가 장인에게 다 말하였다. 이드로가 듣고 기뻐하며 말하였다.

"하나님을 찬양하라! 그가 바로와 이집트인의 손에서 너희를 구원하셨으니, 이제 나는 하나님의 위대하심을 알았다!"

이드로가 불에 태워 바칠 번제물과 그 밖에 하나님께 드릴 희생제물을 가져왔다. 아론과 이스라엘의 모든 장로가 와서 모세의 장인과 함께 하나님 앞에서 식사하였다.

이튿날 모세는 백성을 재판하느라 자리에 앉았고, 백성은 아침부터 저녁까지 그의 주변에 서 있었다. 이드로가 보고 모세에게 말하였다.

"어찌하여 이렇게 하는가? 자네 혼자 앉아 일하고 백성은 아침부터 저녁까지 주변에 서 있잖은가?"

"백성이 하나님의 뜻을 알아보려고 찾아오기 때문입니다. 그들이 문제를 가지고 오면 제가 옳고 그름을 가려주며, 하나님의 명령과 법을 가르쳐주고 있습니다."

"그 일이 마땅찮네. 자네와 백성이 함께 지쳐버리고 말 걸세. 자네 혼자 처리하기에는 일이 너무 많아. 이제 내 말을 듣게. 내가 몇 가지 조언을 하겠네. 하나님이 함께하시니, 자네는 하나님 앞에서 백성의 대변자가 되어 그들의 문제를 하나님께 말씀드리고, 백성에게 하나님의 법과 명령을 가르치며, 그들이 어떻게 살아야 하고 무엇을 할 것인지를 보여주게.

그리고 백성 중에 하나님을 두려워하고 진실하며, 청렴결백하고 유능한 인재들을 뽑아 1,000명, 100명, 50명, 10명씩 각각 담당하게 하여, 그들이 항상 백성을 재판할 수 있도록 하게. 그들이 처리할 수 있는 문제는 스스로 처리하게 하고, 해결할 수 없는 문제만 자네에게 가져오라고 하게.

그들이 자네와 짐을 나눠서 지면 일이 한결 쉬울 걸세. 이 일을 하나님이 승낙하시면, 자네는 그 일을 수월하게 감당하고 백성도 만족할 것일세."

모세가 장인의 조언을 받아들여 이스라엘 백성 가운데 유능한 인재들을 뽑아 지도자로 삼았던바, 어려운 문제는 모세에게 가져오고 쉬운 문제는 그들이 재판하였다.

＊56＊
야훼

너는 나를 보아야 믿느냐?

이스라엘 백성이 시내 산 앞에 천막을 쳤다. 모세가 산으로 올라가자 하나님이 말씀하셨다.

"너는 이스라엘 백성에게 일러주어라. 내가 이집트인에게 행한 일을 보았고, 독수리가 날개로 새끼를 보호하듯 내가 너희를 보호하고 인도한 것을 다 보았다. 너희가 내 말을 잘 듣고 내 계약을 지키면 모든 민족 가운데서 나의 소중한 백성이 될 것이다. 온 세상이 다 내 것이지만, 너희는 특별히 제사장의 나라가 되고 거룩한 백성이 될 것이다."

모세가 산에서 내려와 장로들을 불러 하나님의 명령을 전해주자 모든 백성이 일제히 대답하였다.

"하나님의 명령을 우리가 다 행하겠습니다."

모세가 그대로 보고하자 하나님이 말씀하셨다.

"내가 빽빽한 구름 가운데 나타날 것이다. 내가 너와 말하는 소리를 듣고 백성이 너를 믿을 것이다. 너는 백성에게 가서 오늘과 내일 그들을 성결하게 하라. 각자 옷을 빨고 3일째를 위해 준비해야 한다. 내가 그들이 보는 가운데 시내 산에 내려오겠다.

너는 사방에 경계선을 정하고 산에 오르거나 경계선 가까이 오지 못하게 경고하라. 누구든지 산에 발을 들여놓는 자는 죽을 것이다. 손 하나 대지 않아도 그런 자는 돌이나 화살에 맞을 터이니, 짐승이든 사람이든 살아남지 못할 것이다. 나팔을 길게 불면 산기슭에 모여야 한다."

모세가 산에서 내려와 백성을 성결하게 하고 그들은 자기 옷을 빨았다. 3일째를 위해 준비하고 여자를 가까이하지 않게 하였다. 그날 아침 천둥소리가 나고 번개가 치며, 빽빽한 구름이 산을 뒤덮고 큰 나팔 소리가 들렸다. 야영지의 백성이 모두 두려워 떨었다.

모세가 하나님을 만나려고 백성을 야영지 밖으로 이끌고 나와 산기슭에 세웠다. 시내 산에 연기가 자욱하였다. 하나님이 불 가운데 내려오셨기 때문이다. 연기가 기둥처럼 솟아오르고, 온 산이 크게 진동하며, 나팔 소리가 점점 더 크게 울려 퍼졌다.

모세가 말하자 하나님이 뇌성으로 대답하셨다. 하나님이 시내 산 정상에 내려와 부르시자 모세가 올라갔다. 하나님이 말씀하셨다.

"너는 내려가 백성에게 경계선을 뚫고 들어오지 못하게 하라. 그러면 많은 사람이 죽을 것이다. 나를 가까이하는 제사장들도 자신을 성결하게 해야 한다. 그렇지 않으면 내가 그들을 죽일 것이다."

"주께서 산 사방에 경계선을 정하여 거룩하게 구별하라고 명령한바, 백성이 시내 산에 오를 수 없습니다."

"너는 내려가 아론을 데리고 올라오너라. 제사장들과 백성은 경계선을 못 넘게 하라. 넘으면 내가 그들을 죽일 것이다."

모세가 내려가 백성에게 그대로 전하였다.

＊57＊
십계명

하나님은 유일하신 신이다

하나님이 말씀하셨다.

"나 외에 다른 신을 섬기지 마라.

우상을 만들거나 절하지 마라. 나는 질투하는 하나님이다. 나를 미위하는 자를 벌하고, 그 죄에 대하여 자손 삼사 대까지 저주를 내리겠다. 나를 사랑하고 내 계명을 지키는 자에게 그 자손 수천 대까지 사랑을 베풀 것이다.

내 이름을 함부로 부르지 마라. 나 야훼는 내 이름을 함부로 사용하는 자를 그냥 두지 않을 것이다.

안식일을 기억하여 거룩하게 지켜라.

부모를 공경하라.

살인하지 마라.

간음하지 마라.

도둑질하지 마라.

거짓 증언하지 마라.

네 이웃의 아내나 종이나 소나 나귀나 그 어떤 것도 탐내지 마라."

우레와 나팔 소리를 듣고 번개와 연기를 본 백성이 두려워 떨며, 멀리 서서 모세에게 말하였다.

"당신이 말씀하시면 듣겠습니다. 하나님이 우리에게 직접 말씀하시지 않게 해주십시오. 그렇지 않으면 우리가 죽게 될 것입니다."

"두려워하지 마십시오. 하나님의 뜻은 여러분을 시험하여 하나님을 경외하게 함으로써, 죄를 범하지 않게 하려는 것입니다."

백성은 계속 멀리 서 있고, 모세는 하나님이 계시는 짙은 구름 속으로 다가갔다. 하나님이 말씀하셨다.

"너희는 내가 하늘에서 말하는 것을 직접 듣고 보았다. 나와 견주기 위해 은이나 금으로 신상을 만들지 마라. 나를 위해 흙으로 단을 쌓고 양과 소로 번제와 화목제를 드려라. 너희가 나를 섬기도록 내가 지정하는 곳마다 가서 너희를 축복하겠다.

돌로 단을 쌓으려거든 다듬지 않은 돌을 쓰라. 연장을 사용하면 그

단이 더럽혀진다. 충계로 내 단에 오르지 마라. 그러면 너희 하체가 드러날 것이다."

법규

인자는 안식일의 주인이다

모세가 법규를 전하였다.

"히브리 종은 7년이 지나면 자유인이 된다.

고의로 사람을 죽인 자는 사형에 처해야 한다.

부모를 치거나 저주하는 자는 죽여야 한다.

사람을 유괴한 자는 죽여야 한다.

눈은 눈으로, 이는 이로, 손은 손으로, 발은 발로, 화상은 화상으로, 상처는 상처로, 멍은 멍으로 갚아야 한다.

사람을 죽인 짐승은 죽이고 주인은 보상해야 한다.

소를 도둑질하면 5배로, 양을 도둑질하면 4배로 배상해야 한다.

처녀를 범하면 신부의 몸값을 내야 한다.

마술을 부리는 여자를 살려두지 마라.

짐승과 교접하는 자를 죽여라.

다른 신에게 제물을 바치는 자를 죽여라.

과부나 고아를 괴롭히지 마라.

돈을 빌려주면 재촉하지 말고 이자를 받지 마라.

하나님을 욕하거나 지도자를 저주하지 마라.

첫 수확물을 바쳐라.

짐승의 맏배는 8일째 바쳐라.

맏아들을 바쳐라.

맹수에게 찢겨 죽은 짐승의 고기를 먹지 마라.

거짓 증언으로 악인의 편을 들지 마라.

정의를 굽게 하는 증언을 하지 마라.

유실물은 주인에게 돌려주어라.

불우한 이웃을 외면하지 마라.

가난한 사람의 송사라고 두둔하지 마라.

거짓 고발은 물리쳐라.

무죄한 자나 의인을 죽이지 마라.

뇌물을 받지 마라.

외국인을 학대하지 마라.

안식일 지켜 약자와 짐승도 쉬게 하라.

무교절과 맥추절과 장막절을 지켜라.

새끼 염소를 어미의 젖으로 삶지 마라.

오직 주 너희 하나님만 섬겨라.

그러면 모든 것이 잘 될 것이다."

온 백성이 한목소리로 대답하였다.

"우리가 주님의 말씀을 받들어 잘 지키겠습니다."

모세가 수송아지의 피를 뿌리며 말하였다.

"이는 하나님이 말씀에 따라 맺은 '계약의 피'입니다."

59
금송아지
먼저 하나님의 나라와 의를 구하라

모세가 산에서 오랫동안 내려오지 않자 백성이 아론에게 몰려가 말하였다.

"우리를 인도할 신을 만들어주시오. 우리를 이집트에서 끌어낸 모세라는 사람은 어떻게 되었는지 전혀 소식이 없소."

"여러분의 아내와 자녀들이 귀에 달고 있는 금고리를 빼서 가져오시오."

백성이 그것을 가져오자 아론이 녹여 금송아지를 만들었다. 그때 백성이 외쳤다.

"이스라엘아, 이것이 너희를 이집트에서 인도한 신이다!"

아론이 보고 금송아지 앞에 단을 쌓고 선포하였다.

"내일은 하나님의 명절이다!"

그들이 다음 날 아침 일찍 일어나 번제와 화목제를 드린 후, 먹고 마시며 일어나 난잡하게 뛰어놀았다. 하나님이 모세에게 말씀하셨다.

"급히 내려가라. 네가 이집트에서 인도한 백성이 타락하였다. 그들은 내 명령을 벌써 잊어버리고, 금송아지를 만들어 숭배하고 제사를 지내며 외치고 있다. 이 백성은 정말 고집이 세다. 이제 나를 말릴 생각은 하지 마라. 내가 그들을 완전히 없애버리고 너를 통해 큰 나라를 세우겠다."

"하나님이시여, 주께서 큰 능력과 기적으로 이집트에서 인도하신 주의 백성에게 어찌 분노하십니까? 하나님이 자기 백성을 산에서 죽여 지상에서 멸하기 위해 이집트에서 끌어냈다고 이집트인이 말하게 하시렵니까?

제발 분노를 거두시고 뜻을 돌이켜 주의 백성에게 재앙을 내리지 마소서. 주의 종 아브라함과 이삭과 야곱을 기억하소서. 주께서는 그들에게 하늘의 별과 같이 많은 자손을 주시고, 또 약속하신 땅을 그 후손에게 영원히 주시겠다고 맹세하셨습니다."

하나님이 뜻을 돌이켜 재앙을 백성에게 내리지 않으셨다. 모세는 앞뒤 양면에 십계명이 기록된 두 돌 판을 가지고 산에서 내려왔다. 하나님이 손수 만들어 직접 새겨 쓰신 것이다. 여호수아가 백성이 떠들어대는 소리를 듣고 모세에게 전하였다.

"야영지에서 싸우는 소리가 들립니다."

"이는 승전가도 아니고 패전의 소리도 아니다. 내가 듣기에 노래하는 소리다."

모세가 야영지 가까이 가서 금송아지와 춤추는 사람들을 보았다. 화가 치밀어 산기슭에 그 돌 판을 던져 깨뜨려버렸다. 백성이 만든 금송아지를 가져다가 불에 태우고 갈아서 가루로 만들었다. 그것을 물에 타서 그들에게 마시라고 하였다. 그리고 아론에게 물었다.

"도대체 이 백성이 어떻게 하였기에 형님은 이처럼 무서운 죄를 짓게 하였습니까?"

"제발 노하지 말게. 이 백성이 얼마나 악한지는 자네도 알고 있잖은가? 그들이 나에게 요구하였네.

'우리를 인도할 신을 만들어주시오. 우리를 이집트에서 끌어낸 모세라는 사람은 어떻게 되었는지 전혀 소식이 없소.'

그래서 내가 누구든지 금장식품을 가진 사람은 다 가져오라고 하였네. 그리고 그것을 불 속에 던졌더니 이 송아지가 나왔네."

모세는 아론으로 인해 백성이 난잡해지고, 원수들에게 조롱거리가 된 것을 보고 야영지 입구에 서서 외쳤다.

"누구든지 하나님의 편에 설 사람은 이리 나오시오!"

레위 자손들이 다 모여들자 그들에게 말하였다.

"이스라엘의 하나님이 '너희는 칼을 차고 야영지 이 문에서 저 문까지 왕래하며 너희 형제와 친구와 이웃을 죽이라.'고 말씀하십니다."

레위인들이 모세가 명한 대로 하였다. 그날 백성 가운데 죽은 사람이 3천 명쯤 되었다. 모세가 그들에게 말하였다.

"오늘 여러분은 여러분의 아들과 형제들을 죽이면서까지 하나님께 헌신하였는바, 하나님이 축복하실 것입니다."

다음날 모세가 백성에게 말하였다.

"여러분이 큰 죄를 지었으나 내가 다시 하나님께 올라가겠습니다. 내가 여러분의 죄에 대하여 빌면 하나님이 그 죄를 용서하실지 모릅니다."

모세가 하나님께 다시 가서 간청하였다.

"이 백성이 정말 큰 죄를 지었습니다. 그들이 자기를 위해 금으로 신을 만들었습니다. 이제 그들의 죄를 용서해주십시오. 그렇지 않으면 주께서 기록하신 주의 책에서 제 이름을 지워주십시오."

"누구든지 나에게 죄를 범하면 내가 그 이름을 내 책에서 지워버리겠다. 이제 내려가서 내가 너에게 말한 곳으로 백성을 인도하라. 내 천사가 앞서갈 것이다. 그러나 때가 되면 그들의 죄에 대하여 내가 벌하겠다."

이처럼 아론이 만든 금송아지를 백성이 섬겼던바, 하나님이 그들을 무서운 전염병으로 치셨다.

✳60✳
회막

나는 율법을 완성하러 왔다

하나님이 모세에게 말씀하셨다.

"너는 백성과 함께 이곳을 떠나 내가 아브라함과 이삭과 야곱과 그 후손들에게 주겠다고 약속한 땅으로 올라가라. 내가 너희를 기름지고 비옥한 땅에 이르도록 하겠다. 하지만 나는 너희와 함께 가지 않을 것이다."

이 말씀을 듣고 백성이 슬퍼하며 한 사람도 장식품을 착용하지 않았다. 하나님이 모세를 통해 이렇게 말씀하셨기 때문이다.

"너희는 고집이 센 백성이다. 내가 잠시라도 너희와 함께 간다면 너희를 아주 없애버릴지 모른다. 이제 너희는 장식품을 제거하라. 그래야 내가 너희를 어떻게 할지 결정할 수 있다."

이스라엘 백성이 시내 산을 떠난 후 장식품을 달지 않았다. 모세가 야영지에서 약간 떨어진 곳에 천막을 치고 회막이라 불렀다. 하나님께 물어볼 일이 있으면 그곳으로 갔다.

모세가 회막에 나갈 때마다 백성은 다 일어났으며, 자기 천막 문 앞에 서서 모세가 들어갈 때까지 지켜보았다. 그때 구름기둥이 내려와 회막 문에 섰고, 하나님이 그 구름 가운데서 모세와 말씀하셨다. 백성은 구름기둥이 회막 문에 선 것을 볼 때마다 일어나 자기 천막 문 앞에서 경배하였다.

하나님은 자기 친구에게 말하듯 모세와 대면하여 말씀하셨다. 모세가 야영지로 돌아와도 눈의 아들 청년 여호수아는 회막을 떠나지 않왔다. 모세가 하나님께 말하였다.

"주께서 제게 이 백성을 인도하라고 하셨으나 저와 함께할 사람을 주시지 않았습니다. 주께서 저를 잘 아시고 또 제가 주 앞에서 은총을 입었다고 하셨습니다. 정말 그러시면 저에게 주의 길을 가르쳐주십시오. 제가 주를 알고 계속 주의 은총을 입게 하시며, 이 민족이 주의 백성임을 기억하소서."

"내가 직접 너와 함께 가며 너에게 승리를 안겨주겠다."

"주께서 우리와 함께 가시지 않으면 이곳에서 우리를 보내지 마소서. 그러시면 저와 주의 백성이 주 앞에서 은총 입은 것을 누가 알겠습니까? 주께서 우리와 함께 가셔야 저와 주의 백성이 세상의 다른 민족과 구별이 됩니다."

"네가 내 앞에서 은총을 입었고, 내가 너를 잘 알고 있다. 네 요구대로 다 들어주겠다."

"주의 영광스러운 광채를 저에게 보여주소서."

"내가 나의 선한 모든 것을 네 앞으로 지나가게 하고, 나 하나님의 이름을 네 앞에 선포하겠다. 나는 은혜를 베풀 자에게 은혜를 베풀고, 불쌍히 여길 자를 불쌍히 여길 것이다. 그러나 너는 내 얼굴을 보지 못할 것이다. 이는 나를 보고 살아남을 자가 없기 때문이다.

너는 내 곁에 있는 이 바위 위에 서 있어라. 내 영광의 광채가 지나갈 때 내가 너를 바위틈에 넣을 것이고, 내가 다 지나갈 때까지 내 손으로 너를 덮었다가 그 후에 손을 거두겠다. 네가 내 등만 보고 얼굴은 보지 못할 것이다."

그리고 다시 말씀하셨다.

"너는 두 돌 판을 처음과 같이 깎아 만들어라. 네가 깨뜨린 그 판에 있던 말을 내가 다시 기록하여 주겠다. 너는 내일 아침 그것을 준비하여 시내 산으로 올라와 산꼭대기에서 네 모습을 보여라. 아무도 너와 함께 올라오지 못하게 하고, 산에 발을 들여놓는 자가 없도록 하라. 양과 소도 산기슭에 얼씬거리게 해서는 안 된다."

모세가 두 돌 판을 만들어 다음 날 아침 일찍 시내 산으로 올라갔다. 하나님이 구름 가운데 내려와 그와 함께 서서 야훼임을 선포하셨다. 그리고 그 앞으로 지나가며 외치셨다.

"나 야훼는 자비하고 은혜로우며, 쉽게 노하지 않고 사랑과 진실이 풍성한 하나님이다. 나는 사랑을 천 대까지 베풀고 죄와 잘못을 용서하지만, 그렇다고 죄를 범한 자를 벌하지 않은 채 그대로 두지는 않을 것이며, 그 죄에 대하여 자손 4대까지 벌할 것이다."

모세가 급히 땅에 엎드려 경배하며 말하였다.

"하나님이시여, 제가 주께 은총을 입었거든 저희와 함께 가소서. 이 백성이 말을 잘 안 듣고 고집이 세기는 하지만, 저희 죄와 잘못을 용서하시고 주의 백성으로 받아주소서."

✳61✳

메추라기

엘로이, 엘로이, 라마 사박다니?

하나님 앞에서 백성이 심하게 불평하였다. 하나님이 진노하여 그들 가운데 불을 놓아 진 언저리를 살랐다. 백성이 모세에게 부르짖고, 모

세가 주께 기도하여 불이 꺼졌다.

이스라엘 백성 가운데 섞여 살던 무리가 먹거리로 탐욕을 부린바, 이스라엘 백성이 또다시 울며 불평하였다.

"누가 우리에게 고기를 줄까? 이집트에서 생선을 공짜로 먹던 기억이 생생하다. 오이와 수박과 부추와 파와 마늘이 눈에 선하다. 이제 이 만나밖에 없으니 입맛까지 다 떨어졌다."

백성이 두루 다니며 만나를 거두어 맷돌에 갈거나 절구에 찧고 냄비에 구워 과자를 만들었다. 그 맛은 기름에 반죽하여 만든 과자 같았다. 밤이 되어 진에 이슬이 내릴 때 만나도 그 위에 내렸다. 그들이 가족별로 장막 어귀에서 우는 소리를 모세가 들었다. 하나님은 이 일로 대단히 노하셨고, 모세는 걱정이 태산 같았다. 모세가 주께 여쭈었다.

"어찌하여 주의 종을 이다지 어렵게 하십니까? 저를 주의 눈 밖에 나게 하여 이 모든 백성을 저에게 맡기셨습니까? 이 백성을 제가 배기라도 했습니까, 낳기라도 했습니까? 어찌하여 저더러 그들의 조상에게 맹세하신 땅으로, 마치 유모가 젖먹이를 품듯이, 그들을 품고 가라고 하십니까?

백성은 저를 보고 울면서 고기를 달라고 외치지만, 이들에게 줄 고기를 어디서 구하겠습니까? 저 혼자서는 도저히 이 백성을 짊어질 수 없습니다. 제 짐이 너무 무겁습니다. 저에게 정말 이리 하시겠다면, 그리고 제가 주의 눈 밖에 나지 않았다면, 제발 저를 죽여 이 곤경을 당하지 않게 해주십시오."

하나님이 말씀하셨다.

"이스라엘 장로들 중에서 70명을 불러오너라. 그들과 함께 회막 앞으로 나와 서라. 내가 내려가 말하겠다. 너에게 내려준 영을 그들에게도 주어서 네 짐을 나눠서 지도록 하겠다. 그러면 너 혼자 애쓰지 않아도 될 것이다. 너는 또 백성에게 말하라.

'너희는 스스로 거룩하게 하라. 내일 너희가 고기를 먹을 것이다.'

백성이 울면서 한 말이 나에게 들렸다. 이제 내가 너희에게 고기를 줄 테니 너희가 먹게 될 것이다. 하루나 이틀, 닷새나 열흘, 스무날도 아니다. 한 달 내내, 냄새만 맡아도 먹기 싫을 때까지, 줄곧 고기를 먹게 될 것이다. 너희가 너희 가운데 있는 나를 거절하고, 내 앞에서 울며 '우리가 왜 이집트를 떠났던가?' 하고 후회하였기 때문이다."

"저를 둘러싸고 있는 백성이 장정만 60만입니다. 하나님이 고기를 한 달 내내 주시겠다고 하였습니다. 양 떼와 소 떼를 잡은들 만족하며, 바다의 고기를 다 잡은들 만족하겠습니까?"

"나의 손이 짧아지기라도 하였느냐? 이제 너는 내가 말한 것이 사실인지 아닌지를 볼 것이다."

모세가 하나님의 말씀을 백성에게 전하였다. 그리고 장로들 가운데 70명을 뽑아 장막에 둘러 세웠다. 하나님이 구름에 싸여 내려와 모세와 말씀하시고, 모세에게 내린 영을 그들에게 내리셨다. 그들도 예언하였다. 이는 처음이자 마지막으로 그들이 다시는 예언하지 않았다.

그때 70명의 명단에는 있었지만 장막으로 나오지 않은 두 사람이 있었다. 그들에게도 영이 내려 진에서 예언하였다. 한 소년이 모세에게 달려와 엘닷과 메닷이 진에서 예언하였다고 알렸다. 눈의 아들 여호수아가 모세에게 말하였다.

"이 일을 말리셔야 합니다."

"네가 나를 두고 질투하느냐? 나는 하나님이 주의 백성 모두에게 그의 영을 부어주시면 좋겠다."

모세와 이스라엘 장로들이 진으로 돌아오자 하나님이 바람을 일으키셨다. 바다 쪽에서 메추라기를 몰아 진을 빙 둘러 떨어뜨려 땅에서

1m쯤 쌓이게 하셨다. 백성이 일어나 그날 온종일, 그리고 이튿날까지 메추라기를 잡았다. 적게 잡은 사람도 10가마는 되었다. 그들이 진 주변에 널어놓았다.

그 고기가 아직 그들의 이 사이에서 씹히기도 전에 하나님이 백성에게 크게 진노하셨다. 그들을 극심한 재앙으로 치셨고, 탐욕에 사로잡힌 자들이 그곳에 묻혔다.

＊62＊
문둥병
하나님의 권위를 거역하지 마라

미리암과 아론이 모세가 구스 여자와 결혼한 것을 비난하며 투덜거렸다.

"하나님이 모세를 통해서만 말씀하셨느냐? 우리를 통해서도 말씀하시지 않았느냐?"

하나님이 갑자기 모세와 아론과 미리암에게 말씀하셨다.

"너희 세 사람은 성막으로 나오라."

하나님이 구름기둥 가운데 내려와 성막 입구에 서서 아론과 미리암을 부르셨다. 그들이 앞으로 나오자 말씀하셨다.

"내 말을 잘 들어라. 예언자에게는 환상이나 꿈으로 나를 나타내지만, 내 종 모세에게는 그렇지 않다. 그는 내 집의 충성스러운 종인바, 내가 직접 대면하여 분명히 말하고 모호한 말로 하지 않는다. 내 종 모세는 내 모습까지 보는 자이다. 너희가 어떻게 두려운 줄 모르고 감히 그를 비난하느냐?"

하나님이 분노하시고 떠나자 구름이 성막 위에서 사라지고, 미리암이 갑자기 문둥병에 걸려 온몸이 하얗게 되었다. 아론이 보고 모세에게 말하였다.

"우리가 어리석었네. 우리의 잘못을 용서해주게. 제발 누님이 모태에서 살이 반쯤 썩어 나온 아이처럼 되지 않도록 해주게."

모세가 하나님께 부르짖었다.

"하나님이시여, 제 누님을 고쳐주소서."

"아버지가 침을 뱉었어도 7일간은 부끄러워하지 않겠느냐? 그녀를 7일 동안 진 밖에 두었다가 들어오게 하라."

미리암이 진으로 돌아올 때까지 행진하지 않았다.

✳63✳

정찰대원

아, 나는 비참한 사람입니다

이스라엘 백성이 하세롯을 떠나 바란 광야에 진을 쳤다. 하나님이 모세에게 말씀하셨다.

"너는 각 지파의 지도자들 가운데 한 사람씩 뽑아 가나안 땅을 탐지하게 하라."

모세가 하나님의 명령대로 정찰대원을 뽑아 파견하였다.

"너희는 여기서 북쪽으로 올라가 가나안 남쪽 네겝 지방의 산간 지대로 들어가라. 그곳의 지형을 두루 살피고, 주민이 강한지 약한지, 인구는 얼마나 되는지, 땅이 좋은지 나쁜지, 그들이 어디서 살며, 성벽이 있는지 없는지, 토질이 비옥한지 메마른지, 나무가 있는지 없는지 등을 자세히 살펴보고, 거기 있는 과일을 따 가지고 오라."

그때 포도가 익어가는 계절이었다. 그들이 모든 땅을 탐지하고 헤브론에 도착하였다. 그곳은 이집트의 소안보다 7년 먼저 건설되었고 아낙 자손들이 살았다. 그들은 에스골 골짜기로 들어가 포도 한 송이가 달린 가지를 막대기에 꿰어 두 사람이 메고, 석류와 무화과도 따서 가지고 왔다. 그들이 40일 동안 그 땅을 탐지하고 돌아와 모든 이스라엘 백성에게 보고하며 과일을 보여주었다.

"우리가 보니 그곳은 정말 기름지고 비옥한 땅이었습니다. 이것이 거기서 가져온 과일입니다. 그러나 거기 살고 있는 사람들은 강할 뿐만 아니라, 그들의 도시는 아주 크고 성곽으로 둘러싸인 요새였습니다. 게다가 거인 아낙 자손까지 살고 있었습니다. 그 땅의 남쪽 지방인 네겝에는 아말렉 족이, 산간 지방에는 헷 족과 여부스 족과 아모리 족이, 지중해 연안과 요단 강변에는 가나안 족이 살고 있었습니다."

갈렙이 백성을 안심시키며 말하였다.

"우리가 올라가 그 땅을 차지합시다. 우리는 충분히 그들을 이길 수 있습니다."

다른 정찰대원들이 말하였다.

"그렇지 않습니다. 우리는 그들을 당할 수 없습니다. 그들은 우리보다 훨씬 강합니다."

그리고 탐지한 땅에 대하여 나쁜 소문을 퍼뜨렸다.

"그 땅에는 힘센 장사들이 수두룩하고 그들의 체구는 모두 컸으며,

네피림의 후손인 거인 아낙 자손들이 있었습니다. 우리가 보기에도 우리는 메뚜기처럼 느껴졌으며, 그들의 눈에도 우리가 그 정도밖에 보이지 않았을 것입니다."

모든 백성이 밤새도록 통곡하고 모세와 아론을 원망하며 말하였다.

"우리가 이집트나 광야에서 죽었으면 좋았을 텐데, 무엇 때문에 하나님이 우리를 이 땅으로 인도하여 칼날에 죽이려 하시는가? 우리 아내와 자식들이 다 잡혀갈 바에는 차라리 이집트로 돌아가는 것이 낫지 않겠는가!"

그리고 서로 외쳐댔다.

"우리 지도자를 뽑아 세우고 이집트로 돌아가자!"

모세와 아론이 모든 백성 앞에서 땅에 엎드렸다. 땅을 탐지하러 갔던 눈의 아들 여호수아와 여분네의 아들 갈렙이 옷을 찢으며 말하였다.

"우리가 탐지한 곳은 아주 좋은 땅입니다. 하나님이 우리를 좋게 여기신다면, 우리를 그곳으로 인도하여 기름지고 비옥한 그 땅을 우리에게 주실 것입니다. 여러분, 하나님을 거역하지 마십시오. 그 땅의 사람들은 우리의 밥입니다. 그들을 조금도 두려워하지 마십시오. 그들의 보호자는 떠났고, 하나님은 우리와 함께 계십니다. 조금도 두려워하지 마십시오!"

백성이 그들을 돌로 쳐 죽이려고 위협하였다. 그때 하나님의 영광스러운 광채가 성막 위에 나타났다. 하나님이 모세에게 말씀하셨다.

"언제까지 이들이 나를 멸시할 셈이냐? 내가 그들 가운데 그렇게 많은 기적을 행하였음에도 언제까지 나를 믿지 않을 작정이냐? 내가 무서운 전염병으로 이들을 쳐서 죽이고, 너를 통하여 더 크고 강한 나라를 세우겠다."

모세가 부르짖었다.

"주께서는 이 백성을 이집트에서 주의 능력으로 인도하셨습니다. 주께서 그렇게 하시면 이집트인이 그 소문을 듣고, 이 땅에 사는 사람들에게 조롱할 것입니다. 이곳 사람들도 하나님이 우리와 함께하시고, 구름이 우리 위에 머물 때 주께서 분명히 나타나셨으며, 낮에는 구름기둥으로, 밤에는 불기둥으로 우리를 인도하신 일을 이미 들어서 잘 알고 있습니다.

그런데 주께서 이 백성을 다 죽이시면, 주의 명성을 들은 나라들이, 하나님께서 이 백성을 약속한 땅으로 인도할 수 없어 광야에서 죽였다고 비웃을 것입니다. 이제 주께서 말씀하신 대로 주의 능력을 나타내소서.

주께서는 쉽게 노하시지 않고 사랑과 자비가 많아 죄와 잘못을 용서하시지만, 그렇다고 죄를 범한 자를 벌하지 않은 채 그대로 두지는 않으실 것이며, 그 죄에 대하여 자손 삼사 대까지 벌할 것이라고 하셨습니다. 주께서 이 백성을 지금까지 용서하신 것처럼, 변함없는 주의 사랑으로 이들을 용서하여 주십시오."

"좋다. 네 말대로 내가 그들을 용서하겠다. 그러나 분명히 말해두지만, 내가 살아있고 온 세상이 내 영광으로 가득 차 있는 한, 이들 중 한 사람도 그 땅에 들어가지 못할 것이다. 그들은 내 영광을 보고, 또 이집트와 광야에서 행한 기적들을 보고도, 나를 10번이나 시험하고 순종하지 않았다. 내가 그들의 조상에게 약속한 땅을 절대 보지 못할 것이며, 나를 멸시한 자도 그 땅을 보지 못할 것이다.

다만 내 종 갈렙은 전적으로 나를 믿고 따랐는바, 그가 탐지한 땅으로 인도하겠다. 그의 후손들이 그 땅을 차지할 것이다. 그 땅 계곡에는 지금 아말렉족과 가나안족이 살고 있다. 너희는 내일 홍해로 가는 길을 따라 광야로 들어가라."

그리고 모세와 아론에게 말씀하셨다.

"이 악한 백성이 언제까지 나에게 불평할 것인가? 나는 이들이 원망하는 소리를 다 들었다. 그들에게 일러주어라. 내가 분명히 말하지만, 내가 살아있는 한 너희 말대로 해주겠다. 너희는 이 광야에서 쓰러져 죽을 것이다. 너희가 나에게 불평하였으니, 여분네의 아들 갈렙과 눈의 아들 여호수아를 제외하고, 나를 원망한 20세 이상은 내가 약속한 땅에 하나도 들어가지 못할 것이다.

너희는 너희 자녀들이 사로잡힐 것이라고 말했으나, 나는 그들을 인도하여 너희가 거절한 땅으로 들어가 살도록 하겠다. 그러나 너희는 이 광야에서 쓰러져 죽을 것이다. 나를 불신한 너희 죄로 인해 너희 자녀들은, 너희가 한 사람도 남지 않고 다 죽을 때까지 광야에서 40년 동안 방황할 것이다.

너희는 그 땅을 탐지하는 데 40일이 걸렸다. 하루를 1년으로 계산하여 40년간 그 죄의 대가를 받을 것이다. 그때 너희가 나를 거절한 결과가 어떠함을 알게 될 것이다. 내가 분명히 말하지만, 나를 거역한 이 백성에게 내가 한 말을 반드시 이행하겠다. 그들은 이 광야에서 다 죽어 없어질 것이다."

그때 백성을 충동하여 모세를 원망하게 만든 정찰대원들이 하나님의 재앙을 받아 죽었다. 눈의 아들 여호수아와 여분네의 아들 갈렙만 살아남았다. 모세가 하나님의 말씀을 전하자 백성이 몹시 슬퍼하였다. 다음 날 아침 일찍 그들이 산간 지대를 향하여 올라가며 말하였다.

"우리가 하나님께 죄를 지었습니다. 주께서 약속하신 땅으로 올라가겠습니다."

모세가 말하였다.

"왜 여러분은 하나님의 명령에 불순종합니까? 여러분은 성공하지 못할 것입니다. 올라가지 마십시오. 주께서 여러분과 함께 계시지 않으니 여러분은 패할 것입니다. 여러분 앞에는 아말렉족과 가나안족이 있습니다. 여러분이 하나님을 저버린바, 주께서 함께하지 않으실 것입니다. 여러분은 칼날에 쓰러질 것입니다."

하나님의 법궤와 모세가 진영을 떠나지 않았음에도 그들은 산간 지대로 올라갔다. 그곳에 사는 아말렉족과 가나안족이 내려와 그들을 격파하고 호르마까지 추격하였다.

✳ 64 ✳
계명
자기 목숨을 지키는 일이다

이스라엘 자손이 광야에 있을 때, 한 사람이 안식일에 나무를 하였다. 사람들이 그를 모세와 아론과 온 회중에게 끌고 갔다. 그에게 어찌해야 한다는 명확한 규정이 없었던바 일단 가둬두었다. 하나님이 모세에게 말씀하셨다.

"그를 죽여야 한다. 온 회중이 진 밖으로 끌어내 돌로 쳐라."

사람들이 그를 돌로 쳐 죽였다. 하나님이 모세에게 말씀하셨다.

"나는 주 너희 하나님이다. 너희 하나님이 되려고 너희를 이집트 땅에서 이끌어냈다. 너희는 계명을 기억하여 준수하고 음행하지 마라. 나는 주 너희 하나님이다."

65
고라
양과 염소를 갈라놓을 것이다

레위의 증손인 고라가 모세에 대항하여 반란을 일으켰다. 3명의 르우벤 사람과 잘 알려진 지도자 250명이 가담하였다. 그들이 모세와 아론에게 몰려와 말하였다.

"당신들이 분수에 넘친 행동을 하잖소? 하나님이 이스라엘 백성을 선택하여 우리 가운데도 계시거늘, 어찌하여 당신들만 잘난 체하시오?"

모세가 땅에 엎드려 기도하고 그들에게 말하였다.

"내일 아침 하나님이 누구를 택하셨는지 보여주실 것이다. 고라와 너희 추종자들아, 향로에 불을 담고 하나님 앞에서 향을 피워라. 그러면 누가 선택되었는지 알게 될 것이다. 너희야말로 정말 분수에 넘친 행동을 하고 있다."

그리고 고라에게 말하였다.

"너희 레위인아 잘 들어라! 하나님이 너희를 백성 가운데서 구별하여 가까이하시며, 하나님의 성막에서 일하게 하시고, 모든 사람을 대신하여 섬기게 하신 것이 어찌 작은 일이냐? 하나님이 너희에게 이런 귀한 일을 맡기셨거늘, 어찌하여 제사장의 직분까지 맡으려고 하느냐? 너희는 지금 한패가 되어 하나님을 거역하고 있다. 아론이 누구라고 너희가 원망하느냐?"

그리고 엘리압의 아들 다단과 아비람에게 사람을 보내어 오라고 하였다. 그들이 거절하며 전갈을 보냈다.

"우리는 가지 않겠소. 당신이 우리를 비옥한 이집트 땅에서 이끌어

내 이곳 광야에서 죽이려 한 것도 부족하여, 이제는 우리의 왕까지 되려고 하시오? 당신은 우리를 기름지고 비옥한 땅으로 인도하지 않았으며, 밭이나 포도원도 주지 않았소. 당신이 우리를 끝까지 속일 작정이오? 우리는 가지 않겠소."

모세가 하나님께 말하였다.

"주는 저들의 예물을 받지 마소서. 저는 그들의 당나귀 1마리도 뺏은 적이 없으며, 그들 가운데 한 사람도 해친 적이 없습니다."

그리고 고라에게 말하였다.

"너희는 내일 하나님 앞으로 나오라. 아론도 나올 것이다. 너의 추종자 250명에게 각각 향로에 향을 담아 나오게 하고, 너도 아론과 함께 향로를 가지고 나오라."

그들이 각자 향로에 불을 담아 향을 피워 들고 모세와 아론과 함께 성막 입구에 섰다. 고라가 모든 백성을 선동하여 모세와 아론을 대적하려고 하였다. 그때 하나님이 영광스러운 광채로 나타나 모세와 아론에게 말씀하셨다.

"너희는 이들에게서 떠나라. 내가 당장 죽여 버리겠다."

모세와 아론이 엎드려 애원하였다.

"하나님, 모든 생명의 근원이신 주여, 한 사람이 죄를 지었는데 모든 사람에게 노하십니까?"

"너는 백성에게 고라와 다단과 아비람의 천막에서 떠나라고 하라."

모세가 일어나 다단과 아비람에게 가자 이스라엘 지도자들도 뒤따라갔다. 그가 백성에게 말하였다.

"여러분은 이 천막에서 떠나고 그들의 물건에 일체 손대지 마십시오. 그렇지 않으면 여러분도 멸망할 것입니다."

그들은 고라와 다단과 아비람의 천막 주변에서 떠나고, 다단과 아비람은 그들의 처자와 함께 천막 입구에 섰다. 모세가 말하였다.

"여러분은 이 일을 보고, 지금까지 내가 한 모든 일이 내 마음대로 한 것이 아니라, 하나님이 나를 보내 하신 일임을 알게 될 것입니다. 이들이 하나님의 형벌을 받지 않고 보통 사람처럼 죽으면, 하나님이 나를 보내신 것이 아닙니다. 하나님이 땅을 갈라지게 하여 이들과 모든 소유를 삼켜 산 채로 깊은 구렁에 빠져 죽게 하시면, 이들이 정말 하나님을 멸시했음을 알게 될 것입니다."

모세의 말이 끝나기가 무섭게 다단과 아비람이 서 있는 땅이 갑자기 갈라졌고, 그들과 그 가족들과 고라의 종들과 그 모든 소유물을 삼켜 버렸다. 그들이 산 채로 깊은 구렁에 빠지자 갈라진 땅이 다시 합쳐졌다. 그들은 생매장되어 지상에서 영원히 사라지고 말았다. 그들의 비명 소리를 듣고 사람들이 소리치며 달아났다.

"땅이 우리까지 삼키려 한다!"

하나님이 불을 보내 분향하던 고라의 추종자 250명도 태워 죽였다. 그리고 모세에게 말씀하셨다.

"너는 제사장 엘르아살에게 일러 불탄 자리에서 향로를 모으게 하고, 타다 남은 불은 다른 곳에 쏟게 하라. 이 향로들은 아무나 만져서는 안 된다. 그 향로를 가지고 있던 사람들은 죄를 짓고 목숨을 잃었지만, 그 향로는 이미 거룩하게 되었은바, 망치로 두드려 펴서 제단에 씌우도록 하라. 이스라엘 자손에게 경고가 될 것이다."

제사장 엘르아살이 그 놋 향로들을 거두어 망치로 두드려 펴서 제단 위에 씌웠다. 이는 아론 자손이 아닌 사람들은 어느 누구도 주 앞에 가까이 가서 분향할 수 없으며, 누구든지 그렇게 하였다가는 고라와 그 추종자들처럼 된다는 사실을 이스라엘 자손에게 상기시키려 한 것이다. 이튿날 이스라엘 온 회중이 모세와 아론에게 말하였다.

"당신들이 주의 백성을 죽였소!"

그들이 규탄할 때 모세와 아론이 바라보니 회막에 구름이 덮이고 주의 영광이 나타났다. 그들이 회막 앞으로 가자 주께서 모세에게 말씀하셨다.

"너희는 이 회중에게서 떠나라. 내가 순식간에 없애버리겠다."

이 말을 듣고 그들이 땅에 엎드렸다. 모세가 아론에게 말하였다.

"형님은 향로에 제단 불을 담고 그 위에 향을 피워 빨리 회중에게 가십시오. 그들을 위해 속죄의 예식을 행하십시오. 주께서 진노하여 재앙이 시작되었습니다."

아론이 향로를 가지고 회중에게 달려갔다. 백성 사이에 이미 염병이 번지고 있었다. 아론이 백성에게 속죄의 예식을 베풀며 산 자와 죽은 자 사이에 서자 재앙이 그쳤다. 이 염병으로 죽은 사람이 14,700명이나 되었다. 재앙이 그치자 아론은 회막 어귀에 있는 모세에게 돌아왔다.

＊66＊
아론의 지팡이
어찌하여 표적을 구하는가?

하나님이 모세에게 말씀하셨다.

"너는 이스라엘 자손의 지팡이를 모아라. 각 지파별로 하나씩 모두 12개다. 각자의 이름을 그 지팡이에 쓰되, 레위의 지팡이 위에는 아론의 이름을 쓰라. 그리고 회막 안, 내가 나를 알리는 그 증거궤 앞에 두라. 내가 택하는 그 지팡이에서 움이 돋아날 것이다. 너희를 거역하여 불평하는 이스라엘 자손의 불만을 내가 없애겠고."

모세가 말하자 각 지파의 지도자들이 지팡이 하나씩을 가져왔다. 아론의 지팡이도 그 가운데 있었다. 그것을 증거의 장막 안에 갖다 놓았다.

이튿날 모세가 장막 안으로 들어갔다. 레위 지파 아론의 지팡이에 움이 돋고, 싹이 나고, 꽃이 피고, 감복숭아 열매가 맺었다. 모세가 모든 지팡이를 이스라엘 자손 앞에 가지고 나왔다. 그들이 저마다 자기 지팡이를 찾아 들었다. 주께서 모세에게 말씀하셨다.

"아론의 지팡이를 증거궤 앞에 도로 갖다 놓고 반역하는 자들에게 표적이 되게 하라. 다시는 그들이 나를 거역하고 원망하지 못하게 하라. 그래야 그들이 죽지 않을 것이다."

＊67＊

므리바 물

내게 물을 좀 주시오

이스라엘 백성이 가데스에 진을 쳤다. 거기서 미리암이 죽어 장사하였다. 물이 없어 백성이 몰려와 항의하였다.

"하나님이 우리 형제들을 죽이실 때 우리가 함께 죽지 못한 것이 한이오. 어찌하여 우리를 이 광야로 끌고 와서 우리 짐승들과 함께 죽이려 하시오? 왜 우리를 이집트에서 끌어내 아무것도 없는 이 황무지로 데려왔소. 이곳에는 곡식도 무화과도 포도도 석류도, 심지어 마실 물도 없소!"

모세와 아론이 그들을 떠나 성막 입구로 가서 엎드렸다. 하나님이 영광의 광채로 나타나 말씀하셨다.

"모세는 지팡이를 들고 아론과 함께 백성을 모아라. 그들 앞에서 바위를 향해 물을 내라고 하라. 그 바위에서 물을 나오게 하여 백성과 모든 짐승이 마시게 하라."

모세가 아론과 함께 백성을 바위 앞에 모아놓고, 하나님 앞에 두었던 지팡이로 바위를 2번이나 내리치며 소리쳤다.

"이 반역자들아, 우리가 너희를 위해 이 바위에서 물을 내랴?"

그러자 바위에서 물이 분수처럼 솟구쳐 사람과 짐승이 다 마셨다. 하나님이 모세와 아론에게 말씀하셨다.

"너희가 나를 믿지 않고 이스라엘 백성 앞에서 나를 거룩한 자로 높이지 않았다. 너희는 그들을 인도하여 내가 준 땅으로 들어가지 못할 것이다."

여기서 그들이 하나님과 다투어 '므리바 물'이라 하였고, 하나님은 자신의 거룩함을 나타내 보이셨다.

＊68＊
에돔 왕
아, 믿음 없는 세대여!

모세가 가데스에서 에돔 왕에게 사람을 보내 전하였다.

"우리는 당신의 친척 이스라엘의 후손입니다. 우리가 겪은 고생을 들어서 잘 알고 계시겠지만, 우리 조상이 이집트로 내려가 거기서 오랫동안 살게 되었습니다. 이집트인이 학대하여 부르짖자 하나님이 들으시고 우리를 인도하셨습니다.

지금 우리는 당신의 영토 경계인 가데스에 있습니다. 이 땅을 통과할 수 있도록 허락하여 주십시오. 밭이나 포도원으로 가지 않고 우물 물도 마시지 않을 것이며, 큰길로만 통과하여 이 땅을 다 지날 때까지 길에서 이탈하지 않겠습니다."

"우리 땅을 통과하지 못한다. 내 땅에 발을 들여놓으면 내가 나가서 너희를 칼로 치겠다."

"우리가 큰길로만 통과하겠습니다. 우리나 우리 짐승이 왕의 나라에 있는 물을 마시면 그 값을 치르겠습니다. 우리가 원하는 것은 왕의 땅을 통과하는 것뿐입니다."

"그래도 통과하지 못한다."

그리고 에돔 왕이 많은 군대를 거느리고 나와 막았다. 이스라엘 백성은 어쩔 수 없이 발길을 돌렸다. 가데스를 출발하여 에돔 국경 지대인 호르 산에 이르렀다. 하나님이 모세와 아론에게 말씀하셨다.

"아론은 내가 이스라엘 백성에게 준 땅에 들어가지 못하고 죽을 것이다. 이는 너희 두 사람이 므리바에서 내 명령을 거역하였기 때문이다. 모세는 아론과 그의 아들 엘르아살을 데리고 호르 산으로 올라가라. 거기서 아론의 제사장복을 벗겨 엘르아살에게 입혀라. 아론은 거기서 죽을 것이다."

모세가 그들을 데리고 호르 산에 올라 아론의 옷을 벗겨 엘르아살에게 입혔다. 아론이 죽자 모세와 엘르아살이 산에서 내려왔다. 이스라엘 백성은 아론이 죽었다는 말을 듣고 30일 동안 슬퍼하였다.

69
놋 뱀
나를 바라보고 구원을 받아라

호르 산을 떠나 홍해로 가는 길을 택하자 이스라엘 백성이 하나님과 모세를 원망하며 불평하였다.

"왜 우리를 이집트에서 끌어내 이 광야에서 죽이려 하시오? 여기는 먹을 것도 없고 마실 물도 없소! 이제 이 지겨운 만나도 신물이 나서 못 먹겠소!"

하나님이 독사를 보내 많은 사람이 물려 죽었다. 사람들이 모세에게 와서 애걸하였다.

"우리가 하나님과 당신을 원망하였으니, 제발 하나님께 기도하여 이 뱀들을 없애주시오."

모세가 기도하자 하나님이 말씀하셨다.

"놋 뱀을 만들어 장대에 매달아 쳐다보게 하라."

모세가 놋 뱀을 만들어 장대에 달자 뱀에 물린 사람들이 쳐다보고 살아났다.

70
발락과 발람
두 주인을 겸하여 섬기지 못한다

이스라엘 백성이 행진하여 여리고 맞은편, 요단강 동쪽의 모압 평야에 진을 쳤다. 모압의 왕 발락은 이스라엘 백성이 아모리 사람들에게 한 일과, 또 그들의 수가 많다는 소식을 듣고 공포에 떨었다. 모압 사람들이 미디안 지도자들에게 가서 말하였다.

"이스라엘 무리가 마치 소가 초원의 풀을 뜯어 먹듯 우리 주변의 모든 것을 먹어 치우려고 합니다."

발락 왕이 발람을 불러오라고 사람을 보냈다.

"한 민족이 이집트에서 나와 온 땅을 휩쓸며 우리 곁에 와 있습니다. 그들은 우리보다 훨씬 강합니다. 제발 와서 나를 위해 그들을 저주해 주시오. 그러면 그들을 무찔러 내 땅에서 몰아낼 수 있을 것입니다. 당신이 축복하는 자는 복을 받고 당신이 저주하는 자는 저주를 받는 줄 알고 있습니다."

모압 지도자들과 미디안 지도자들이 돈을 가지고 발람에게 가서 그대로 전하자 그가 말하였다.

"오늘밤 여기서 지내시오. 하나님이 말씀하시는 대로 대답하겠소."

모압 지도자들이 거기서 발람과 함께 밤을 보냈다. 그날 밤 하나님이 발람에게 물으셨다.

"너와 함께 있는 자들이 누구냐?"

"모압 왕 발락이 보낸 사람들입니다. 그가 '이집트에서 한 민족이 나와 온 땅을 휩쓸고 있으니 나를 위해 그들을 저주해주시오. 그러면 내가 싸워 그들을 몰아낼 수 있을 것입니다.'라고 하였습니다."

"너는 그들과 함께 가지도 말고 그 백성을 저주하지도 마라. 그들은 복 받은 자들이다."

발람이 아침에 일어나 그들에게 말하였다.

"이제 돌아가시오. 하나님이 허락하지 않았습니다."

그들이 발락에게 돌아가 보고하였다.

"발람이 우리와 함께 오는 것을 거절하였습니다."

발락이 다시 지위가 더 높은 사람들을 보냈다. 그들이 발람에게 가서 발락의 말을 전하였다.

"나에게 오는 것을 꺼려하지 마시오. 당신에게 충분히 사례하고 무슨 말을 해도 다 들어주겠소. 제발 와서 나를 위해 이 백성을 저주해 주시오."

"발락 왕이 금은보화가 가득한 궁전을 준다고 해도 나는 내 하나님의 명령을 어길 수 없소. 당신들도 오늘 밤 여기서 보내시오. 혹시 하나님이 일러줄 다른 말씀이 있는지 알아보겠소."

그날 밤 하나님이 발람에게 말씀하셨다.

"그들이 너를 데리러 왔거든 따라가거라. 그러나 내가 시키는 대로만 해야 한다."

다음 날 아침 발람이 나귀에 안장을 지우고 그들과 함께 떠났다. 그런데 하나님이 몹시 분노하셨다. 발람이 두 종을 거느리고 나귀를 타고 갈 때, 하나님의 천사가 그 길을 막아섰다. 천사가 칼을 빼 들고 길에 서 있는 것을 보고, 나귀가 길을 벗어나 밭으로 들어갔다. 발람이 나귀에게 채찍질하였다.

이번에는 하나님의 천사가 두 포도원 사이의 좁은 길에 섰고, 양쪽에 담이 있었다. 나귀가 천사를 보고 몸을 담에 대며 버티자, 발람의 발이 담에 스쳐 상하게 되었다. 발람이 다시 채찍질하였다.

하나님의 천사가 앞으로 더 나아가 좌우로 빠져나갈 틈이 없는 좁은 곳에 섰다. 나귀가 보고 땅에 엎드리자 발람이 화가 나서 자기 지팡이로 나귀를 때렸다. 그때 하나님이 나귀의 입을 열어 말하게 하셨다.

"제가 무엇을 잘못했다고 이렇게 3번씩이나 때리십니까?"

"네가 나를 놀렸기 때문이다. 내 손에 칼만 있었다면 벌써 너를 죽였을 것이다."

"저는 오늘까지 당신이 평생 타고 다니는 나귀가 아닙니까? 제가 당신에게 이렇게 한 적이 있습니까?"

"없었다."

그때 하나님이 발람의 눈을 뜨게 하셨다. 하나님의 천사가 칼을 빼들고 길에 서 있는 것을 보았다. 그가 머리를 숙이고 땅에 엎드렸다. 천사가 말하였다.

"너는 왜 나귀를 3번씩이나 때렸느냐? 보라! 내 앞에서 네 길이 사악한바, 내가 그것을 막으려고 왔더니 나귀가 3번이나 피해갔다. 나귀가 피하지 않았다면 내가 벌써 너를 죽이고 나귀만 살려두었을 것이다."

"제가 잘못했습니다. 당신이 서 있는 것을 몰랐습니다. 당신의 눈에 거슬리는 길이라면 다시 돌아가겠습니다."

"이들을 따라가거라. 그러나 내가 시키는 말만 해야 한다."

발람이 그들과 함께 갔다. 발락은 발람이 온다는 말을 듣고, 국경에 있는 아르논 강변의 아르 성까지 가서 반갑게 맞으며 말하였다.

"내가 당신을 급히 불렀는데 왜 속히 오지 않았소? 내가 당신에게 사례하지 않을 줄 알았소?"

"내가 이렇게 오기는 하였으나 무엇을 말할 수 있겠습니까? 하나님이 시키시는 대로만 말할 따름입니다."

발람이 발락과 함께 후솟 마을로 갔다. 발락이 소와 양을 잡아 발람과 자기 지도자들을 대접하였다. 다음 날 아침 발락이 발람을 데리고, 이스라엘 백성의 진지가 끝까지 내려다보이는 바알 산당으로 올라갔다. 발람이 발락에게 말하였다.

"여기 7개의 제단을 쌓고 수송아지 7마리와 숫양 7마리를 잡아 오시오."

발락은 발람이 말한 대로 하였고, 각 제단마다 수송아지 1마리와 숫양 1마리씩 바쳤다. 발람이 발락에게 말하였다.

"당신은 번제물 곁에 서 계십시오. 나는 저기 가서 하나님이 나를 만나주실지 알아보겠습니다. 하나님이 보여주시는 것이 있으면 무엇이든지 말씀드리겠습니다."

그리고 혼자 산꼭대기로 올라갔다. 하나님이 나타나시자 발람이 말하였다.

"제가 7개의 제단을 쌓고 제단마다 수송아지와 숫양 1마리씩 드렸습니다."

하나님이 발락에게 할 말을 일러주시며 가서 전하라고 하셨다. 발람이 내려가 보니 발락과 모압의 모든 지도자들이 번제물 곁에 그대로 서 있었다. 발람이 말하였다.

"모압 왕 발락이 나를 아람 땅 동편 산에서 데려와 '나를 위해 야곱을 저주하라, 이스라엘을 꾸짖으라.'고 하지만, 하나님이 저주하시지 않은 자를 내가 어찌 저주하며, 하나님이 꾸짖지 않으신 자를 내가 어찌 꾸짖겠는가?

내가 높은 바위에서 보고, 또 산언덕에서 보니 그들은 홀로 사는 민족이요, 다른 민족과 구별되는 특이한 민족이다. 이스라엘 자손이 땅의 티끌같이 많으니 누가 그 수를 헤아릴 수 있겠는가? 나는 의로운 이스라엘 백성처럼 죽기를 원하며, 나의 종말이 그들의 종말과 같기를 원한다."

발락이 발람에게 말하였다.

"어떻게 이럴 수 있단 말이오? 내 원수를 저주하라고 불렀더니 오히려 축복하잖소?"

"하나님이 주시는 말씀을 내가 말하지 않을 수 있습니까?"

"그들의 일부만 볼 수 있는 다른 곳으로 갑시다. 거기서 나를 위해 그들을 저주해주시오!"

그리고 비스가 산의 소빔 고원으로 가서 7개의 제단을 쌓고 제단마다 수송아지와 숫양 1마리씩 바쳤다. 발람이 발락에게 말하였다.

"당신은 번제물 곁에 서 계십시오. 나는 저기 가서 하나님을 만나겠습니다."

하나님이 발람을 만나 발락에게 할 말을 일러주셨다. 그가 돌아와 보니 발락이 모압의 지도자들과 함께 번제물 곁에 그대로 서 있었다. 발락이 발람에게 물었다.

"하나님이 무슨 말씀을 하셨소?"

"발락 왕이여, 내 말을 들으시오. 내 말에 귀를 기울이시오. 하나님은 사람이 아니니 거짓말하지 않으시며, 인간이 아니니 후회하지 않으십니다. 어찌 그가 말씀하고 행하지 않으시며, 약속하고 지키지 않으시겠소? 내가 축복하라는 명령을 받았으니, 그가 내리신 복을 바꾸어 놓을 수 없소.

이스라엘은 불행이나 시련을 겪지 않고, 그들의 하나님이 함께하시니 그들이 하나님을 왕으로 부릅니다. 하나님이 그들을 이집트에서 인도하여 들소처럼 싸우시니, 야곱을 해칠 마술이 없고 이스라엘을 해칠 점술이 없습니다.

이제 사람들이 이스라엘에 대하여 하나님이 행하신 놀라운 일을 볼 것입니다. 이 백성이 사자처럼 일어나 잡은 먹이를 삼키고, 그 피를 마시기 전에는 누워 쉬지 않을 것입니다."

발락이 발람에게 말하였다.

"그들을 저주하지 않으려면 축복도 하지 마시오!"

"하나님이 주시는 말씀대로 말할 수밖에 없다고 내가 말하지 않았습니까?"

"그러면 또 다른 곳으로 가봅시다. 아마 거기서는 하나님도 당신이 그들을 저주하는 것을 기뻐하실 것이오."

그리고 광야가 내려다보이는 브올 산 정상으로 데리고 갔다. 거기서도 발람은 발락에게 7개의 제단을 쌓고 수송아지 7마리와 숫양 7마리를 잡으라고 하였으며, 발락은 발람이 말한 대로 제단마다 수송아지와 숫양 1마리씩 드렸다.

발람은 이스라엘 백성에게 축복하는 것이 하나님을 기쁘게 하는 것인 줄 알고, 이번에는 전과 같이 하나님을 만나러 가지 않았다. 그리고 광야 쪽으로 눈길을 돌려 그들이 지파별로 진치고 있는 것을 바라보았다. 그때 하나님의 영이 그를 사로잡아 이렇게 읊었다.

"브올의 아들 발람이 말하며 눈이 열린 자가 말한다. 하나님의 말씀을 듣고 전능하신 하나님의 환상을 보는 자, 엎드렸으나 눈이 열린 자가 말한다.

야곱이여, 네 천막이 아름답구나. 이스라엘이여, 네 거처가 정말 훌륭하구나. 그 천막들이 펼쳐진 모습이 골짜기 같고 강변의 동산 같으며, 하나님이 심으신 침향목 같고 물가에 심어진 백향목 같구나. 그들에게 물이 풍성할 것이며 그 자손들은 크게 번성하리라. 그들의 왕이 아각보다 위대하니 그 나라가 왕성하리라.

하나님이 이집트에서 인도하여 들소처럼 싸우시니, 그들이 대적하는 나라들을 삼키고 원수들의 뼈를 꺾으며, 화살을 쏘아 그들의 심장을 꿰뚫는구나. 그들은 힘센 사자 같으니 잠을 잔들 깨울 자 누구랴? 이스라엘아, 너를 축복하는 자마다 복을 받을 것이요, 너를 저주하는 자마다 저주를 받으리라.”

발락이 몹시 화가 나서 손바닥을 치며 발람에게 말하였다.

“내 원수를 저주하라고 불렀거늘 오히려 3번씩이나 축복하였소. 당장 돌아가시오. 내가 당신에게 큰 사례를 하려고 하였으나 하나님이 당신을 막아 그것을 받지 못하게 하였소!”

“당신이 금은보화가 가득한 궁전을 준다고 해도 나는 하나님의 명령을 어기고 아무것도 말할 수 없으며, 하나님이 나에게 말씀하시는 것만 전할 뿐이라고 내가 말하지 않았습니까? 이제 나는 내 백성에게 돌아가겠습니다. 그러나 떠나기 전에 앞으로 이스라엘 백성이 당신의 백성에게 행할 일을 말씀드리겠습니다.”

그리고 예언하였다.

“브올의 아들 발람이 말하며 눈이 열린 자가 말하노라. 하나님의 말씀을 듣는 자가 말하며 가장 높으신 분에게서 지식을 얻는 자, 전능하신 하나님의 환상을 보는 자, 엎드렸으나 눈이 열린 자가 말하노라. 내가 이스라엘의 먼 미래를 바라보노라.

야곱에게서 한 별이 나오며, 이스라엘에서 한 왕이 일어나 모압 백성을 쳐서 셋의 자손을 멸망시키리라. 이스라엘은 에돔을 정복하고 세일을 정복하며 계속 승리하리라. 이스라엘이 그 원수들을 짓밟고 살아남은 자들을 전멸시키리라.”

그리고 발람이 아말렉 사람들을 바라보며 예언하였다.

“아말렉은 모든 민족들 가운데 으뜸이나 끝내 멸망하리라.”

그리고 겐 족속을 바라보며 예언하였다.

"네가 사는 곳이 안전하여 절벽 위의 보금자리 같구나. 그러나 너는 망하여 아시리아의 포로가 되리라. 하나님이 이 일을 행하실 때 살 자가 누구랴? 키프로스 해안에서 침략자들이 배를 타고 와 아시리아와 에벨을 정복할 것이다. 그러나 그들도 멸망하리라."

그리고 발람은 고향으로 돌아가고 발락도 자기 길을 갔다.

＊71＊
고스비
간음하게 만드는 것이다

이스라엘 사람들이 모압 여자들의 꼬임에 빠져 음란한 짓을 하였다. 이방신들의 제사에 참석하여 제물을 먹고 절도 하였다. 그들이 모압의 바알 신을 섬겨 하나님이 매우 분노하셨다. 주께서 모세에게 말씀하셨다.

"너는 대낮에 이스라엘 모든 지도자들을 내 앞에서 처형시켜라. 그러면 이 백성에 대한 나의 분노가 사라질 것이다."

모세가 바알에게 절한 사람들을 모두 처형하라고 재판관들에게 지시하였다. 이스라엘 백성이 성막 입구에서 울고 있었다. 그때 한 사람이 모세와 백성이 보는 앞에서 미디안 여자를 데리고 천막으로 들어갔다.

제사장 엘르아살의 아들 비느하스가 벌떡 일어나 창을 들었다. 그들을 뒤쫓아 천막 안으로 들어가 그의 등에서 그녀의 배까지 한꺼번에 찔러 죽였다. 그러자 이스라엘 백성 가운데 퍼진 전염병이 그쳤다. 그 병으로 죽은 사람이 24,000명이나 되었다. 하나님이 모세에게 말씀하셨다.

"비느하스가 행한 일로 내가 분노를 거두었다. 그가 내 명예를 위해 나처럼 분개한바, 내가 백성을 전멸하려던 뜻을 돌이켰다. 그와 그 후손에게 영원한 제사장 직분을 주겠다. 그가 나를 위해 분개하여 이스라엘 백성을 속죄하였다."

그때 죽은 사람은 시므온 지파의 한 가장으로 살루의 아들 시므리였고, 여자는 미디안 족장 수르의 딸 고스비였다. 하나님이 모세에게 말씀하셨다.

"너는 미디안 사람들을 원수로 취급하여 죽여라. 그들은 브올에서 교묘히 너희를 속여 바알을 섬기게 하고, 그 일로 전염병이 번졌을 때 죽은 미디안 족장의 딸 고스비 사건으로 너희를 유혹하였다."

✳72✳
슬로브핫의 딸들
구하면 받을 것이다

요셉의 아들 므낫세의 현손 슬로브핫이 낳은 말라, 노아, 호글라, 밀가, 디르사라는 딸들이 있었다. 이들이 성막 입구로 나와 모세와 제사장 엘르아살과 지도자들과 백성 앞에 서서 말하였다.

"우리 아버지가 아들 없이 광야에서 돌아가셨으나 하나님을 거역한 고라의 반역에 가담하지 않고, 아버지 자신의 죄로 죽었습니다. 아들이 없다고 해서 우리 아버지의 이름이 가문에서 지워져야 합니까? 아버지의 형제들처럼 우리에게도 땅을 분배해주십시오."

모세가 이 문제로 기도하자 하나님이 말씀하셨다.

"슬로브핫 딸들의 말이 옳다. 그 아버지에게 돌아갈 땅을 주어라. 어떤 사람이 아들 없이 죽으면 딸에게 재산을 물려주고, 딸도 없으면 형제에게, 형제도 없으면 삼촌에게, 삼촌도 없으면 가장 가까운 친척에게 주어라. 이스라엘 백성은 이를 법으로 지켜야 한다."

∗ 73 ∗
모세(2)

나를 높이지 않았다

하나님이 모세에게 말씀하셨다.

"너는 아바림 산으로 올라가 내가 이스라엘 백성에게 준 땅을 바라보아라. 너도 네 형 아론처럼 죽게 될 것이다. 이는 신 광야에서 백성이 물이 없다고 불평할 때, 너희 두 사람이 나의 명령을 거역하고 그들 앞에서 나를 거룩한 자로 높이지 않았기 때문이다."

"모든 생명의 근원이신 하나님이시여, 이 백성을 인도하고 전쟁을 지

휘할 새 지도자를 세워주소서. 이 백성이 목자 없는 양같이 되지 않게
하소서."

"너는 눈의 아들 여호수아를 데려다 안수하라. 그를 제사장 엘르아
살과 모든 백성 앞에 세우고 네 후계자로 임명하라. 그에게 네 권한의
일부를 주고 모든 이스라엘 백성을 복종하게 하라. 여호수아는 무슨
일이 있으면 엘르아살에 묻고, 엘르아살은 우림과 둠밈으로 내 뜻을
물을 것이며, 여호수아와 이스라엘 백성은 모든 일에 엘르아살의 지시
를 받아야 한다."

모세가 여호수아를 제사장 엘르아살과 모든 백성 앞에 세우고 안수
하여 후계자로 임명하였다.

＊74＊
모세(3)
포도원 밖에서 죽었다

모세가 모압 평야에서 느보 산으로 올라가 여리고 맞은편에 있는 비
스가 봉우리에 이르렀다. 하나님이 길르앗에서 단까지의 땅과, 납달리
와 에브라임과 므낫세의 땅과, 지중해까지 뻗은 유다의 땅과, 남쪽 네
겝 지방과, 종려나무 성인 여리고에서 소알까지의 평야를 보여주며 말
씀하셨다.

"이는 내가 아브라함과 이삭과 야곱에게 맹세하여 그 후손에게 주겠
다고 약속한 땅이다. 내가 이 땅을 보여주었으나 너는 그리로 들어가

지 못할 것이다."

하나님의 종 모세는 하나님이 말씀대로 모압 땅에서 죽었다. 하나님이 벧브올 맞은편 골짜기에 그를 장사하였으나 그 무덤을 아는 자가 없다. 모세가 죽을 때 120세였으나 눈도 흐리지 않고 기력도 쇠하지 않았다. 이스라엘 백성이 모압 평야에서 30일 동안 그의 죽음을 애도하였다.

모세의 안수를 받은 눈의 아들 여호수아는 지혜의 영이 충만하였다. 이스라엘 백성은 여호수아에게 순종하였고, 하나님은 모세를 통해 명한 것을 실행하였다.

이후 이스라엘에 모세와 같은 예언자가 없었다. 그는 하나님과 대면하여 말하였고, 하나님의 보내심을 받아 이집트에서 바로와 그의 신하와 그 땅에 놀라운 기적과 큰 능력을 행하였다.

* 75 *

여호수아(1)

내 길을 가야 한다

하나님이 여호수아에게 말씀하셨다.

"나의 종 모세는 죽었다. 이제 네가 이스라엘 백성을 이끌고 요단강을 건너 약속의 땅으로 들어가라. 너희 발이 닿는 곳마다 다 주겠다. 땅의 경계는 남쪽 네겝 광야에서 북쪽 레바논의 산악 지대까지, 동쪽

토크 지저스

유프라테스 강에서 헷 족의 땅을 거쳐 서쪽 지중해 연안까지 이를 것이다. 네가 살아있는 한 아무도 너를 당하지 못할 것이다.

내가 모세와 함께한 것처럼 너와 함께하여 너를 떠나지 않고 버리지 않겠다. 마음을 굳게 먹고 용기를 내어라. 너는 이 백성을 인도하여 내가 너희 조상들에게 주겠다고 약속한 땅을 얻게 할 지도자다. 굳세고 용감해라.

나의 종 모세가 준 모든 율법을 하나도 소홀히 여기지 말고 정성껏 지켜라. 네가 어디를 가든지 성공할 것이다. 이 율법을 항상 읽고 밤낮으로 묵상하며, 그 가운데 기록된 것을 하나도 빠짐없이 지켜라. 네가 잘 되고 성공할 것이다.

내가 네게 마음을 굳게 먹고 용기를 내라고 하지 않았느냐? 너는 조금도 두려워하거나 무서워하지 마라. 네가 어디를 가든지 내가 함께하겠다."

여호수아가 진영을 돌아보고 지도자들에게 지시하였다.

"모두 양식을 준비하십시오. 3일만 있으면 여러분이 요단강을 건너 하나님이 약속하신 땅에 들어갈 것입니다."

그리고 르우벤 지파와 갓 지파와 므낫세 반 지파에게 말하였다.

"여러분은 하나님이 요단강 동쪽의 땅을 정착지로 준다고 한 모세의 말을 기억하십시오. 여러분의 처자와 가축은 여기 머물러 있고, 군인들은 무장하여 선두에 서서 요단강을 건너가십시오. 여러분은 형제를 도와야 합니다. 요단강 서쪽의 땅을 완전히 정복할 때까지 합세하여 싸우십시오. 그들이 그 땅을 정복하면 돌아와 이 땅에 정착하십시오."

"당신의 명령대로 하겠습니다. 우리가 모세의 말에 순종했듯이 당신의 말을 따르겠습니다. 모세와 함께하신 하나님이 당신과 함께하시기를 바랍니다. 누구든지 당신의 명령을 거역하고 불순종하는 자는 죽임을 당해야 합니다. 마음을 굳게 먹고 용기를 내십시오."

76
라합
작은 자를 무시하지 마라

여호수아가 싯딤에서 정찰병 2명을 보내 요단강 저편의 땅, 여리고 일대의 상황을 몰래 조사하라고 지시하였다. 그들이 라합이라는 기생이 운영하는 여관에 도착하여 그날 밤을 보내게 되었다.

여리고 왕이 간첩으로 보이는 이스라엘 사람 2명이 그곳에 와 있다는 정보를 입수하고, 군인들이 보내 체포하라고 명령하였다. 라합이 그들을 숨기고 왕이 보낸 군인들에게 말하였다.

"그들이 내 집에 온 것은 사실이지만 누군지 몰랐습니다. 날이 어두워 성문 닫을 때쯤 나갔으며, 어디로 갔는지 모르겠어요. 하지만 급히 추적하면 잡을 수 있을 거예요."

라합이 그들을 데리고 옥상으로 올라가 널어놓은 삼대 속에 숨겼다. 왕이 보낸 군인들이 요단으로 떠나자 성문이 닫혔다. 그들이 잠들기 전에 라합이 말하였다.

"나는 하나님이 이 땅을 이미 당신들에게 주신 줄로 압니다. 우리는 당신들을 두려운 존재로 여기고 있습니다. 이 땅의 모든 사람이 이스라엘 말만 들어도 무서워 떨고 있답니다.

당신들이 이집트를 탈출할 때 하나님이 홍해 물을 말리셨다는 이야기도 들었어요. 요단 동쪽에 있는 두 아모리 왕, 시혼과 옥을 어떻게 죽였는지도 들었습니다. 그런 말을 듣는 순간 우리는 당신들이 무서워 정신을 잃고 말았답니다. 정말 하나님이 천하제일의 신이십니다.

그래서 내가 한 가지만 부탁하겠습니다. 내가 당신들을 도와주었으니 나에게 은혜를 베풀어주십시오. 여리고가 정복될 때 나와 내 가족과 친척을 살려주세요. 하나님의 이름으로 맹세하고 믿을 만한 표를 주세요."

"당신이 우리 일을 아무에게도 말하지 않으면, 하나님이 이 땅을 우리에게 주실 때 우리가 목숨을 걸고, 당신과 당신의 가족을 구하고 우대할 것을 진심으로 약속합니다."

라합이 창문을 통해 그들을 밧줄로 달아 내렸다. 라합이 성벽 위의 집에 살고 있었기 때문이다. 라합이 그들에게 일러주었다.

"추적대를 만날지 모르니 산에서 3일간 숨었다가 그들이 돌아간 후에 길을 가세요."

"우리가 당신에게 약속한 것은 반드시 지키겠습니다. 당신도 꼭 지켜야 할 일이 있습니다. 우리가 이 땅을 치러 들어올 때, 우리를 달아 내린 이 창에 붉은 줄을 매달고, 당신의 가족과 친척을 모두 이 집에 모아놓으십시오. 누구든지 집밖을 나가서는 안 됩니다. 당신들이 집 밖에서 죽으면 우리가 책임지지 않습니다. 집 안에 있다가 부상을 당하거나 죽으면 그것은 우리의 책임입니다. 그러나 당신이 이 일을 폭로하면 당신에게 한 약속은 아무 상관이 없을 것입니다."

"당신들의 말대로 하겠습니다."

라합이 그들을 보내고 창가에 붉은 줄을 매달았다. 정찰병들은 산으로 올라가 3일간 숨어있었고, 추적대는 그들을 찾다가 발견하지 못하고 여리고로 되돌아갔다. 그때 두 정찰병이 산에서 내려와 강을 건너 돌아갔으며, 여호수아에게 모든 일을 보고하였다.

"우리는 하나님이 그 땅을 우리에게 이미 주신 줄로 확신합니다. 그들은 우리가 무서워 벌벌 떨고 있었습니다."

77

기념비

이 돌들이 소리칠 것이다

여호수아와 이스라엘 백성이 아침 일찍 일어나 싯딤을 떠났다. 요단 강변에 이르러 바로 건너지 않고 진을 쳤다. 지도자들이 진영을 두루 다니며 말하였다.

"여러분은 제사장들이 하나님의 법궤를 메고 나서는 것을 보거든 그 뒤를 따르십시오. 이제 한 번도 가본 적이 없는 길을 가게 됩니다. 제사장들이 여러분을 인도할 것입니다. 법궤에서 1㎞쯤 간격을 유지해야 합니다."

여호수아가 백성에게 말하였다.

"여러분은 자신을 정결하게 하십시오. 하나님이 내일 큰 기적을 행하실 것입니다."

하나님이 여호수아에게 말씀하셨다.

"내가 오늘부터 너를 크게 높여, 모든 이스라엘 백성이 내가 모세와 함께한 것처럼 너와 함께한다는 사실을 알게 될 것이다. 너는 법궤를 멘 제사장들이 요단 강변에 도착하거든 물에 들어가 있으라고 지시하라."

여호수아가 백성에게 말하였다.

"하나님의 말씀을 들으십시오. 하나님이 가나안 족, 헷 족, 히위 족, 브리스 족, 기르가스 족, 아모리 족, 여부스 족을 반드시 몰아낼 것입니다. 법궤가 요단강에 들어갈 때 하나님이 여러분 가운데 계신다는 사실을 알게 될 것입니다. 이제 이스라엘 각 지파에서 1명씩 모두 12

명을 뽑아 세우십시오. 하나님의 법궤를 멘 제사장들이 강물을 밟는 순간 흐르던 물이 멈춰 둑처럼 쌓일 것입니다."

백성이 강을 건너려고 진영을 떠날 때 제사장들이 법궤를 메고 선두에 섰다. 추수 때가 되어 물이 둑까지 넘치고 있었다. 제사장들이 강에 발을 들여놓는 순간, 흐르던 물이 갑자기 멈춰 멀리 있는 아담의 성까지 둑을 이루었고, 사해로 흐르던 물은 완전히 끊겨 바닥이 말라 버렸다. 그들이 강을 건너는 동안 제사장들은 강 한복판에 서 있었다. 모든 백성이 강을 건넜을 때 하나님이 여호수아에게 말씀하셨다.

"너는 각 지파에서 뽑은 12명에게 요단강 한복판, 바로 제사장들이 서 있는 곳에서, 12개의 돌을 가져와 오늘 밤 너희가 진 칠 곳에 갖다 두라고 하라."

여호수아가 그들에게 말하였다.

"여러분은 하나님의 법궤 앞으로 가서 이스라엘 지파의 수대로 각자 돌 하나씩 메고 나오십시오. 이 돌을 볼 때마다 하나님이 행하신 일을 기억하게 될 것입니다. 먼 훗날 여러분의 자손들이 '이 돌이 무엇입니까?' 하고 물으면 '하나님의 법궤가 요단강을 건널 때 흐르던 강물이 갑자기 멈춘 그 기념비란다.'라고 대답하십시오."

그들이 여호수아의 지시대로 돌을 어깨에 메고 나와 그들이 진 칠 곳에 쌓아두었다. 여호수아가 제사장들이 서 있던 곳에도 12개의 돌을 세웠다.

르우벤 지파와 갓 지파와 므낫세 반 지파는 모세가 지시한 대로 싸울 준비를 하고, 백성보다 먼저 강을 건너 여리고 평야에 이르렀다. 그 수는 4만 명가량이었다. 하나님이 이스라엘 백성 앞에서 여호수아를 크게 높인바, 그들이 모세를 두려워한 것처럼 여호수아를 두려워하고 존경하였다.

여호수아가 제사장들에게 강에서 나오라고 명령하였다. 그들이 육지를 밟는 순간 물이 다시 흘러 강둑에 넘쳤다. 이스라엘 백성이 여리고 동쪽의 길갈에 진을 치고 기념비를 세웠다.

✳78✳
할례산

회개하고 세례를 받아라

요단강 서쪽의 아모리 왕들과 지중해 연안의 가나안 왕들이, 하나님이 강물을 말려 이스라엘 백성이 건너왔다는 소식을 듣고 두려워 떨며 당황하였다. 그때 하나님이 여호수아에게 부싯돌로 칼을 만들어 이스라엘 남자들의 포피를 자르라고 하셨다.

여호수아가 '할례산'에서 이스라엘 모든 남자의 포피를 잘랐다. 이집트에서 나온 남자들은 모두 할례를 받았으나 그들은 광야에서 죽었고, 그 후 태어난 남자들은 아무도 할례를 받지 않았기 때문이다.

이스라엘 백성은 이집트에서 나온 사람들이 다 죽을 때까지 광야에서 40년 동안 방황하였다. 그들이 순종하지 않았던바, 하나님이 그들의 조상에게 주겠다고 약속하신 기름지고 비옥한 땅에 들어가지 못하게 하셨다. 이제 그 후손들이 포피를 자르고 각자 천막에 머물러 있었다. 하나님이 여호수아에게 말씀하셨다.

"내가 오늘 이집트에서 종살이한 너희 수치를 제거하였다."

그래서 그곳 이름을 '길갈'이라 불렀다. 그들이 여리고 평야 길갈에 진을 치고 있던 그달 1월 14일 저녁에 유월절을 지켰다.

다음날 가나안 땅에 들어온 후 처음으로 그 땅의 농작물을 먹었다. 볶은 곡식과 누룩 넣지 않고 만든 빵이었다. 그 땅의 곡식을 먹은 다음 날부터 만나가 내리지 않았다. 이스라엘 백성은 만나를 다시 볼 수 없었고, 그해부터 가나안 땅에서 나는 양식을 먹고 살았다.

여호수아가 여리고 가까이 갔을 때, 갑자기 한 사람이 칼을 빼 들고 나타났다. 여호수아가 물었다.

"너는 우군이냐 적군이냐?"

"우군도 아니고 적군도 아니다. 나는 하나님의 군대 총사령관으로 이곳에 왔다."

"주의 종에게 무슨 말씀을 하려고 하십니까?"

"너는 신을 벗어라. 네가 선 곳은 거룩한 땅이다."

＊79＊
여리고 성
하나님은 불가능이 없다

여리고 사람들은 이스라엘 백성이 두려워 성문을 굳게 닫고 일체 출입을 금하였다. 하나님이 여호수아에게 말씀하셨다.

"내가 여리고 왕과 그 모든 군인들을 이미 네 손에 넘겨주었다. 너와 군대는 여리고 성 주위를 6일간 매일 1바퀴씩 돌고, 제사장 7명이 각자 수양의 뿔로 만든 나팔을 들고 법궤 앞에서 돌며, 7일째 나팔을 부는 가운데 그 성을 7바퀴 돌아야 한다. 제사장들이 나팔을 1번 길게 불면 모든 백성이 큰소리로 외치게 하라. 그 성벽이 무너질 것이다. 그때 너희 모든 군대는 곧장 성안으로 쳐들어가야 한다."

여호수아가 제사장들을 불러 말하였다.

"여러분은 하나님의 법궤를 메십시오. 7명은 숫양의 뿔로 만든 나팔을 들고 법궤 앞으로 나서십시오."

그리고 백성에게 명령하였다.

"지금부터 여러분은 이 성을 도십시오. 무장한 선두 부대가 하나님의 법궤 앞에 서야 합니다."

여호수아가 명령한 대로 7명의 제사장들이 야훼 앞에서 행진하며 각자 숫양의 뿔로 만든 나팔을 불었고, 하나님의 법궤는 그 뒤를 따랐다. 무장한 선두 부대는 나팔을 부는 제사장들 앞에 서고, 후방 부대는 법궤 뒤에서 행군하였다. 나팔 소리가 계속 울려 퍼졌다. 여호수아는 백성에게 아무 말도 하지 말고 지시가 있을 때 함께 외치라고 하였다.

이스라엘 백성은 여호수아의 지시대로 법궤를 앞세우고 성을 1바퀴 돌고 진영으로 돌아왔다. 다음날도 아침 일찍 일어나 전날과 같이 성을 돌고 돌아왔다. 이렇게 6일 동안 반복하였다. 7일째 그들은 새벽 일찍 일어나 전과 같은 방법으로 성을 7바퀴 돌았다. 마지막 바퀴째 제사장들이 나팔을 부는 순간 크게 외치라는 명령과 함께 여호수아가 백성에게 세부 사항을 지시하였다.

"하나님이 이 성을 여러분에게 주셨습니다. 이 성과 성안의 모든 물건은 하나님께 바치는 제물입니다. 완전히 부숴버리고 사람은 모조리 죽이십시오. 하지만 기생 라합과 그 집안의 사람들은 살려주어야 합니다. 그녀는 우리 정찰병을 숨겨주었습니다.

여러분이 전리품을 가질 생각은 아예 하지 마십시오. 이는 이미 하나님께 바쳐진 제물이니 모두 소각해야 합니다. 그것을 가지면 모든 이스라엘 백성에게 재앙이 될 것입니다. 금, 은, 동, 철로 만든 제품은 모두 구별하여 하나님의 창고에 들이십시오."

제사장들이 부는 나팔 소리를 듣고 백성이 일제히 큰 소리로 외쳤다. 그때 성벽이 와르르 무너져 내렸다. 백성이 성으로 진격하여 점령하고, 사람들을 모두 칼로 쳐서 죽이고 소와 양과 나귀와 같은 가축도 모조리 죽였다. 여호수아가 그 땅을 탐지하러 갔던 두 정찰병에게 지시하였다.

"그 기생의 집으로 들어가 너희가 약속한 대로 그들을 구출하라."

그들이 라합과 그 부모와 형제, 친척을 모두 구출하여 이스라엘 진영으로 피신시켰다. 그리고 성에 불을 질러 그 성과 성안에 있는 모든 것을 태우고, 금, 은, 동, 철로 된 제품은 하나님의 창고에 들여놓았다. 그때 여호수아가 엄중한 경고를 내렸다.

"이 성을 재건하는 자는 하나님의 저주를 받을 것이다. 누구든지 이 성의 기초를 쌓는 자는 맏아들을 잃을 것이며, 성문을 세우는 자는 막내아들을 잃을 것이다."

하나님이 여호수아와 함께하여 그 명성이 온 땅에 가득하였다.

✳ 80 ✳
아간

욕심이 잉태하여 죄를 낳았다

이스라엘 백성 가운데 전리품에 대한 하나님의 명령을 어기고 죄를 지은 자가 있었다. 유다 지파에 속한 아간이었다. 그가 전리품 일부를 훔쳐 하나님이 몹시 노하셨다.

여리고 성을 점령한 후 여호수아가 정찰병을 보내 아이 성을 탐지하게 하였다. 그들이 돌아와 보고하였다.

"아이 성을 치기 위해 모든 군대가 올라갈 필요는 없습니다. 2천이나 3천 정도면 충분히 칠 수 있는 작은 성입니다."

그래서 3천 명의 병력을 보냈더니 아이군 앞에서 패하여 도망하였다. 아이군이 이스라엘군 36명을 죽이고 스바림까지 추격하여 비탈길에서 쳤다. 이스라엘군은 전의를 상실한 채 기진맥진하여 떨고 있었다. 여호수아가 지도자들과 함께 옷을 찢고 통곡하였다. 머리에 티끌을 뒤집어쓰고 해가 저물도록 하나님의 법궤 앞에 엎드려 부르짖었다.

"주 하나님이시여, 정말 슬픈 일입니다. 어찌하여 이 백성을 인도하여 요단강을 건너게 하시고, 아모리 사람의 손에 넘겨 멸망시키려 하십니까? 차라리 우리가 요단강 건너편에서 살았다면 좋았을 뻔했습니다.

하나님이시여, 이스라엘군이 적군에게 패하였으니 제가 무슨 말을 하겠습니까? 가나안 사람들과 그 주변 민족들이 이 소식을 듣고 우리를 포위하여 전멸시킬 것입니다. 주의 크신 이름을 위하여 어떻게 하면 좋겠습니까?"

"일어나라! 어찌하여 이렇게 엎드려 있느냐? 이스라엘이 죄를 지었다. 내가 손대지 말라는 물건을 훔치고 숨겨두었다. 이것이 이스라엘 군이 패한 이유다. 너희도 그 저주받은 물건같이 되었다. 너희가 취하면 안 될 그 물건을 제거하지 않는 한, 내가 다시는 너희와 함께하지 않을 것이다.

너는 일어나 백성을 성결하게 하고, 내일 아침 지파별로 내 앞에 가까이 나오너라. 범인이 속해 있는 지파를 지적하겠다. 그 지파는 집안별로, 가족별로, 그리고 한 사람씩 나오게 하라. 너희는 도둑질한 자로 뽑힌 그와 가족을 화형하고 그가 가진 모든 물건을 불태워라. 그는 나 하나님의 계약을 어기고 이스라엘 가운데 재난을 불러일으킨 장본인이다."

다음 날 아침 일찍 여호수아가 이스라엘 백성을 지파별로 하나님 앞에 나오게 하니 유다가 뽑혔다. 유다 지파를 각 집안별로 나오게 하니 세라가 뽑혔고, 세라 집안을 각 가족별로 나오게 하니 삽디가 뽑혔고, 결국은 삽디의 손자이자 갈미의 아들인 아간이 뽑혔다. 여호수아가 아간에게 말하였다.

"너는 이스라엘의 하나님께 사실을 말하고 죄를 자백하라. 네가 한 일을 하나도 숨기지 말고 낱낱이 밝혀라."

"제가 하나님께 죄를 범하였습니다. 바빌로니아 제품의 예쁜 외투 한 벌과 약 2.3kg의 은과 570g의 금덩어리를 보고 탐이 나서 가져왔습니다. 그 물건들은 제 천막 속의 땅에 묻혀 있으며, 은은 제일 밑에 있습니다."

여호수아가 사람을 시켜 그것을 찾아오라고 하였다. 그들이 천막에 들어가 보니 그것이 아간이 말한 곳에 그대로 숨겨져 있었다. 그것을 여호수아와 백성이 있는 곳으로 가져와 하나님 앞에 쏟아놓았다.

여호수아와 모든 이스라엘 백성이 아간과 그의 아들딸들을 붙잡고,

그 은과 외투와 금덩어리와 그의 모든 가축과 천막, 그가 소유한 모든 물건을 끌고 아골 골짜기로 올라갔다. 여호수아가 아간에게 말하였다.

"네가 어찌하여 우리를 이처럼 괴롭혔느냐? 이제 하나님이 너를 괴롭힐 것이다."

이스라엘 백성이 아간과 그 가족과 모든 소유물을 돌로 치고 불살랐다. 그 위에 큰 돌무더기를 쌓고 '괴로움의 골짜기'라 불렀다. 하나님이 노여움을 거두셨다.

✳81✳
아이 왕

이 전쟁은 하나님께 속한 것이다

하나님이 여호수아에게 말씀하셨다.

"너는 두려워하지 말고 전 군대를 이끌고 아이 성을 치러 올라가라. 내가 이미 아이 왕과 그 백성, 그 성과 땅을 모두 네 손에 넘겨주었다. 너는 여리고 성에서 한 것처럼 아이 성에도 그리 하라. 다만 약탈한 물건과 가축은 너희가 가져도 좋다. 이번에는 성 뒤에 병력을 매복시켜라."

여호수아가 아이 성을 칠 주력 부대에 앞서 3천 명의 정예병을 뽑아 그들에게 작전 명령을 하달하였다.

"여러분은 성 뒤쪽 그리 멀지 않은 곳에 매복하여 공격 준비를 하십시오. 내가 인솔하는 주력 부대가 성을 치러 가까이 가면 아이군이 전과 같이 싸우러 나올 것입니다. 우리가 쫓기는 척하며 아이군이 성안에서 완전히 빠져나올 때까지 유인 작전을 벌이겠습니다. 그들은 전과 같이 우리가 도망친다고 생각할 것입니다. 그들이 성에서 다 빠져나오면 일제히 일어나 성안으로 돌격하여 그 성을 점령하십시오. 하나님이 그 성을 여러분에게 주실 것입니다. 성을 점령하면 그곳에 불을 지르십시오. 이것은 내가 내리는 명령입니다."

그날 밤 그들은 여호수아의 명령대로 벧엘과 아이 사이에 매복하였고, 여호수아는 백성과 함께 그날 밤을 진영에서 보냈다.

다음날 여호수아가 일찍 일어나 병력을 점검하고 아이 성으로 올라갔다. 그를 따르는 주력 부대는 성문 쪽을 향해 가다가 계곡 하나를 사이에 두고 아이 성의 북쪽에 진을 쳤다. 5천 명 정도의 또 다른 병력을 뽑아 아이 성의 서쪽, 벧엘과 아이 사이에 매복시켰다. 아이 성의 북쪽에는 주력 부대가 배치되었고, 나머지 병력은 아이 성의 서쪽에 매복하였으며, 여호수아는 그날 밤 계곡에서 보냈다.

아이 왕이 다음 날 아침 일찍 일어나 병력을 이끌고 이스라엘군과 싸우기 위해 요단 계곡을 향해 달려 나왔다. 그들은 이스라엘 병력이 성 뒤에 매복하고 있다는 사실을 몰랐다. 여호수아의 군대가 패한 척하며 광야 길로 도망쳤다. 성안의 모든 아이군이 이스라엘군의 유인 작전에 말려들어 성에서 멀리 떠났다. 아이 성이나 벧엘에 남은 적군은 한 명도 없었고, 성문은 활짝 열려 무방비 상태였다. 하나님이 여호수아에게 말씀하셨다.

"네 단창을 들어 아이 성을 가리키라. 그 성을 너에게 주겠다."

여호수아가 하나님의 명령대로 단창을 들어 아이 성을 가리켰다. 매복한 이스라엘군이 일제히 일어나 성안으로 돌격하여 성을 점령하고 불을 질렀다. 아이군이 돌아보니 성안에 불길이 치솟고 있었다. 그때 광야로 도망가던 이스라엘군이 돌이켜 반격 태세로 나오자 아이군은 도망칠 길이 없었다.

여호수아가 인솔한 주력 부대가 매복병이 성을 점령하여 불을 지른 것을 보고, 용기백배하여 아이군을 치기 시작하였다. 성을 점령한 이스라엘 매복병도 나와 그들을 뒤에서 치자 아이군은 완전히 포위되고 말았다. 이스라엘군이 그들을 양쪽에서 공격하여 모두 죽이고, 왕만 생포하여 여호수아에게 끌고 왔다.

이스라엘군이 아이 성으로 돌아가 성안에 남은 사람들을 전부 죽였다. 그날 죽은 사람이 1만 2천 명이었다. 아이 사람이 완전히 전멸할 때까지 여호수아는 단창을 손에 들고 내리지 않았다.

이스라엘군은 하나님이 말씀하신 대로 그 성의 가축과 전리품은 없애지 않고 자기들이 가졌다. 이렇게 아이성은 잿더미가 되었다. 아이 왕을 저녁때까지 나무에 매달아 두었다가 해 질 무렵에 내려 성문 입구에 던지고 큰 돌무더기를 쌓았다. 그리고 하나님을 위해 에발 산에 단을 쌓았다.

＊82＊
기브온 사람들
아무것도 맹세하지 마라

요단강 서쪽의 왕들이 합세하여 여호수아가 이끄는 이스라엘군과 싸우려고 하였다. 그들은 산간 지대와 저지대, 북쪽으로 레바논까지 뻗은 지중해 연안의 헷 족, 아모리 족, 가나안 족, 브리스 족, 히위 족, 여부스 족이었다.

그때 히위 족의 기브온 사람들이 여호수아에게 사신을 보냈다. 여리고와 아이 성의 소식을 듣고 살아남기 위해 묘한 꾀를 내었던 것이다. 마치 먼 여행을 한 것처럼, 해져 너덜너덜한 마대를 안장에 달고, 낡고 터져 기운 포도주 부대를 나귀에 싣고, 닳아 기운 신발을 신고, 남루한 옷을 입고, 마르고 곰팡이 난 빵을 준비하여 이스라엘 백성이 있는 곳을 향해 갔다.

그들이 길갈의 이스라엘 진영에 이르러 여호수아와 그 백성에게 말하였다.

"우리는 당신들과 평화 조약을 맺기 위해 멀리서 왔습니다. 이제 우리와 조약을 맺읍시다."

"당신들은 이 부근에 사는 것 같소! 그게 사실이면 우리가 어찌 조약을 맺겠소?"

"우리가 당신들의 종이 되겠습니다."

"당신들은 누구이며 어디서 왔소?"

"우리는 하나님의 이름을 듣고 아주 먼 지방에서 왔습니다. 그가 이집트에서 행하신 일과 요단 동쪽 지방에 살던 아모리 사람들의 두 왕, 곧 헤스본 왕 시혼과 바산 왕 옥에게 행하신 일도 들었습니다. 그래서 우리 지도자들과 백성이 우리를 당신에게 보내며 부탁하였습니다.

'너희는 여행에 필요한 식량을 준비하고, 이스라엘 사람들에게 가서 우리가 그들의 종이 되겠다고 알리고 평화 조약을 맺어라.'

여기 있는 빵을 보십시오. 우리가 떠날 때 찜통에서 막 끄집어내었으나, 보시다시피 바싹 마르고 곰팡이까지 피었습니다. 포도주를 담았던 이 가죽 부대도 새것이었으나 낡아 찢어졌습니다. 우리의 옷과 신발도 긴 여행을 하는 동안 낡고 닳아 못 쓰게 되었습니다."

여호수아와 지도자들이 그 음식을 조사하거나 이 문제에 대하여 하나님께 여쭤보지 않았다. 그들의 말만 듣고 평화 조약을 맺었으며, 이스라엘 백성과 함께 살 수 있도록 허락하였다. 그리고 조약을 엄숙히 지킬 것도 맹세하였다.

그리고 3일 후 이스라엘 백성은 그들이 가까운 이웃에 살고 있음을 알았다. 그곳을 떠나 3일 만에 그들이 사는 마을에 도착하였다. 지도자들이 하나님의 이름으로 그 조약을 지키기로 엄숙히 맹세한바 그들을 칠 수 없었다. 이 일로 백성이 원망하자 지도자들이 대답하였다.

"우리가 하나님의 이름으로 엄숙히 맹세한바 그들에게 손을 댈 수 없습니다. 맹세한 대로 그들을 살려주어야 합니다. 우리가 이 약속을 어기면 하나님이 벌하실 것입니다. 그들에게 나무를 패고 물을 긷는 종이 되게 합시다."

여호수아가 기브온 사람들을 불러 따졌다.

"너희가 여기 살면서 어찌하여 멀리서 왔다고 우리를 속였느냐? 너희는 우리를 속인 죄로 영영 우리의 종이 되고, 하나님의 성소를 위해 나무를 패며 물을 긷게 될 것이다."

"우리는 하나님이 이 땅을 당신에게 주셨으며, 이곳 백성을 다 죽이라고 명하신 사실도 알았습니다. 그래서 우리의 생명에 위협을 느끼게 되었습니다. 이제 우리는 당신의 손안에 있습니다. 뜻대로 우리를 처리하십시오."

여호수아가 그들을 보호하고 이스라엘 백성이 그들을 죽이지 못하게 하였다. 그날부터 그들은 이스라엘 백성의 종이 되었다.

✳83✳
아모리 왕들

너희도 준비하고 있어라

예루살렘 왕 아도니세덱은, 여호수아가 여리고에 한 것처럼 아이 성을 점령하여 전멸시킨 일과, 기브온 사람들이 이스라엘과 화친하여 그들 가운데 살고 있다는 소식을 듣고 떨지 않을 수 없었다. 그가 더욱 두려워한 것은, 기브온이 아이 성보다 크고 군사력도 강했기 때문이다. 그래서 헤브론 왕 호함, 야르뭇 왕 비람, 라기스 왕 야비아, 에글론 왕 드빌에게 전갈을 보냈다.

"올라와 나를 좀 도와주시오. 우리가 연합하여 기브온을 칩시다. 그들이 이스라엘과 화친하였습니다."

아모리 왕들이 연합전선을 펴고 기브온을 포위하여 공격하였다. 기브온 사람들이 길갈에 머물고 있는 여호수아에게 전갈을 보냈다.

"급히 올라와 우리를 도와주십시오. 산간 지대에 사는 아모리 왕들이 연합하여 우리를 치고 있습니다."

여호수아가 모든 병력을 이끌고 길갈에서 출발하였다. 하나님이 말씀하셨다.

"그들을 두려워하지 마라. 내가 이미 그들을 네 손에 넘겨주었다. 그들 중에 너를 당할 자가 하나도 없을 것이다."

여호수아의 군대가 길갈에서 밤새도록 행군하여 아모리 사람들을 기습하였다. 하나님이 그들을 크게 당황하게 하신바, 이스라엘군이 기브온에서 그들을 수없이 죽이고, 잔류병들을 벧호론 고갯길과 아세가와 막게다까지 추격하며 쳤다.

❶ 아브라함 이야기

아모리군이 이스라엘군에게 쫓겨 벧호론 고갯길을 도망쳐 내려갈 때 하나님이 큰 우박을 내리셨다. 이스라엘군의 칼에 죽은 자보다 우박에 죽은 자가 더 많았다. 하나님이 아모리군을 패하게 하시고 이스라엘군에게 승리를 주던 그 날, 여호수아가 하나님께 기도하며 외쳤다.

"태양아, 기브온 위에 머물러라! 달아, 아얄론 골짜기에 머물러라!"

이스라엘군이 그들을 다 물리칠 때까지 해와 달이 그 자리에 머물러 있었다. 그래서 야살의 책에 '태양이 중천에 머물러 거의 24시간 동안 그대로 있었다'라고 기록되었다. 사람이 기도하여 하나님이 해와 달을 멈추신 날이 전에도 없고 후에도 없었던바, 하나님이 이스라엘을 위해 싸우셨기 때문이다. 여호수아와 이스라엘군이 길갈의 진영으로 돌아왔다.

그때 아모리 다섯 왕이 도망하여 막게다의 굴에 숨어있었다. 어떤 병사가 그들을 발견하고 여호수아에게 보고하였다. 여호수아가 명령하였다.

"그 굴 입구에 큰 돌을 굴려 막고 경비병을 세워 철저히 지켜라. 일부 병력은 계속 적을 추격하여 후군을 공격하고 그들을 성까지 돌아가지 못하게 하라. 하나님이 그들을 이미 너희 손에 넘겨주셨다."

이스라엘군이 계속 그들을 쳐 죽이자 아모리 군대는 거의 전멸하였고, 겨우 몇 명만 살아 간신히 자기 성으로 도피하였다. 이스라엘군은 한 사람의 희생자도 없이 막게다에 있는 그들의 진지로 무사히 돌아왔다. 그때부터 감히 입을 놀려 이스라엘군을 대적하는 자가 없었다.

여호수아가 굴 입구에 막은 돌을 굴려내고 그 다섯 왕을 끌어오라고 명령하였다. 그리고 모든 이스라엘 사람들을 불러 놓고, 지휘관들에게 그 왕들의 목을 발로 밟으라고 하였다. 그들이 왕들의 목을 밟자 여호수아가 말하였다.

"두려워하거나 놀라지 마시오. 마음을 굳게 먹고 용기를 내시오. 하나님이 우리를 대적하는 모든 원수들에게 이렇게 하실 것이오."

여호수아가 그 왕들을 하나하나 칼로 찔러 죽이고, 시체를 다섯 나무에 매달아 저녁때까지 그대로 두었다. 해 질 무렵 여호수아의 지시에 따라 시체를 그들이 숨었던 굴에 던져 넣고 입구를 큰 돌로 막았다.

바로 그날 여호수아의 군대는 막게다 성을 점령하고, 여리고 왕에게 한 것처럼 그 성안에 있는 사람들을 하나도 남기지 않고 모조리 쳐 죽였다. 그리고 립나와 라기스를 공격하여 전멸하고, 라기스를 도우러 올라온 게셀 왕의 군대까지 쳐서 전멸시켰다.

이후 에글론과 헤브론과 드빌을 공격하여 성과 주변 부락들을 점령하고, 왕과 그 백성을 하나도 남기지 않고 다 쳐 죽였다. 여호수아의 군대는 온 땅, 곧 산간 지대와 저지대와 경사지와 남쪽 네겝 지방에 있는 모든 성을 정복하고, 하나님이 명령하신 대로 왕과 그 백성을 하나도 남기지 않고 모조리 죽였다.

또 여세를 몰아 남쪽 가데스바네아에서 해안 지역의 가사까지, 고센 전 지역을 포함하여 북쪽의 기브온까지 쳐들어갔다. 하나님이 이스라엘을 위해 싸우신바, 이스라엘군은 단번에 그 모든 땅을 점령하고 왕과 그 백성을 전부 죽였다.

∗ 84 ∗
하솔 동맹군
내 평화를 주는 것이다

하솔 왕 야빈이 이스라엘군의 승전 소식을 듣고 마돈 왕, 시므론 왕, 악삽 왕, 북쪽 지방의 산간 지대와 갈릴리 호수의 남쪽 아라바와 저지대와 서쪽 돌 부근의 고원 지대에 사는 왕들, 그리고 요단 동쪽과 서쪽에 사는 가나안 족, 아모리 족, 헷 족, 브리스 족, 산간 지대의 여부스 족, 미스바 땅 헤르몬 산기슭에 사는 히위 족의 왕들에게 긴급 전갈을 보냈다.

그들이 전갈을 받고 모두 자기 병력을 이끌고 나온바, 그 수가 바닷가의 모래처럼 많고 말과 전차도 수없이 많았다. 이 모든 왕이 합세하여 이스라엘군을 치려고 메롬 개천에 진을 쳤다. 하나님이 여호수아에게 말씀하셨다.

"그들을 두려워하지 마라. 내일 이 시간에 내가 이스라엘군 앞에서 그들을 모조리 죽이겠다. 너는 그들의 말 뒷발의 힘줄을 끊고 전차를 불태워라."

여호수아가 모든 병력을 이끌고 가서 그들을 기습하였다. 하나님이 그처럼 많은 군대를 이스라엘군의 손에 넘기신바, 그들을 격파하고 북쪽으로 미스르봇마임과 시돈까지, 동쪽으로 미스바 계곡까지 도주병을 추격하여 한 명도 남기지 않고 모조리 쳐 죽였으며, 하나님의 명령대로 그들의 말 뒷발의 힘줄을 끊고 전차를 모두 불살랐다.

그리고 동맹국 가운데 가장 강한 하솔을 점령하고 왕을 칼로 쳐 죽였으며, 그곳 백성도 모조리 죽이고 성을 불살랐다. 또 그 모든 성을 점령하고 왕과 백성을 모조리 쳐 죽인바, 전에 하나님의 종 모세가 명령한 대로 하였다. 그러나 하솔 성만 불사르고 산 위에 있는 성들은 하나도 불사르지 않았다. 이스라엘군이 그 성들의 귀중품과 가축은 소유하였으나 사람은 모조리 쳐 죽였다.

여호수아는 하나님이 모세에게 명령하고, 모세가 자기에게 전한 것을 그대로 다 준행하였다. 그리고 그 온 땅을 이스라엘 백성에게 각 지파별로 나눠주었다. 그제야 전쟁이 그쳤다.

✳85✳
갈렙

온유한 사람이 땅을 차지할 것이다

갈렙이 여호수아에게 말하였다.

"내가 40세 때 하나님의 종 모세의 명으로 이 땅을 정탐하였으며, 나는 있는 그대로 성실하게 보고하였습니다. 그러나 동료들은 백성에게 겁을 주어 간담을 서늘하게 만들었습니다. 내가 하나님을 전적으로 따랐던바, 모세는 내가 밟는 땅을 나와 내 자손의 소유로 주겠다고 약속하였습니다.

이후 하나님이 나를 45년 동안 생존하게 하셨습니다. 보십시오. 내 나이 85세이나 지금도 여전히 강건하여 출전하는 데 아무 지장이 없습니다. 이 산간 지대를 나에게 주십시오. 이곳엔 거인 아낙 자손들이 살고 성들도 견고하지만, 하나님이 저와 함께하시면 내가 반드시 그들을 쫓아낼 것입니다."

여호수아가 갈렙을 축복하고 헤브론을 주었던바, 그의 소유가 되었다. 옛 이름은 '기럇아르바'였고, 아르바는 아낙 사람 가운데서 가장 위대한 인물이었다. 그때 갈렙이 선언하였다.

"누구든지 이 땅을 쳐서 점령하는 자에게 내 딸 악사를 아내로 주겠다."

갈렙의 조카이자 그나스의 아들인 옷니엘이 그 성을 점령하였고, 갈렙이 자기 딸 악사를 그에게 아내로 주었다. 악사가 친정을 떠날 때, 자기 아버지에게 밭을 요구하라고 남편에게 조르며 나귀에서 내렸다. 갈렙이 딸에게 물었다.

"네가 무엇을 원하느냐?"

"아버지, 부탁이 있습니다. 저에게 건조한 네겝 지방의 땅을 주셨으니 샘물도 주세요."

갈렙이 위아래 2개의 샘을 딸에게 주었다.

✳86✳
증거의 단
너희가 크게 오해하였다

여호수아가 동쪽의 르우벤과 갓과 므낫세 반 지파를 불러 놓고 말하였다.

"여러분은 하나님의 종 모세가 명령한 것을 지키고, 또 내 명령에도 순종하여 이렇게 오랫동안 형제들을 떠나지 않고 그 책임을 다하였습니다. 이제 모세가 요단강 저편에서 준 땅으로 돌아가십시오. 여러분의 하나님을 사랑하고 계명과 율법을 성실히 준수하십시오. 그에게 충성하며 마음을 다하고 정성을 다하여 섬겨야 합니다."

그들이 가나안 땅 실로에서 길르앗 땅으로 떠났다. 그런데 요단강을 건너지 않고 강가에 큰 단을 쌓았다. 이스라엘 백성이 그 소식을 듣고 군대를 모아 그들과 싸울 준비를 하였다. 그리고 제사장 엘르아살의 아들 비느하스가 이끄는 대표단을 먼저 보냈다. 각 지파에서 뽑힌 10명의 지도자로 구성되었다. 그들이 길르앗에 도착하여 말하였다.

"당신들이 어찌하여 제단을 쌓아 하나님을 거역하였소?"

"전능하신 하나님이 우리가 왜 이렇게 하였는지 그 이유를 다 알고 계십니다. 이 일로 하나님을 거역하고 죄를 범하였으면 우리를 더이상 살려두지 않아도 좋습니다.

이는 훗날 당신들의 후손이 우리 후손에게 '너희와 이스라엘의 하나님이 무슨 관계가 있느냐? 하나님이 너희와 우리 사이에 요단강을 경계로 삼지 않았느냐? 너희는 하나님과 아무 관계가 없다.'라고 하면서, 하나님을 경배하지 못하게 할까 싶었기 때문입니다.

그래서 우리가 단을 쌓았습니다. 제사를 드리기 위해서가 아니라, 이것이 우리와 당신들 사이에, 그리고 우리 후손과 당신들 후손 사이에 증거가 되게 하려는 것입니다. 결코 다른 제단을 쌓아 하나님을 저버리거나 거역한 것이 아닙니다."

제사장 비느하스와 각 지파의 대표자가 그 말을 선하게 생각하였다. 제사장이 말하였다.

"이제야 하나님이 우리와 함께 계신 줄 알겠소. 당신들은 하나님을 거역한 것이 아니라, 오히려 이스라엘 백성을 하나님의 형벌에서 구해 낸 셈이오!"

그리고 가나안 땅으로 돌아가 사실대로 보고하였다. 이스라엘 백성이 만족히 여기며 하나님을 찬양하고, 다시는 그들을 치자고 말하지 않았다.

✳87✳
여호수아(2)

나도 섬기러 왔다

하나님이 모든 적들을 물리치고 평화를 주신 지도 오랜 세월이 지나 여호수아도 많이 늙었다. 그가 이스라엘 백성을 불러 놓고 말하였다.

"이제 나는 많이 늙었습니다. 여러분도 알겠지만, 하나님이 여러분을 위해 싸우신 것입니다. 내가 요단강에서 지중해까지 정복한 땅은 물론, 아직 정복하지 않은 땅까지 제비뽑아 나눠주었습니다. 하나님이 약속하신 대로 남은 자들도 모조리 쫓아내시고, 여러분을 그 땅에 살도록 하실 것입니다.

여러분은 모세의 율법에 기록된 모든 것을 힘써 지키고, 조금도 이탈하지 마십시오. 이방 민족과 사귀지 말고, 그 신들의 이름을 부르거나 그 이름으로 맹세하지 마십시오. 그들의 신을 섬기거나 절을 해서는 안 됩니다. 지금까지 해온 대로 하나님만 따르고 섬겨야 합니다. 하나님이 크고 강한 나라들을 여러분 앞에서 쫓아내신바, 지금까지 여러분을 당할 자가 하나도 없었습니다. 하나님이 싸우시니 앞으로도 여러분 한 사람이 적군 천 명을 당할 것입니다.

하나님을 사랑하십시오. 여러분이 이방 민족과 혼인을 맺고 그들과 교제하면, 하나님이 그들을 더이상 쫓아내지 않으실 것입니다. 그들이 덫이나 함정같이 위험스러운 존재가 되고, 옆구리의 채찍이나 눈엣가시 같이 고통스러운 존재가 될 것입니다. 그때 여러분은 하나님이 주신 이 좋은 땅에서 한 사람도 살아남지 못하고 완전히 멸망하게 될 것입니다.

이제 나는 온 세상 사람들이 가는 길로 떠날 때가 되었습니다. 여러분은 하나님이 약속하신 모든 일이 다 이루어진 것을 잘 알고 있습니다. 그러나 하나님은, 약속하신 선한 일을 모두 이루신 것같이, 재앙도 여러분에게 내리실 것입니다. 여러분이 하나님의 계약을 어겨 다른 신들을 섬기고 절하면 그가 여러분을 벌하실 것입니다. 그러면 하나님이 주신 이 좋은 땅에서 여러분은 순식간에 망하고 말 것입니다."

그리고 이스라엘 모든 지파를 세겜에 모으고 말하였다.

"여러분은 하나님을 두려워하고 신실하게 섬기십시오. 여러분의 조상들이 메소포타미아와 이집트에서 섬기던 신들을 버리고, 오직 하나님만 섬겨야 합니다. 여러분이 하나님을 섬기고 싶지 않으면, 여러분의 조상이 메소포타미아에서 섬기던 신이든, 현재 여러분이 사는 이 땅의 아모리 사람이 섬기던 신이든, 여러분이 섬길 신을 오늘 선택하십시오. 나와 내 가족은 하나님을 섬기겠습니다."

"우리가 하나님을 버리고 다른 신을 섬기는 일이 절대로 없을 것입니다. 이집트에서 종살이하던 우리 조상들을 구출하시고, 우리가 보는 앞에서 놀라운 기적을 행하시고, 우리가 광야를 지나 여러 나라를 거쳐 오는 동안 우리를 지키시고, 모든 대적의 손에서 우리를 보호하신 분이 바로 하나님이십니다. 하나님은 이 땅에 살던 아모리 사람을 포함하여 모든 이방 민족을 쫓아내셨습니다. 그러므로 우리도 하나님을 섬기겠습니다."

"여러분은 하나님을 섬기지 못할 것입니다. 그는 거룩하신 하나님이십니다. 다른 신을 용납하지 않는 하나님이신바, 여러분의 반역 행위와 죄를 절대 용서하지 않으실 것입니다. 여러분이 하나님을 버리고 이방신을 섬기면, 지금까지 오랫동안 여러분을 보살펴주셨다고 해도 생각을 바꿔 여러분을 멸망시키실 것입니다."

"아닙니다. 우리가 하나님을 꼭 섬기겠습니다."

"여러분은 지금 하나님을 섬기겠다고 분명히 말했습니다. 이 일에 대한 증인은 바로 여러분 자신입니다."

"그렇습니다. 우리가 바로 증인입니다."

"좋습니다. 그렇다면 여러분이 가진 우상을 모조리 부숴버리고, 이스라엘의 하나님께 여러분의 충성을 다짐하십시오."

"우리는 우리 하나님을 섬기고 그의 명령에 절대복종하겠습니다."

여호수아는 그날 세겜에서 백성과 계약을 맺고, 그들이 지킬 법과 규정을 일러주었다. 그리고 하나님의 책에 기록하고, 큰 돌 하나를 굴러 아브라함이 단을 쌓았던 상수리나무 아래 세우고 말하였다.

"보십시오! 이 돌은 우리의 증인입니다. 하나님이 우리에게 말씀하신 모든 것을 이 돌이 다 들었습니다. 여러분이 하나님을 배반하면 이 돌이 여러분에게 증거가 될 것입니다."

이후 하나님의 종, 눈의 아들 여호수아가 110세를 일기로 세상을 떠났다. 백성은 그를 가아스 산 북쪽 에브라임 산간 지대에 있는 그의 소유지에 장사하였다.

이스라엘 백성은 여호수아가 사는 날 동안 하나님을 잘 섬겼으며, 하나님이 이스라엘을 위해 행하신 모든 일을 직접 목격한 장로들이 살아있는 동안도 하나님을 잘 섬겼다.

그리고 이집트에서 가져온 요셉의 유해를 세겜에 묻었다. 이곳은 야곱이 세겜의 창설자인 하몰의 자손들에게 은화 100개를 주고 산 땅으로 요셉 자손의 소유가 되었다.

아론의 아들 엘르아살도 죽었다. 그의 아들 비느하스가 유산으로 물려받은 에브라임 산간 지대의 기브아에 장사하였다.

＊88＊
아도니 베섹
뿌린 대로 거둔다

여호수아가 죽은 후 이스라엘 백성이 하나님께 여쭤보았다.

"누가 먼저 가나안 사람과 싸우러 가야 합니까?"

"유다 지파가 가라. 내가 그 땅을 넘겨주겠다."

유다 사람들이 시므온 지파에게 말하였다.

"우리가 함께 가서 그들과 싸우자. 우리도 너희 땅으로 가서 함께 싸우겠다."

그들이 연합하여 공격할 때 하나님이 도와주셨다. 1만 명을 죽이고, 아도니 베섹을 생포하여 양쪽 엄지손가락과 엄지발가락을 자르자 그가 탄식하였다.

"내가 전에 8명의 왕들을 잡아 엄지손가락과 엄지발가락을 자르고 내 식탁 아래서 찌꺼기를 주워 먹게 하였더니, 이제 하나님이 내가 행한 대로 갚으시는구나!"

그리고 그는 예루살렘으로 끌려가 죽었다. 유다 지파는 예루살렘을 정복하여 그곳 주민들을 모조리 죽이고 성을 불태웠다.

✳ 89 ✳
옷니엘
회개하면 용서하라

이스라엘 백성이 바알과 아세라 우상을 섬겼다. 하나님이 몹시 노하여 그들을 메소포타미아 왕에게 넘겨 8년 동안 지배를 받게 하셨다.

그들이 부르짖자 하나님이 구원할 사람을 세우셨다. 갈렙의 조카이자 그나스의 아들, 옷니엘이었다. 그가 이스라엘의 사사가 되어 전쟁에 나갔다. 하나님이 메소포타미아 왕을 그에게 넘겨주셨다. 옷니엘이 죽을 때까지 40년 동안 평화가 있었다.

✳ 90 ✳
에훗
오늘 구원이 이르렀다

이스라엘 백성이 또 죄를 지어 하나님이 모압 왕을 강하게 하셨다. 그가 암몬 사람과 아말렉 사람의 세력을 모아 종려나무 성인 여리고를 점령하여 18년 동안 지배하였다.

백성이 부르짖자 하나님이 구원자를 세우셨다. 베냐민 지파에 속한 게라의 아들, 왼손잡이 에훗이었다. 그가 45cm짜리 양날 선 검을 직접 만들어 오른쪽 넓적다리 옷 속에 감추고, 모압 왕에게 가서 조공을 바쳤다. 모압 왕은 아주 비대한 사람이었다. 에훗이 조공을 바친 후, 운반한 사람들을 돌려보내고 되돌아가 그에게 말하였다.

"왕이여, 제가 조용히 드릴 말씀이 있습니다."

왕이 신하들에게 나가 있으라고 하자 모두 밖으로 나갔다. 그때 왕은 시원한 다락방에 혼자 있었다. 에훗이 다가가 말하였다.

"하나님이 왕에게 전하라는 말씀을 가져왔습니다."

그가 자리에서 일어나자 에훗이 오른쪽 넓적다리에서 칼을 뽑아 왼손으로 왕의 배를 찔렀다. 그 칼은 자루까지 파고들어 가 칼끝이 그의 등 뒤로 나갔다. 에훗이 칼을 빼지 않아 그 칼에 기름이 엉겨 붙었다. 그리고 밖으로 나와 다락방 문을 걸어 잠갔다.

에훗이 떠난 후 왕의 신하들이 와서 보니 다락방 문이 잠겨 있었다. 왕이 화장실에서 용변을 보는 줄로 생각하였다. 오랫동안 기다려도 왕이 문을 열지 않아 열쇠로 열고 들어가 보니 왕이 마룻바닥에 죽어있었다.

그때 에훗은 에브라임 산간 지대에 가서 나팔을 불어 병력을 소집한 후 그들을 이끌고 내려오며 외쳤다.

"나를 따르시오. 하나님이 모압을 여러분의 손에 넘겨주었습니다!"

그들이 에훗을 따라 내려가 모압으로 들어가는 요단강 나루를 장악하고, 한 사람도 건너가지 못하게 하였다. 그날 그들이 모압을 공격하여 약 1만 명의 정예병을 죽였다. 결국 모압은 이스라엘에게 굴복하였고, 80년 동안 평화가 있었다.

＊91＊
삼갈
군사가 많다고 이기는 것이 아니다

아낫의 아들 삼갈이 소모는 막대기로 블레셋 사람 600명을 죽이고 이스라엘을 구원하였다.

＊92＊
드보라
권세와 능력을 주셨다

이스라엘 백성이 다시 죄를 지어 하나님이 가나안 왕 야빈의 지배를 받게 하셨다. 그의 총사령관은 시스라였다. 야빈은 철전차 900대를 소유하고 20년 동안 잔인하게 통치하였다.

그들이 부르짖자 하나님이 랍비돗의 아내 드보라를 사사로 세웠다. 드보라가 바락을 불러 말하였다.

"하나님이 '너는 납달리와 스불론 지파 1만 명을 이끌고 다볼 산으로 가라. 내가 철전차와 많은 군대를 거느린 야빈군의 총사령관 시스라를 기손 강가로 끌어내 네 손에 넘겨주겠다.'라고 하셨습니다."

"당신이 함께 가면 가겠습니다."

"좋습니다. 내가 함께 가겠습니다. 그러나 하나님이 시스라를 한 여자의 손에 넘겨주실 것인바, 당신은 승리에 대한 영광을 얻지 못할 것입니다."

그리고 드보라가 바락과 함께 게데스로 갔다. 바락이 스불론과 납달리 지파 사람들을 불러 모으자 1만 명이 지원하였다. 이때 겐 사람 헤벨이 상수리나무 곁에 천막을 치고 살았다.

시스라는 바락이 다볼 산에 올라갔다는 말을 듣고, 900대의 철전차와 모든 병력을 기손 강가로 집결시켰다. 드보라가 바락에게 말하였다.

"일어나시오! 오늘 하나님이 시스라를 당신의 손에 넘겨주셨소. 하나님이 당신을 인도하십니다."

바락이 1만 명의 병력을 거느리고 다볼 산에서 내려왔다. 하나님이 시스라의 군대를 패하게 하시자 그가 전차를 버리고 달아났다. 바락이 그 전차와 군대를 추격하여 하나도 남기지 않고 모조리 쳐 죽였다.

시스라가 헤벨의 아내 야엘의 천막으로 도망쳤다. 하솔 왕 야빈과 헤벨의 가족 사이에 친분이 있었던바, 야엘이 시스라를 맞으며 말하였다.

"장군님, 들어오십시오. 두려워하지 않으셔도 됩니다."

그가 안으로 들어가자 야엘이 그를 이불로 덮어주었다. 시스라가 말하였다.

"물 좀 주시오. 목말라 죽겠소."

야엘이 우유 부대를 열어 마시게 하고 다시 이불로 덮어주었다. 시스라가 말하였다.

"문 앞에 서 있다가 누가 와서 찾거든 아무도 없다고 하시오."

시스라가 피곤하여 깊이 잠들었다. 야엘이 망치와 말뚝을 들고, 살며시 다가가 그의 관자놀이에 대고 땅에 박아 죽였다. 그리고 바락이 시스라를 찾으러 왔을 때 야엘이 맞으며 말하였다.

"어서 오십시오. 당신이 찾는 사람을 보여드리겠습니다."

바락이 들어가 보니 시스라는 죽어있었고, 그의 관자놀이에 말뚝이 박혀있었다. 이처럼 하나님은 가나안 왕 야빈을 그들 앞에서 패하게 하셨다. 이스라엘은 점점 강해져 마침내 야빈 왕과 그 백성을 멸망시켰고, 40년 동안 평화가 있었다.

* 93 *

기드온

내가 너와 함께 하겠다

이스라엘 백성이 다시 죄를 지어 하나님이 7년 동안 미디안의 지배를 받게 하셨다. 그들이 너무 잔인하여 이스라엘 사람은 산속 동굴과 안전지대로 피신하였다.

미디안과 아말렉과 동방 사람들이 쳐들어와 이스라엘 땅에 진을 치고, 가사 지방까지 모든 농작물을 해치며 양과 소와 나귀를 모조리 약탈하였다. 그들은 가축과 천막을 가지고 메뚜기 떼처럼 몰려왔으며, 사람과 낙타가 너무 많아 셀 수도 없었다. 그들이 땅을 폐허로 만들었으나 이스라엘 백성은 대항할 힘이 없었다.

그들이 다시 부르짖자 하나님이 예언자를 보내 말씀하셨다.

"나는 이집트에서 종살이하던 너희를 인도하였고, 이집트 사람과 너희를 괴롭히는 모든 원수의 손에서 구출하였으며, 너희 앞에서 그들을 쫓아내고 그 땅을 주면서 말하였다.

'나는 너희 하나님이다. 너희가 살고 있는 땅에서 아모리 사람의 신들을 섬기지 마라.'

그러나 너희는 듣지 않았다."

어느 날 하나님의 천사가 요아스의 상수리나무 아래 앉았다. 그때 요아스의 아들 기드온이 미디안 사람의 눈을 피해 포도즙 틀에서 밀을 타작하고 있었다. 천사가 말하였다.

"힘센 용사여, 하나님이 너와 함께하신다."

"내 주여, 하나님이 함께하신다면 어찌 이런 일이 우리에게 일어났습니까? 하나님이 놀라운 기적으로 우리 조상을 이집트에서 인도하셨습니다. 그런데 지금 그런 기적이 어디 있습니까? 하나님이 우리를 버리고 미디안 사람의 손에 맡기셨습니다."

"너는 힘을 다해 이스라엘을 미디안 사람의 손에서 구출하라! 내가 너를 보낸다."

"주여, 제가 어떻게 이스라엘을 구할 수 있겠습니까? 제 집안은 므낫세 지파 중에서 가장 약하고, 저는 제 가족 중에서도 가장 작은 자입니다."

"내가 너와 함께하겠다. 너는 한 사람을 치듯이 미디안 사람들을 칠 것이다."

"제가 주의 은총을 입었다면 저와 말씀하시는 분이 진짜 하나님이라는 증거를 보여주십시오. 제가 예물을 가져와 주 앞에 드릴 때까지 이곳을 떠나지 말고 기다려주십시오."

"좋다. 네가 돌아올 때까지 이곳에 머물러 있겠다."

기드온이 집에 가서 염소 새끼 1마리를 잡고 밀가루 2.2ℓ로 누룩 넣지 않은 빵을 만들었다. 고기는 바구니에 담고 국물은 냄비에 담아 와서 드렸다. 천사가 말하였다.

"그 고기와 빵은 바위 위에 놓고 국물을 그 위에 쏟아라."

기드온이 그대로 하였다. 천사가 지팡이 끝을 그 고기와 빵에 갖다 대자 바위에서 불이 나와 태워버렸다. 순간 천사는 간데온데없이 사라졌다. 기드온이 두려워 부르짖었다.

"주여, 제가 하나님의 천사를 대면하였습니다!"

"안심해라. 두려워하지 마라. 너는 죽지 않을 것이다."

기드온이 그곳에 단을 쌓고 '야훼 살롬'이라 하였다. 그날 밤 하나님이 기드온에게 말씀하셨다.

"너는 네 아버지의 소 떼 중에서 7년 된 제일 좋은 수소 1마리를 끌어다 놓고, 네 아버지가 섬기는 바알의 제단을 헐고, 그 곁에 있는 아세라 여신상을 찍어버려라. 그리고 이 산꼭대기에 하나님을 위해 단을 쌓고, 그 수소를 잡아 아세라 여신상의 나무로 불태워 번제를 드려라."

기드온이 10명의 종을 데리고 가서 하나님이 말씀하신 대로 하였다. 가족과 주민이 두려워 밤에 갔다. 다음 날 아침 일찍 사람들이 일어나 보니 바알 제단이 헐리고 아세라 여신상이 잘려있었다. 그 대신 새로 쌓은 제단 위에 수소를 번제로 드린 흔적이 있었다. 그들이 말하였다.

"누가 이런 짓을 하였느냐?"

기드온의 소행임을 알고 요아스에게 가서 말하였다.

"네 아들을 끌어내라. 당장 죽이겠다. 그놈이 바알의 제단을 헐고 그 곁에 있는 아세라 여신상을 찍었다."

"당신들이 바알을 위해 싸울 작정이오? 당신들은 바알을 구할 수 있다고 생각하시오? 바알을 위해 싸우는 자는 누구든지 내일 아침까지 죽임을 당할 것이오. 바알이 진짜 신이라면 자기를 위해 싸우지 않겠소?"

그래서 기드온이 '여룹바알'로 불려졌다. 그때 미디안 사람과 아말렉 사람과 동방 사람이 합세하여 요단강을 건너 이스르엘 골짜기에 진을 쳤다. 하나님의 영에 감동된 기드온이 나팔을 불어 사람들을 모아 자기를 따르게 하였고, 또 므낫세 지파 전역에 사람을 보내 병력을 소집하였다. 아셀과 스불론과 납달리 땅에도 사람을 보내자 그들도 올라와 기드온을 따랐다. 기드온이 하나님께 말하였다.

"주께서 약속하신 대로 저를 통해 이스라엘을 구원하신다면, 그 사실을 증명해주십시오. 제가 오늘 밤 타작마당에 양털 한 뭉치를 놓아두겠습니다. 아침에 이슬이 양털에만 내렸으면, 주께서 말씀하신 대로 저를 통해 이스라엘을 구원하실 것으로 알겠습니다."

그가 말한 대로 되었다. 기드온이 다음 날 아침 일찍 일어나 그 양털 뭉치를 짜자 물이 한 그릇 가득 나왔다. 기드온이 다시 말하였다.

"저에게 노하지 마십시오. 양털로 한 번만 더 확인하게 해주십시오. 이번에는 양털만 마르게 하십시오."

그날 밤 하나님이 그대로 하셨던바, 양털만 말랐고 모든 땅이 이슬로 젖어있었다. 기드온의 군대가 아침 일찍 일어나 하롯 샘 곁에 진을 쳤고, 미디안군은 모레 산 곁에 있는 골짜기에 진을 쳤다. 하나님이 기드온에게 말씀하셨다.

"너와 함께한 백성이 너무 많다. 그들이 전쟁에서 이기면 자기 힘으로 이긴 줄 알고 교만할 것이다. 두려워 떠는 자는 누구든지 길르앗 산을 떠나 집으로 돌아가게 하라."

그래서 2만 2천 명이 돌아가고 1만 명만 남았다. 하나님이 다시 말씀하셨다.

"아직도 많다. 그들을 강가로 데리고 가라. 거기서 너와 함께 싸우러

갈 사람을 구별하겠다."

기드온이 그들을 물가로 데리고 가자 하나님이 말씀하셨다.

"개처럼 물을 핥아 먹는 사람과 무릎을 꿇고 마시는 사람을 따로 세워라."

손으로 물을 움켜 핥아먹은 사람은 300명, 그 나머지는 무릎을 꿇고 마셨다. 하나님이 말씀하셨다.

"내가 물을 핥아 먹은 300명으로 너희를 구원하고, 미디안 사람을 너희 손에 넘겨주겠다. 나머지 사람들은 다 집으로 돌려보내라."

기드온이 300명을 제외한 사람들을 집으로 돌려보내고, 그들의 식량과 나팔을 인수하였다. 미디안군은 이스라엘군이 있는 골짜기 아래 진을 치고 있었다. 그날 밤 하나님이 기드온에게 말씀하셨다.

"너는 일어나 미디안군의 진지를 공격하라. 내가 그들을 네 손에 넘겨주겠다. 먼저 네 부하 부라를 데리고 그들의 진지로 내려가 그들의 말을 들어라. 그러면 공격할 용기가 생길 것이다."

기드온이 부라를 데리고 적의 진지 끝으로 내려가 보니, 사람들이 골짜기에 메뚜기 떼처럼 수없이 누워 있었고, 낙타는 바닷가의 모래알처럼 많았다. 그때 한 사람이 자기 친구에게 꿈 이야기를 하였다.

"여보게, 내가 꿈을 꾸었네. 보리떡 하나가 우리 진지 안으로 굴러 들어와 천막에 부딪히자 천막이 쓰러졌었네."

"그것은 이스라엘 사람 요아스의 아들, 기드온의 칼날이야. 하나님이 미디안과 우리 모든 군대를 그의 손에 넘기셨다는 뜻일세."

기드온이 그 꿈 이야기와 해몽을 듣고, 하나님께 경배한 후 이스라엘 진지로 돌아와 외쳤다.

"일어나시오! 하나님이 미디안을 여러분에게 넘겨주셨습니다!"

그리고 300명의 병력을 3부대로 나누고, 각 병사에게 횃불을 넣은 항아리와 나팔을 주면서 말하였다.

"내가 적군 진지 외곽에 도착하면, 나를 잘 보고 내가 하는 대로 따라 하시오. 내가 나와 함께 있는 사람들과 나팔을 불면 여러분도 적군 진지 사방에서 나팔을 불고, '하나님을 위하여!' '기드온을 위하여!'라고 크게 외치십시오!"

기드온과 100명의 병력이 미디안군의 진지 외곽에 도착했을 때는 그들이 막 보초 교대를 끝낸 자정 무렵이었다. 그들이 나팔을 불며 항아리를 깨뜨리자 다른 두 부대도 일제히 항아리를 부수고, 횃불을 높이 들고 나팔을 불며 크게 외쳤다.

"하나님과 기드온을 위한 칼이다!"

그들이 자기 위치에 서서 그 진지를 포위하였다. 적군은 놀라 아우성을 치고 허둥대며 달아나기 시작하였다. 기드온의 300용사가 나팔을 부는 동안 하나님이 그들을 혼란에 빠뜨려 자기들끼리 서로 치게 하셨다. 그들이 멀리 도망하자 이스라엘군이 추격하였다. 기드온이 에브라임 산간 지대에 사람을 보내 말하였다.

"여러분은 내려와 미디안군을 치고, 그들을 앞질러 벧 바라까지 요단강 나루터를 장악하여 한 사람도 건너지 못하게 하시오."

에브라임 사람들이 다 소집되어 요단강 나루터를 장악하고, 미디안군의 두 장군을 생포하여 하나는 바위 위에서, 다른 하나는 포도주 틀에서 죽였다.

이스라엘군이 계속 미디안군을 추격하고, 오렙과 스엡의 머리를 잘라 요단강 저편에 있는 기드온에게 갖다 주었다. 기드온이 죽기까지 40년 동안 평화가 있었다.

94

아비멜렉(3)

진주를 돼지에게 던지지 마라

기드온의 아들 아비멜렉이 세겜에 있는 외가를 찾아가 외조부의 온 가족에게 말하였다.

"세겜 사람들에게 물어봐 주십시오. 기드온의 아들 70명이 모두 다 스리는 것과 한 사람이 다스리는 것, 어느 편이 좋은지 말입니다. 그리 고 내가 여러분의 혈육이라는 사실을 상기시켜 주십시오."

"그는 우리의 혈육이다!"

그들이 신전에서 은 70개를 꺼내주었다. 아비멜렉이 건달과 불량배 들을 고용하여 자기 형제들, 곧 기드온의 아들 70명을 한 바위 위에서 죽였다. 그러나 막내아들 요담은 간신히 피하여 살아남았다. 세겜 사 람들과 밀로의 온 집안이 아비멜렉을 왕으로 삼았다는 듣고 요담이 그리심 산꼭대기에 올라가 큰소리로 외쳤다.

"세겜 사람들은 내 말을 들으십시오. 그래야 하나님이 여러분의 청 을 들어주실 것입니다. 하루는 나무들이 기름을 부어 왕을 세우려고 길을 나섰습니다. 먼저 올리브나무에게 말하였습니다.

'네가 우리의 왕이 되어라.'

'내가 어찌 하나님과 사람을 위해 기름내는 일을 그만두고 다른 나 무들 위에서 날뛰겠느냐?'

무화과나무에게 말하였습니다.

'네가 와서 우리의 왕이 되어라.'

'내가 어찌 달고 맛있는 과일 맺기를 그만두고 다른 나무들 위에서

날뛰겠느냐?'

포도나무에게 말하였습니다.

'네가 와서 우리의 왕이 되어라.'

'내가 어찌 하나님과 사람을 즐겁게 하는 포도주 내는 일을 그만두고 다른 나무들 위에서 날뛰겠느냐?'

가시나무에게 말하였습니다.

'네가 와서 우리의 왕이 되어라.'

'너희가 정말 나에게 기름을 부어 왕으로 삼으려느냐? 그렇다면 내 그늘에 피하여 숨어라. 그렇지 않으면 이 가시덤불에서 불이 뿜어 나와 레바논의 백향목을 살라버릴 것이다.'

이제 여러분이 아비멜렉을 왕으로 삼았으니, 이 일이 어찌 옳고 마땅할 수 있겠습니까? 이것이 어찌 기드온과 그 집안에게 고마움을 표시하는 일이며, 그가 이룬 업적에 보답하는 것이라 하겠습니까? 나의 아버지가 여러분을 위해 싸웠으며, 생명의 위험을 무릅쓰고 여러분을 미디안 사람의 손에서 구하지 않았습니까? 그런데 여러분은 내 아버지의 집을 대적하여 70명의 아들들을 한 바위 위에서 죽이고, 여종의 아들 아비멜렉을 혈육이라고 여러분의 왕으로 삼았습니다.

여러분이 오늘 기드온과 그 집안에게 한 일이 옳고 마땅하다면, 그와 여러분이 함께 기쁨을 누리십시오. 그렇지 않다면, 아비멜렉에서 불이 뿜어 나와 세겜 사람들과 밀로의 집안을 살라버릴 것이며, 세겜 사람들과 밀로의 집안에서 불이 뿜어 나와 아비멜렉을 살라버릴 것입니다."

그리고 요담은 도망하여 브엘로 피하였다. 아비멜렉이 두려워 거기 머물러 살았다. 아비멜렉이 이스라엘을 3년 동안 다스렸다.

하나님이 악령을 보내 아비멜렉과 세겜 사람들 사이에 미움이 생기게 하셨다. 세겜 사람들이 아비멜렉을 배반하여 그의 포악한 죄과를 갚았다. 세겜 사람들이 아비멜렉을 괴롭히려고 산꼭대기마다 사람을 매복시키고, 그곳을 지나가는 사람들을 강탈하였다. 이 소식이 아비멜렉에게 들렸다.

그때 가알이 자기 친척과 더불어 세겜으로 이사를 와서 사람들의 신망을 얻었다. 마침 추수 때가 되었다. 사람들은 들로 나가 그들의 포도를 따다가 포도주를 만들고 잔치를 베풀었다. 그들이 신전에 들어가 먹고 마시며 아비멜렉을 저주하였다. 가알이 말하였다.

"우리 세겜 사람들이 왜 아비멜렉을 섬겨야 합니까? 도대체 아비멜렉이 누굽니까? 여룹바알의 아들입니다. 스불은 그가 임명한 자입니다. 그런데 왜 우리가 그를 섬겨야 합니까? 여룹바알과 그의 심복 스불은 세겜의 아버지 하몰을 섬기던 자들입니다. 왜 우리가 아비멜렉을 섬겨야 합니까? 나에게 이 백성을 통솔할 권한을 주시면 아비멜렉을 몰아내겠습니다. 그리고 그에게 군대를 동원하여 나오라고 하여 싸우겠습니다."

그때 스불이 가알의 말을 전해 듣고, 화가 치밀어 몰래 전령을 시켜 아루마에 있는 아비멜렉에게 알렸다.

"보십시오, 가알과 그의 친척이 세겜으로 이사하더니 왕을 대적하려고, 온 성읍 사람들을 충동질하고 있습니다. 밤중에 부하들과 함께 들에 매복하셨다가, 아침 일찍 일어나 성읍을 기습하시는 것이 좋을 듯합니다. 가알이 그 무리를 이끌고 나올 때를 기다렸다가 그들을 습격하십시오."

아비멜렉의 군대가 밤에 일어나 세겜 옆에 4부대로 나눠 매복하였다. 가알이 나와 성문 어귀에 서자 아비멜렉과 그의 군대가 매복한 곳에서 나왔다. 가알이 스불에게 말하였다.

"보시오! 사람들이 산꼭대기에서 내려오고 있소!"

"산 그림자가 사람들처럼 보이는 것이겠지요."

"보시오! 사람들이 높은 지대에서 내려오고, 또 한 떼는 상수리나무 쪽에서 내려오고 있소!"

"'아비멜렉이 누구이기에 우리가 그를 섬기겠는가?' 하고 큰소리치던 그 용기는 지금 어디로 갔소? 저들이 바로 당신이 업신여기던 사람들 아니오? 어서 나가 싸우시오!"

가알이 세겜 사람들을 거느리고 앞장서 싸웠으나, 아비멜렉 앞에서 도망하여 많은 사상자를 내었다. 아비멜렉은 아루마로 돌아가고, 스불은 가알과 그 친척을 세겜에서 살지 못하게 쫓아냈다.

다음날 아비멜렉은 세겜 사람들이 들로 나갔다는 소식을 듣고, 자기 군대를 3부대로 나눠 들에 매복하고 있다가, 그들이 성읍을 나서는 것을 보고 일제히 일어나 달려들어 그들을 쳐 죽였다.

아비멜렉과 그가 이끄는 한 부대는 앞으로 쳐들어가 성문 어귀를 지키고, 다른 두 부대는 들에 있는 사람들을 공격하여 그들을 쳐 죽였다. 그가 그날 종일 그들과 싸워 그 성읍을 점령하였다. 그리고 백성을 죽이고 성읍을 헐어 소금을 뿌렸다.

세겜 망대에 있던 지도자들이 이 소식을 듣고 신전에 있는 지하 동굴로 피하였다. 그들이 지하 동굴에 모여 있다는 소식을 듣고, 아비멜렉이 군대를 이끌고 살몬 산으로 올라갔다. 그리고 손에 도끼를 들고 나뭇가지들을 찍어 어깨에 멘 후, 그와 함께한 백성에게 지시하였다.

"내가 하는 것을 보았으니 너희도 빨리 그대로 하라."

그들이 나뭇가지들을 찍어 들고 아비멜렉을 따라가 지하 동굴 앞에 쌓은 후, 그 안에 있는 사람들 쪽으로 불을 질렀다. 그래서 그들도 모두 죽었다. 남녀가 1천 명쯤 되었다.

그 후 아비멜렉이 데베스로 갔다. 거기서 진을 치고 그곳을 점령하였다. 그 성읍 안에 견고한 망대가 하나 있었다. 온 성읍 사람들이 그곳으로 도망하여 성문을 걸어 잠그고 꼭대기로 올라갔다.

아비멜렉이 그 망대에 이르러 공격에 나섰고, 망대 문에 바짝 다가가 불을 지르려고 하였다. 그때 한 여인이 맷돌 위짝을 아비멜렉의 머리에 던져 그의 두개골을 부숴 버렸다. 그가 자기 무기를 들고 다니는 젊은 병사를 급히 불러 말하였다.

"네 칼을 뽑아 나를 죽여라! 사람들이 나를 두고 여인이 그를 죽였다는 말을 할까 두렵다."

그 젊은 병사가 아비멜렉을 찔러 죽였다. 이스라엘 사람들은 아비멜렉이 죽은 것을 보고 각자 사는 곳으로 돌아갔다. 하나님은 아비멜렉의 죗값을 이렇게 갚으셨고, 세겜 사람들의 죄악도 모두 갚으셨다. 여룹바알의 아들 요담의 저주가 그대로 되었다.

✳ 95 ✳
입다

아예 맹세하지 마라

이후 잇사갈 지파의 돌라가 23년, 길르앗 사람 야일이 22년 동안 사사로 있었다. 그의 아들 30명이 30마리의 나귀를 타고 다녔으며, 성읍도 길르앗 땅에 30개나 있었다.

그리고 이스라엘 백성이 다시 이방신을 섬겼던바, 하나님이 노하여 블레셋 사람과 암몬 사람의 지배를 18년간 받게 하셨다. 그들이 하나님께 부르짖었다.

"우리가 바알을 섬겨 주께 죄를 범하였습니다."

"이집트, 아모리, 암몬, 블레셋, 시돈, 아말렉, 마온 사람이 너희를 괴롭힐 때, 도와달라고 하여 그들의 손에서 구해주지 않았느냐? 그러나 너희는 나를 저버리고 다른 신을 섬겼다. 내가 다시는 너희를 구해주지 않을 것이다. 너희가 택한 신들에게 가서 부르짖어라."

"우리가 죄를 범하였으니 주께서 좋으실 대로 하소서. 그러나 이번만은 우리를 구해주십시오."

그리고 이방신을 없애고 하나님을 섬겼다. 하나님이 그들의 고통을 보시고 마음 아파하셨다. 그때 암몬 사람이 병력을 소집하고 길르앗에 포진하였다. 이스라엘 사람도 모여 미스바에 진을 쳤다. 길르앗 땅에 있는 이스라엘 지도자들이 서로 물었다.

"누가 먼저 나가 암몬 사람과 싸우겠느냐? 누구든지 먼저 나가 싸우는 자가 우리의 통치자가 될 것이다."

입다는 뛰어난 용사였다. 그의 아버지는 길르앗이고 어머니는 창녀였다. 길르앗의 아내가 여러 아들을 낳았다. 그들이 입다를 쫓아내며 말하였다.

"너는 다른 여자의 아들이니 유산을 받지 못할 것이다!"

입다가 형제들을 피하여 돕 땅에 들어가 살았다. 불량배들이 모여들어 그를 따랐다. 얼마 후 암몬 사람이 이스라엘을 치려고 하였다. 길르앗 지도자들이 입다를 데려오려고 찾아가 말하였다.

"우리가 암몬 사람과 싸우려고 하니 당신이 사령관이 되어주시오."

"당신들은 나를 미워하여 내 아버지 집에서 쫓아내지 않았소? 그런데 어찌하여 찾아왔소?"

"우리가 당신을 찾아온 것은 당신이 꼭 필요하기 때문이오. 우리와 함께 가서 암몬 사람과 싸웁시다. 그러면 당신이 길르앗의 통치자가 될 것이오."

"그게 정말이오? 당신들이 나를 고향으로 데리고 가서 암몬 사람과 싸우게 하고, 또 하나님이 승리하게 하시면 내가 진짜 당신들의 통치자가 되는 거요?"

"하나님이 우리의 증인이오. 당신의 말대로 하겠소."

입다가 길르앗 지도자들을 따라갔고, 그곳 백성은 그를 통치자와 사령관으로 삼았다. 입다가 미스바에서 그 계약 조건을 모두 하나님께 말씀드렸다. 그리고 암몬 왕에게 사신을 보내 왜 이스라엘과 싸우려고 하는지, 그 이유를 밝히라고 요구하였다. 암몬 왕이 사신들에게 대답하였다.

"이스라엘 백성이 이집트에서 나와 내 땅을 빼앗았다. 이제 순순히 내어놓아라."

입다가 사신들을 암몬 왕에게 다시 보내 말하였다.

"이스라엘은 모압 땅과 암몬 땅을 빼앗지 않았다. 우리 조상들이 이집트에서 나와 홍해를 건너 광야를 지나 가데스에 이르렀을 때, 에돔 왕에게 사람을 보내 그 땅을 통과시켜 달라고 간청하였으나, 그가 허락하지 않았다. 그리고 모압 왕에게도 사람을 보냈으나, 그도 거절하였다. 그래서 우리 조상들은 가데스에 머물러 있었다.

이후 광야를 지나 에돔과 모압을 돌아 아르논 강 맞은편에 진을 쳤다. 그 강을 건너지 않은 것은 모압의 경계였기 때문이다. 그 후 아모리 왕 시혼에게 사람을 보내 그 땅을 통과시켜 달라고 간청하였으나, 그는 병력을 동원하여 야하스에 진을 치고 공격하였다. 그때 하나님이 시혼 왕과 그 백성을 이스라엘 사람의 손에 넘겨주셨던바, 그들을 쳐부수고 아모리 사람의 모든 땅을 점령하였다.

이처럼 하나님이 이스라엘 앞에서 아모리 사람을 쫓아내셨거늘, 네가 무슨 권리로 그 땅을 요구하느냐? 당신 같으면 당신네 신 그모스가 주는 땅을 갖지 않겠느냐? 우리도 하나님이 우리에게 주신 땅을 소유할 것이다.

당신이 모압 왕 십볼의 아들 발락보다 나은 것이 무엇이냐? 그가 이스라엘과 다투거나 싸운 적이 있었느냐? 이스라엘 사람들이 그 모든 성에 300년이나 살았는데 어찌하여 그 땅을 되찾지 않았느냐? 우리는 아무것도 잘못한 것이 없다. 그런데 당신이 전쟁을 일으켜 우리를 해치려고 한다. 하나님이 이스라엘 사람과 암몬 사람 사이에 옳고 그름을 곧 가려주실 것이다."

암몬 왕은 입다의 말에 전혀 귀를 기울이지 않았다. 그때 하나님이 입다를 감동시켜 군대를 이끌고 암몬 군대를 향해 진군하였다. 입다가 하나님께 맹세하였다.

"주께서 암몬 사람을 제 손에 넘겨주시면, 제가 승리하고 집으로 돌아갈 때 누구든지 제일 먼저 나와 영접하는 자를 주께 번제물로 드리겠습니다."

그리고 나가 싸우자 하나님이 그들을 입다의 손에 넘겨 무참히 죽였다. 그들이 결국 항복하였다. 입다가 미스바의 집으로 돌아왔을 때, 무남독녀 딸이 그를 맞으러 소고를 치며 춤을 추고 나왔다. 입다가 자기 옷을 찢으며 부르짖었다.

"슬프다, 내 딸이여! 네가 내 마음을 갈기갈기 찢어놓는구나. 어찌하여 네가 나를 괴롭히는 자가 되었느냐? 내가 하나님께 맹세한 것을 어찌 어길 수 있단 말인가!"

"아버지, 아버지가 맹세하신 대로 하십시오. 하나님이 아버지의 대적 암몬 사람에게 원수를 갚아주시지 않았습니까? 그러나 부탁이 있습니다. 제게 두 달만 여유를 주세요. 제 친구들과 함께 산으로 올라가 영영 처녀 신세가 된 것을 슬퍼하며 울게 해주십시오."

입다가 승낙하자 딸이 친구들과 함께 산으로 올라가 슬퍼하고 두 달 만에 돌아왔다. 입다가 자기 맹세를 이행하여 그 딸은 영영 처녀 신세가 되고 말았다. 이스라엘 여자들이 해마다 그 산에 가서 입다의 딸을 생각하며 4일 동안 슬퍼하며 울었다.

＊96＊
삼손
육신의 정욕으로 잘못 구하기 때문이다

이후 입산과 엘론과 압돈이 사사가 되었다. 이스라엘 백성이 다시 죄를 지어 하나님이 40년간 블레셋의 지배를 받게 하셨다. 소라 땅의 단 자손 가운데 마노아라는 사람이 있었다. 그의 아내는 자식을 낳지 못했다. 어느 날 천사가 나타나 말하였다.

"네가 지금까지 자식을 낳지 못했으나 이제 곧 임신하여 아들을 낳게 될 것이다. 포도주나 독주를 마시지 말고, 부정한 것은 그 어떠한 것도 먹지 마라. 네가 아들을 낳으면 그의 머리를 깎아서는 안 된다. 그는 태어날 때부터 하나님께 바쳐진 나실인이 될 것이며, 블레셋의 손에서 이스라엘을 구할 것이다."

그녀가 남편에게 가서 말하였다.

"하나님의 사람이 제게 나타났어요. 그 용모가 하나님의 천사 같았고, 저는 두려워 아무것도 물어보지 못했으며, 그도 자신을 소개하지 않았습니다. 그런데 제가 임신하여 아들을 낳을 것이라 하면서, 그 아이는 태어날 때부터 하나님께 바쳐진 나실인인바, 포도주나 독주를 마시지 말고 부정한 것은 먹지 말라 하셨어요."

마노아가 기도하였다.

"하나님이시여, 주께서 보내신 사람을 다시 보내주소서."

하나님이 그 기도를 들어주셨다. 그의 아내가 밭에 있을 때 하나님의 천사가 다시 나타났다. 남편이 그 자리에 없었던바 달려가 전하였다.

"일전에 나타난 그가 다시 오셨어요!"

마노아가 그에게 가서 물었다.

"당신이 제 아내에게 말씀하신 분입니까?"

"그렇다."

"당신의 말씀대로 아이가 태어나면 어떻게 키워야 합니까?"

"내가 말한 것을 그대로 지켜야 한다. 포도주나 독주를 마시지 말고 부정한 것을 먹지 말아야 한다."

"우리가 당신을 위해 염소 새끼를 잡아 오겠습니다. 그때까지 기다려주십시오."

"네가 그렇게 하여도 나는 그 음식을 먹지 않겠다. 불로 태워 바치는 번제물을 준비하여 하나님께 드려라."

마노아는 아직도 그가 하나님의 천사임을 알지 못하고 말하였다.

"당신의 이름이 무엇입니까? 당신의 말씀이 이루어지면 우리가 당신을 높이 받들어 모시겠습니다."

"네가 어찌하여 내 이름을 묻느냐? 네가 알 수 없는 이름이다."

마노아가 염소 새끼 한 마리와 곡식으로 드리는 소제물을 가져와 바위 위에 드렸다. 하나님이 그들 부부가 지켜보는 가운데 놀라운 일을 행하셨다. 제단에서 불꽃이 나와 하늘로 치솟자 천사가 그 불꽃을 타고 올라갔다.

마노아 부부가 얼굴을 땅에 대고 엎드렸다. 천사가 다시 나타나지 않았다. 그가 하나님의 천사인 줄 알고 마노아가 말하였다.

"우리가 하나님을 보았으니 틀림없이 죽게 될 것이오."

"하나님이 우리를 죽이려고 하셨다면 우리의 제물도 받지 않았을 것이며, 우리에게 이런 놀라운 일을 보여주거나 그런 말씀도 하시지 않았을 거예요."

그녀가 아들을 낳아 삼손이라 하였고, 하나님이 그를 축복하셨다. 삼손이 딤나로 내려가 블레셋 처녀를 보고 돌아와 결혼하고 싶다고 하였다. 그의 부모가 완강하게 반대하였다.

"네 친척이나 동족 가운데 여자가 없어 이방 민족인 블레셋 사람과 혼인하려고 하느냐?"

"그 여자를 데려오십시오. 제 마음에 꼭 드는 여자입니다."

그의 부모는 이것이 하나님이 계획임을 알지 못했다. 이스라엘이 블레셋 사람의 지배를 받고 있었던바, 하나님이 삼손을 통해 블레셋 사람을 칠 기회를 찾고 계셨던 것이다.

삼손이 부모와 함께 딤나의 포도원에 이르렀을 때, 갑자기 젊은 사자 한 마리가 그를 보고 으르렁거리며 달려 나왔다. 하나님의 영이 삼손에게 힘을 주시자 마치 염소 새끼를 찢듯 맨손으로 그 사자를 찢어버렸다. 그러나 그 일을 부모에게 말하지 않았다. 그리고 딤나로 내려가 그 여자를 만나 대화하자 더욱 좋아졌다.

얼마 후 삼손이 다시 딤나로 내려가다가 길을 벗어나 그 사자의 사체가 있는 곳으로 갔다. 죽은 사자의 몸에 벌떼가 모여 있었고 약간의 꿀이 있었다. 손으로 그 꿀을 따서 걸어가며 먹고 부모에게도 드렸으나, 그것이 사자의 몸에서 나왔다고 말하지 않았다.

삼손의 아버지가 그녀의 집에 갔을 때 삼손이 잔치를 베풀었다. 그곳의 풍습이었다. 블레셋 사람들이 삼손을 보고, 30명의 청년들을 보내 그와 함께 즐기게 하였다. 삼손이 그들에게 말하였다.

"내가 너희에게 수수께끼 하나를 내겠다. 너희가 잔치하는 7일 동안 그 답을 알아맞히면 베옷 30벌과 겉옷 30벌을 주겠다. 맞히지 못하면 너희가 나에게 베옷 30벌과 겉옷 30벌을 주어야 한다."

"좋다. 수수께끼를 말해 보아라. 어디 한번 들어보자."

"먹는 자에서 먹는 것이 나오고 강한 자에서 단 것이 나왔다."

그들은 3일이 지나도록 그 수수께끼를 풀지 못하였다. 4일째 그들이 삼손의 아내에게 가서 말하였다.

"네 남편을 구슬려 그 수수께끼의 답을 얻어내라. 그렇지 않으면 우리가 너와 네 아버지의 집을 불태워 버리겠다. 너희가 우리의 소유를 뺏으려고 초대하였느냐?"

그녀가 남편에게 기대어 울며 말하였다.

"당신은 나를 미워하고 사랑하지 않는가 봐요. 당신이 내 백성에게 수수께끼를 내고 나에게 답을 말해주지 않았어요!"

"무슨 소리요! 내가 부모에게도 말하지 않았소. 어찌 당신에게 말할 수 있겠소?"

삼손의 아내가 잔치 기간에 계속 울며 졸라댔다. 견디다 못해 결국은 7일째 답을 알려주고 말았다. 삼손의 아내가 그 답을 자기 백성에게 전해주었다. 7일째 그곳 사람들이 삼손에게 말하였다.

"무엇이 꿀보다 달고 무엇이 사자보다 강하겠는가?"

"너희가 내 암소로 밭을 갈지 않았다면 그 수수께끼를 풀지 못했을 것이다."

하나님의 영이 힘을 주시자 삼손이 아스글론으로 내려가 그곳 주민 30명을 죽이고, 그들의 옷을 벗겨와 수수께끼를 푼 사람들에게 주었다. 그리고 화가 머리끝까지 치밀어 올라 자기 집으로 돌아가 버렸다. 삼손의 아내는 그의 결혼식에 참석했던 제일 친한 친구에게 주어졌다.

그리고 얼마 후 추수 때가 되었을 때, 삼손이 염소 새끼 한 마리를 가지고 처갓집에 가서 장인에게 말하였다.

"제가 아내의 침실로 들어가겠습니다."

"나는 정말 자네가 내 딸을 미워하는 줄 알고 자네 친구에게 주었네. 자네 처제가 더 아름답지 않은가? 대신 그 애와 결혼하게."

"이번에는 내가 블레셋 사람에게 무슨 짓을 해도 나에게 책임이 없습니다."

그리고 밖으로 나가 여우 300마리를 잡아 2마리씩 서로 꼬리를 붙들어 매고, 그 매듭에 홰를 달고 불을 붙여 블레셋 사람의 곡식 밭으로 내몰았다. 이렇게 하여 이미 베어놓은 곡식단과 아직 베지 않은 곡식과 감람원을 모조리 태워버렸다. 블레셋 사람들이 물었다.

"이게 누구의 짓이냐?"

"딤나 사람의 사위 삼손의 짓이오. 그 장인이 삼손의 아내를 그의 친구에게 주었기 때문이오."

블레셋 사람들이 올라가 그 여자와 아버지를 불에 태워 죽였다. 삼손이 그들에게 말하였다.

"너희가 이런 짓을 하였으니 내가 반드시 원수를 갚고 말겠다."

그리고 그들을 쳐서 수없이 죽이고 내려가 동굴에 머물러 있었다.

블레셋 사람들이 올라와 유다에 진을 쳤다. 유다 사람들이 물었다.

"너희가 무엇 때문에 와서 우리를 치려고 하느냐?"

"삼손이 우리에게 행한 대로 갚아주기 위해서다."

유다 사람 3천 명이 동굴로 내려가 삼손을 꾸짖었다.

"우리가 블레셋 사람의 지배를 받는 줄 네가 알지 못하느냐? 네가 어찌하여 이런 일을 저질렀느냐?"

"그들이 내게 한 대로 나도 그들에게 갚아주었을 뿐이다."

"우리가 너를 묶어 블레셋 사람들의 손에 넘겨주려고 왔다."

"그렇다면 너희가 직접 나를 죽이지 않겠다고 맹세하라."

"좋다. 우리가 너를 묶어 그들의 손에 넘겨주기만 하고, 너를 죽이지 않겠다."

유다 사람들이 새 밧줄 2개로 그를 묶어 바위 동굴에서 끌어내었다. 삼손이 이르자 블레셋 사람들이 소리를 지르며 그를 향해 달려 나왔다. 하나님의 영이 강한 힘을 주시자 밧줄이 불탄 새끼줄처럼 끊어져 그 손에서 떨어져 나갔다. 그리고 당나귀 턱뼈 하나를 집어 들고 블레셋 사람 1천 명을 죽이고 노래하였다.

"나귀 턱뼈 하나로 무더기에 무더기를 쌓았으니 내가 1천 명을 죽였다네."

그때 삼손은 목이 너무 말라 하나님께 부르짖었다.

"주께서 저에게 이처럼 큰 승리를 주셨습니다. 그런데 이제 목이 말라 죽어야 하며, 블레셋 사람들의 손에 붙잡혀야 하겠습니까?"

하나님이 한 우묵한 곳을 터지게 하셨고, 샘물이 솟아나 그 물을 마시고 원기를 회복하였다. 삼손은 블레셋 사람들이 통치하던 시대에 20년간 사사로 지냈다.

들릴라

그런 여자를 멀리하라

삼손이 가사에 가서 한 창녀의 침실로 들어갔다. 가사 사람들은 삼손이 거기 있다는 말을 듣고, 그곳을 포위하여 성문에서 밤새도록 숨어 기다렸다. 그들이 침묵을 지키며 속삭였다.

"새벽까지 기다렸다가 죽여 버리자!"

삼손은 자정까지 누워 있다가 한밤중에 일어나 밖으로 나왔다. 그 성의 문짝과 두 기둥과 빗장을 뽑아 어깨에 메고 헤브론 앞산 꼭대기로 올라갔다. 이후 삼손이 소이 골짜기에 사는 들릴라를 사랑하게 되었다. 블레셋 다섯 지방의 통치자가 그녀에게 말하였다.

"너는 삼손을 꾀어 그가 지닌 힘의 비결이 무엇이며, 우리가 어떻게 하면 그를 묶어 복종시킬 수 있는지 알아 오너라. 우리가 은화 1,100개씩 주겠다."

들릴라가 삼손에게 간청하였다.

"당신의 그 엄청난 힘이 어디서 나오며, 어떻게 하면 당신을 묶어 꼼짝 못 하게 할 수 있는지 좀 가르쳐주세요."

"마르지 않은 칡 일곱 가닥으로 나를 묶으면, 내가 약해져 다른 사람과 같이 될 것이오."

블레셋 다섯 지방의 통치자가 아직 마르지 않은 칡덩굴을 일곱 가닥 갖다 주었고, 그녀는 그것으로 잠든 삼손을 묶었다. 옆방에는 이미 몇 사람이 숨어있었다. 그녀가 외쳤다.

"이봐요, 삼손! 블레셋 사람들이 왔어요!"

삼손이 그 칡덩굴을 불탄 새끼줄처럼 끊어버렸다. 그들은 여전히 그 힘의 비결을 알지 못하였다. 들릴라가 말하였다.

"이봐요, 당신이 저를 놀렸어요. 거짓말을 했단 말예요. 어떻게 하면 당신을 꼼짝 못 하게 묶을 수 있는지 제발 가르쳐주세요."

"한 번도 사용한 적이 없는 새 밧줄로 나를 꽁꽁 묶으면, 내가 약해져 다른 사람과 같이 될 것이오."

들릴라가 새 밧줄로 삼손을 묶었다. 이번에도 옆방에는 사람들이 숨어있었다. 그녀가 외쳤다.

"이봐요, 삼손! 블레셋 사람들이 왔어요!"

삼손이 새 밧줄을 실낱같이 끊어버렸다. 들릴라가 말하였다.

"지금까지 당신은 나를 놀리고 거짓말했단 말예요. 어떻게 하면 당신을 꼼짝 못 하게 묶을 수 있는지 제발 좀 가르쳐주세요."

"내 머리털 7가닥을 베틀 날실에 섞어 짠 후, 그것을 핀으로 단단히 조이면 내가 약해져 다른 사람과 같이 될 것이오."

들릴라가 삼손이 잠든 사이에 그의 머리털 7가닥을 베틀 날실과 섞어 짜고, 핀으로 단단히 조인 후 삼손에게 외쳤다.

"이봐요, 삼손! 블레셋 사람들이 왔어요!"

삼손이 잠에서 깨어나 베틀 핀과 날실을 뽑아버렸다. 들릴라가 말하였다.

"당신의 마음이 딴 곳에 있으면서 어떻게 나를 사랑한다고 말할 수 있어요! 당신이 나를 3번이나 놀렸단 말예요. 당신의 그 엄청난 힘이 어디서 나오는지 아직도 말하지 않았어요."

들릴라가 날마다 치근거리며 졸라대자 삼손은 괴로워 죽을 지경이었다. 결국은 모든 것을 털어놓았다.

"나는 아직 한 번도 머리를 깎아본 적이 없소. 이는 내가 태어날 때부터 하나님께 바치진 나실인이기 때문이오. 내 머리를 깎으면, 내가 힘을 잃고 약해져 다른 사람과 같이 될 것이오."

들릴라가 그제야 삼손이 진실을 말한 줄 알고, 블레셋 다섯 통치자에게 사람을 보내 전하였다.

"이제 한 번만 더 오십시오. 삼손이 사실을 털어놓았습니다."

그들이 약속한 대로 은화를 가지고 왔다. 들릴라가 삼손을 자기 무릎에 눕혀 재운 후, 사람을 불러 7가닥으로 늘어진 그의 머리털을 싹둑싹둑 잘라버렸다. 그러자 힘이 그에게서 떠나고 없었다. 들릴라가 소리쳤다.

"이봐요, 삼손! 블레셋 사람들이 왔어요!"

삼손이 잠에서 깨어나 혼자 중얼거렸다.

"내가 전처럼 나가서 힘을 떨쳐야지!"

삼손은 하나님이 떠나신 것을 깨닫지 못하였다. 블레셋 사람들이 삼손을 사로잡아 두 눈을 뽑고, 가사로 끌어가 쇠사슬로 묶어 맷돌을 돌리게 하였다. 그때 깎인 머리털이 다시 자라기 시작하였다. 블레셋 통치자들이 다곤 신에게 성대한 제사를 드리려고 한자리에 모여 즐거워하며 외쳤다.

"우리의 신이 원수 삼손을 우리 손에 넘겨주셨다!"

백성들도 삼손을 보고 그들의 신을 찬양하며 외쳤다.

"우리 땅을 못 쓰게 만들고, 우리 백성을 수없이 죽인 원수 삼손을 우리의 신이 우리 손에 넘겨주셨다!"

"삼손을 끌어내 재주를 부리게 하자."

삼손이 재주를 부리자 그들이 삼손을 두 기둥 사이에 세웠다. 삼손이 자기 손을 붙들고 있는 소년에게 부탁하였다.

"이 신전을 버티고 있는 기둥에 기댈 수 있도록 해다오."

거기 블레셋 모든 통치자가 있었으며, 옥상에는 3천 명가량이 삼손의 재주를 지켜보고 있었다. 삼손이 하나님께 부르짖었다.

"주여, 저를 기억하소서. 하나님이시여, 저에게 한 번만 더 힘을 주소서. 저의 두 눈을 뽑은 저 블레셋 사람들에게 단번에 원수를 갚게 하소서."

그리고 신전을 버티고 있는 두 기둥에 양손을 대고, 힘을 다해 밀어제치며 외쳤다.

"블레셋 사람들과 함께 죽게 하소서!"

그러자 신전이 블레셋 통치자들과 그 안에 있는 모든 사람들 위에 무너져 내렸다. 삼손은 살았을 때보다 죽을 때 더 많은 블레셋 사람을 죽였다. 그 후 그의 형제들과 친척들이 내려와 삼손의 시신을 거두어 그의 아버지 마노아의 묘지에 장사하였다.

✳ 98 ✳
미가

우상을 의지하니 무엇이 유익하겠는가?

에브라임 산간 지대에 미가라는 사람이 살고 있었다. 그가 어머니에게 말하였다.

"어머니가 은화 1,100개를 훔쳐 간 사람을 저주하는 소리를 들었습니다. 보십시오. 그 은화가 여기 있습니다. 제가 훔쳤습니다."

"아들아, 하나님이 너를 축복하시기 원한다."

미가가 은화 1,100개를 돌려주자 그 어머니가 말하였다.

"이 은을 하나님께 바쳐 조각한 신상과 주조한 우상을 만들어 도로 주겠다."

그리고 세공업자에게 맡겨 새긴 신상과 주조한 우상을 만들어 미가의 집에 보관하였다. 미가에게 신당이 있어 그 아들 가운데 하나를 제사장으로 세웠다. 이스라엘에 왕이 없어 자신이 좋을 대로 하였다.

이때 유다 지파에 속한 젊은 레위인이 베들레헴을 떠나 살 곳을 찾다가, 에브라임 산간 지대에 있는 미가의 집에 이르렀다. 미가가 물었다.

"자네는 어디서 왔는가?"

"저는 유다 베들레헴에 사는 레위인으로 살 곳을 찾고 있습니다."

"그렇다면 내 자문관과 제사장이 되어주게. 내가 매년 은화 10개를 주고 옷과 음식도 제공하겠네."

그가 미가의 제사장이 되어 그 집에 살았다. 그때 미가가 외쳤다.

"이제 내가 레위인을 제사장으로 세웠으니 하나님이 복을 주실 것이다!"

그즈음 단 지파는 아직 살 땅을 얻지 못해 정착할 곳을 찾고 있었다. 그들을 대표하는 5명의 용사가 땅을 정찰하려고, 에브라임 산간 지대로 들어와 미가의 집에 묵었다. 거기서 젊은 레위인의 목소리를 알아듣고 물었다.

"누가 너를 이리 데려왔느냐? 여기서 무엇을 하며 왜 이곳에 있느냐?"

"미가가 나를 고용하여 그의 제사장이 되었습니다."

"우리가 가는 길이 성공할는지 하나님께 여쭤봐 주게."

"평안히 가십시오. 하나님이 보살펴주실 것입니다."

그들이 라이스로 갔다. 그곳은 시돈처럼 한가롭고 평화로웠다. 사람들은 아무것도 부족함 없이 번영을 누리고 있었으며, 시돈 사람과도 멀리 떨어져 있어 다른 민족과 별로 접촉이 없었다. 그들이 돌아가자 지파 사람들이 물었다.

"너희가 본 땅은 어떠했느냐?"

"가서 치자. 우리가 본 땅은 아주 좋은 땅이다. 망설이지 말고 빨리 가서 그 땅을 점령하자. 그곳에 가면 태평하게 사는 사람들을 볼 것이다. 그 땅은 아주 넓고 아무것도 부족한 것이 없었다. 이렇게 좋은 땅을 하나님이 우리에게 주셨다!"

단 지파 사람 600명이 무장을 하고 북쪽으로 올라가 유다 기럇여아림 부근에 진을 쳤다. 그리고 에브라임 산간 지대로 올라가 미가의 집에 이르렀다. 그때 라이스 땅을 정찰하러 갔던 사람들이 말하였다.

"너희는 이 집에 신상과 우상이 있는 것을 알고 있느냐? 이제 너희는 어떻게 할지를 생각하라."

그들이 젊은 레위인이 사는 미가의 집으로 들어가 그에게 안부를 물었다. 나머지 사람들은 무장한 채 그 집 문 앞에 서 있었다. 그들이 신당으로 들어가 신상과 에봇과 가정 신들과 주조된 우상을 가지고 나왔다. 문 앞에 섰던 제사장이 말하였다.

"이게 무슨 짓입니까?"

"아무 말도 하지 말고 우리와 함께 가서 우리의 자문관과 제사장이 되어라. 네가 이 집에서 한 가정의 제사장이 되는 것보다 이스라엘 한 지파의 제사장이 되는 것이 더 낫지 않느냐?"

그가 아주 기뻐하며 그들과 함께 떠났다. 그들이 발길을 돌려 자녀와 가축과 소유물을 앞세우고 다시 진군하였다. 거기서 제법 멀리 갔을 때, 미가가 사람들을 데리고 단 지파를 뒤쫓아 오며 멈추라고 소리를 질렀다. 그들이 돌아보며 미가에게 물었다.

"네가 무슨 일로 이렇게 우리를 뒤쫓아 왔느냐?"

"너희들이 내가 만든 신들을 가져가고 내 제사장까지 데려갔다. 나에게 남은 것이 없다. 너희가 어찌 그렇게 물을 수 있느냐?"

"더이상 묻지 말고 돌아가라. 그렇지 않으면 우리 가운데 성급한 사람이 너와 네 가족을 쳐서 죽일지도 모른다."

그리고 계속 진군하였다. 미가는 그들이 너무 강하여 당할 수 없음을 알고 집으로 돌아갔다.

단 지파 사람들은 라이스로 가서 그곳 사람들을 쳐 죽이고 성에 불을 질렀다. 그러나 그들을 구할 자가 없었다. 그 성이 시돈에서 멀리 떨어진 골짜기에 위치한바, 다른 민족과 접촉할 일이 없었기 때문이다. 그들이 그 성을 재건하고 '단'이라 불렀다.

✳ 99 ✳

레위인의 첩

음행은 자기 몸에 죄를 짓는 것이다

이스라엘에 아직 왕이 없을 때, 에브라임 산간 지대에 한 레위인이 살았다. 그가 유다 베들레헴에서 한 여자를 데려와 첩으로 삼았으나, 간음하고 달아나 친정집에 4개월간 머물러 있었다.

그가 설득하여 다시 데려오려고 종과 함께 나귀 2마리를 끌고 처갓집으로 갔다. 그녀가 맞아들이자 장인이 그를 기뻐하였다. 장인이 며칠 쉬어가라고 권하였다. 그는 3일 동안 먹고 마시며 즐겁게 지냈다. 4일째 아침 일찍 일어나 떠나려고 하자 장인이 말하였다.

"먼저 무엇을 좀 먹고 기운을 차린 후 떠나게."

그들이 앉아 먹고 마시자 장인이 다시 말하였다.

"오늘 밤은 여기서 보내며 즐기게."

그가 일어나 가려고 하였으나 장인의 설득에 못 이겨 하룻밤을 더 묵게 되었다. 5일째 아침 그가 일어나 떠나려고 하자 장인이 권하였다.

"기운을 좀 차리고 오후에 떠나게."

그가 함께 먹고 일어나 떠나려고 하자 장인이 다시 권하였다.

"여보게, 해가 저물어 가니 이 밤도 여기서 지내게. 곧 어두워질 걸세. 오늘은 여기서 즐겁게 지내고 내일 아침 일찍 떠나게."

그는 더 머물러 있기를 거절하고, 첩을 나귀에 태워 종과 함께 예루살렘을 향해 떠났다. 그들이 여부스 근처에 이르자 해가 저물고 있었다. 종이 주인에게 말하였다.

"여부스에서 하룻밤을 묵었다 가시죠."

"안 돼. 이방인의 성에 들어가 쉴 수는 없어. 기브아까지 가자. 기브아나 라마에서 밤을 보내자."

그리고 계속 나아갔다. 그들이 베냐민 지파의 기브아에 이르자 해가 지고 말았다. 그들이 밤을 보내려고 광장에 앉았으나, 그들을 집으로 데려가는 사람이 없었다.

그때 한 노인이 밭에서 일을 마치고 집으로 돌아오고 있었다. 그는 본래 에브라임 산간 지대의 사람이었으나, 지금은 베냐민 지파의 기브아에 살았다. 그가 광장에 있는 행인들을 보고 물었다.

"당신들은 어디서 왔으며 어디로 가는 길이오?"

"우리는 에브라임 산간 지대에 살며, 유다 베들레헴에 갔다가 집으로 돌아가는 중입니다. 우리를 데리고 가서 재워주는 사람이 없습니다. 우리는 나귀의 먹이도 충분하고, 우리가 먹을 음식과 포도주도 있으며, 모든 것을 다 가지고 있습니다."

"염려하지 말고 우리 집으로 갑시다. 당신들이 필요한 것을 내가 제공하겠소. 광장에서 밤을 보낼 수는 없지 않습니까?"

그가 그들을 집으로 데리고 가서 나귀에게 먹이를 주었다. 그리고 발을 씻고 함께 먹고 마셨다. 그들이 한창 즐기고 있을 때, 갑자기 불량배들이 몰려와 그 집을 둘러싸고 문을 두드리며 소리쳤다.

"이 집에 온 사람을 끌어내시오. 우리가 재미 좀 봐야겠소."

노인이 밖으로 나가 그들을 타일렀다.

"내 형제들아, 제발 이런 더러운 짓을 하지 마라. 이 사람은 우리 집에 온 손님이다. 여기 결혼하지 않은 내 딸과 이 사람의 첩이 있다. 그들을 끌어낼 테니 너희가 좋을 대로 하고, 이 사람에게는 그런 악한 짓을 하지 마라."

그들이 노인의 말을 듣지 않았다. 레위인은 자기 첩을 붙들어 밖으로 밀어내었다. 그들이 밤새도록 그녀를 겁탈하고 욕보인 후 새벽에 놓아주었다. 동틀 무렵에 그녀는 남편이 머물고 있는 집 문 앞에 와서 쓰러졌다. 그 남편이 아침에 일어나 떠나려고 문을 열어보니, 자기 첩이 문지방에 두 손을 뻗친 채 쓰러져 있었다. 그가 말하였다.

"일어나시오. 갑시다."

그러나 아무 대답이 없었다. 그 시체를 나귀에 싣고 자기 집으로 갔다. 그가 집에 도착하여 칼로 시체를 12토막 내어 이스라엘 12지파에 하나씩 보냈다. 사람들이 말하였다.

"이스라엘 백성이 이집트에서 나온 후 이런 끔찍한 일은 한 번도 없었고, 또 이런 일을 본 적도 없다."

그들이 단에서 브엘세바까지, 그리고 길르앗 땅에서 일제히 미스바로 모여 하나님 앞에 섰다. 각 지파의 지도자들도 있었고, 칼을 가진 보병이 40만이었다. 그들이 죽은 여자의 남편에게 물었다.

"어떻게 해서 이런 끔찍한 일이 일어났는지 말해 보시오."

그가 자초지종을 말하자 모든 사람이 일제히 일어나 말하였다.

"우리가 기브아 사람들을 벌하겠다. 제비로 1/10을 뽑아 식량을 보급하게 하고, 나머지는 기브아로 가서 그들을 공격하자."

그들이 기브아를 치려고 하나같이 굳게 뭉쳤다. 먼저 베냐민 지파 전역에 사람을 보내 요구하였다.

"너희 가운데서 일어난 이 끔찍한 일이 도대체 어찌된 것이냐? 이제 그 불량배들을 우리에게 넘겨라. 우리가 그들을 죽이고 이런 일이 다시는 없도록 하겠다."

베냐민 지파가 그 말을 듣지 않고 오히려 싸우려고 모든 성에서 기브아로 모여들었다. 그날 동원된 병력은 기브아에서 뽑은 700명 외에 각 성에서 모여든 26,000명의 칼 쓰는 자들이었다. 이들 중에서 700명은 모두 왼손잡이로 돌을 던져 머리카락도 맞힐 수 있는 명수였다.

한편 이스라엘군은 40만 명으로 모두 잘 훈련된 군인이었다. 그들이 벧엘로 올라가 하나님께 물었다.

"우리 중에 어느 지파가 먼저 올라가 베냐민 지파와 싸워야 합니까?"

"유다가 먼저 올라가라."

이스라엘군이 다음 날 아침 일어나 기브아 주변에 진을 치고, 베냐민 사람과 싸우려고 전투태세를 취했다. 그날 베냐민 사람들이 이스라엘군 22,000명을 죽였다. 이스라엘 사람들이 올라가 하나님 앞에서 날이 저물도록 울며 물었다.

"우리가 다시 가서 베냐민 형제들과 싸워야 합니까?"

"가서 싸워라."

그들이 다시 전열을 갖춰 베냐민 사람을 치려고 나갔다. 이번에도 베냐민 사람들이 이스라엘군을 쳐서 훈련된 병사 18,000명을 죽였다.

이스라엘 사람들이 벧엘로 올라가 하나님 앞에 앉아 울며 날이 저물도록 금식하고, 화목제와 불로 태워 바치는 번제를 드렸다.

이때 하나님의 법궤는 벧엘에 있었고, 아론의 손자이자 엘르아살의 아들인 비느하스가 제사장으로 섬기고 있었다. 이스라엘 사람들이 하나님께 물었다.

"우리가 다시 올라가 싸워야 합니까, 아니면 그만두어야 합니까?"

"올라가라. 내일은 내가 그들을 너희 손에 넘겨주겠다."

이스라엘군은 기브아 주변에 일부 병력을 매복시키고, 3일째 다시 전투태세를 취했다. 베냐민 사람들이 성에서 나와 그들과 맞서 싸웠으나 유인 작전에 걸려들어 성에서 점점 멀리 떠났다.

그들은 전과 같이 벧엘로 올라가는 길과 기브아의 들로 가는 길을 따라가며 이스라엘군을 치기 시작하여 30명 정도 죽이고, 이스라엘군이 전과 같이 자기들 앞에서 패하여 도망한다고 생각하였다. 이스라엘군이 말하였다.

"우리가 도망하는 척하며 큰길로 꾀어내자."

이스라엘군의 주력 부대가 후퇴하여 다시 전열을 갖추고 반격 태세를 취했으며, 기브아 주변에 매복하고 있던 이스라엘군이 일제히 뛰쳐나왔다. 그때 이스라엘군에서 특별히 뽑힌 1만 명의 정예병이 기브아를 정면으로 공격하자 치열한 전투가 벌어졌다. 베냐민 사람들은 자기에게 재난이 닥친 것을 깨닫지 못하였다.

하나님이 이스라엘군 앞에서 베냐민 사람을 패하게 하신바, 그날 이스라엘군은 칼을 쓰는 베냐민 사람 25,100명을 죽였다. 그제야 베냐민 사람들이 패한 것을 알게 되었다.

그때 베냐민 사람 600명이 광야로 달아나 림몬 바위에서 4개월을 숨어 지냈다. 이스라엘군은 베냐민 사람들이 사는 곳으로 돌아가 가축은 물론, 닥치는 대로 쳐서 죽이고 모든 성에 불을 질렀다.

이스라엘 사람들이 미스바에 다시 모여 자기 딸을 베냐민 사람에게 주지 않기로 맹세하였다. 그리고 벧엘로 올라가 날이 저물 때까지 하나님 앞에 앉아 소리 높여 울며 부르짖었다.

"이스라엘의 하나님이시여, 어쩌다 이런 일이 일어났습니까? 한 지파가 이스라엘에서 빠져나가야 하겠습니까?"

그들이 다음 날 아침 일찍 일어나 제단을 쌓고 번제와 화목제를 드렸다. 그리고 서로 물었다.

"이스라엘 지파 중에서 하나님 앞에 모이지 않은 자가 누구냐?"

그들이 미스바에 모이지 않는 자는 누구든지 죽이기로 맹세하였기 때문이다. 이스라엘 사람들은 그 형제 베냐민 지파에 대해 마음 아프게 생각하며 말하였다.

"이제 이스라엘은 한 지파를 잃었다. 우리가 우리 딸을 그들에게 주지 않기로 맹세하였다. 어떻게 하면 우리가 그 남은 자들에게 아내를 구해줄 수 있을까?"

그들이 이스라엘 지파 중에서 미스바로 올라오지 않은 자가 누구인지 살펴보니, 길르앗 야베스에서 한 사람도 오지 않은 것을 알게 되었다. 그들이 인원을 점검했을 때, 야베스 사람은 하나도 없었다. 그래서 용감한 군인 12,000명을 길르앗의 야베스로 보내며 말하였다.

"너희는 가서 야베스 주민을 칼로 쳐서 모조리 죽이고 처녀만 데리고 오라."

그들이 야베스 주민 중에 처녀 400명을 찾아 가나안 땅에 있는 실로의 진지로 데려왔다. 그리고 림몬 바위에 숨어있는 베냐민 사람들에게 사신을 보내 평화를 제의한바, 그들이 성으로 돌아왔다. 이스라엘 사람들이 야베스에서 데려온 처녀들을 그들에게 주었다. 그래도 여자가 부족하였다. 그때 한 사람이 외쳤다.

"실로에서 매년 지키는 하나님의 명절이 곧 돌아오지 않는가!"

그들이 남은 베냐민 사람들에게 말하였다.

"너희는 가서 포도원에 숨어 살피고 있다가, 실로의 여자들이 춤추러 나오면 하나씩 붙잡아 데리고 가서 아내로 삼아라. 그들의 부모와 형제들이 항의하면, 우리가 '너희는 아량을 베풀어 너희 딸을 그들의 아내로 삼게 하라. 우리가 전쟁 중에 그들에게 아내를 구해주지 못했다. 너희가 직접 너희 딸을 그들에게 준 것이 아니니 너희에게는 아무 잘못이 없다.'라고 말하겠다."

그래서 베냐민 사람들은, 그들이 말한 대로 가서 춤추는 여자들을 하나씩 붙잡아 자기 땅으로 돌아가 성을 재건하고 살았다. 이스라엘 사람들은 그곳을 떠나 각자 집으로 돌아갔다. 당시에는 이스라엘에 왕이 없었던바, 사람마다 자기 생각에 좋을 대로 하였다.

＊100＊
야베스
감사하는 마음으로 꾸준히 기도하라

인류의 처음 조상은 아담, 셋, 에노스, 게난, 마할랄렐, 야렛, 에눅, 므두셀라, 라멕, 노아였다. 노아의 아들은 셈, 함, 야벳이었고, 셈에서 아르박삿, 셀라, 에벨, 벨렉, 르우, 스룩, 나홀, 데라, 아브라함으로 이어졌다.

아브라함의 아들은 이스마엘과 이삭이었고, 이삭의 아들은 에서와 야곱이었다. 야곱의 12아들은 르우벤, 시므온, 레위, 유다, 잇사갈, 스불론, 단, 요셉, 베냐민, 납달리, 갓, 아셀이었다.

유다가 며느리 다말을 통해 베레스와 세라를 낳았으며, 베레스에서 헤스론, 람, 암미나답, 나손, 살마, 보아스, 오벳, 이새, 다윗으로 이어졌다.

야베스는 다른 형제들보다 유별나게 뛰어난 점이 있었다. 그 어머니가 낳을 때 무척 고생하여 이름을 야베스라 지었다. 야베스는 '고통'이란 뜻이다. 야베스가 이스라엘의 하나님께 기도하였다.

"하나님이시여! 저를 축복하여 많은 땅을 주시고, 저와 함께하여 모든 악과 환난에서 지켜주소서."

하나님이 그의 기도에 응답하셨다.

＊101＊
나오미

다시 태어나야 한다

사사 시대에 흉년이 들었다. 베들레헴에 살던 엘리멜렉이 그 아내 나오미와 두 아들, 말론과 기룐을 데리고 고향을 떠나 모압 땅으로 갔다. 거기서 엘리멜렉은 죽고 나오미와 두 아들만 남았다. 아들들이 모압 여자와 결혼하였다. 큰며느리는 오르바요, 작은며느리는 룻이었다.

그리고 10년쯤 지나서, 두 아들마저 죽고 나오미만 남았다. 주께서 축복하여 베들레헴에 풍년이 들었다는 소식을 듣고, 두 며느리와 함께 모압 땅을 떠나기로 작정하였다. 그들이 유다로 돌아가는 중에 나오미가 두 며느리에게 말하였다.

"너희는 죽은 남편과 나를 정성껏 섬겼다. 이제 친정으로 돌아가거라. 주께서 행한 대로 갚아주시기 바란다. 너희가 재혼하여 행복한 가정을 이룰 수 있기를 원한다."

그리고 입을 맞추며 작별하려고 하였다. 그들이 큰 소리로 울며 말하였다.

"아닙니다! 우리는 어머니와 함께 가겠습니다."

"내 딸들아, 돌아가거라. 너희가 어찌 나와 함께 가려고 하느냐? 너희 남편이 될 아들을 내가 다시 낳을 수 있겠느냐? 얘들아, 친정으로 돌아가거라. 나는 너무 늙어 재혼할 수도 없다. 아직도 희망이 있어 아들을 낳는다고 한들, 그들이 자랄 때까지 어떻게 기다릴 수 있겠느냐? 그들을 바라보고 너희가 어떻게 남편 없이 살 수 있겠느냐? 내 딸들아, 그럴 수 없다. 주께서 너희에게 상처를 주고 나를 벌하셨으니, 내 마음이 더욱 아프다."

이 말을 듣고 그들이 다시 소리 높여 울었다. 오르바는 시어머니에게 입 맞추며 작별 인사를 하였으나, 룻은 계속 시어머니 곁을 떠나지 않았다. 나오미가 말하였다.

"얘야, 너도 동서를 따라 돌아가거라."

"어머니 곁을 떠나라고 강요하지 마세요. 어머니와 함께 가겠습니다. 어머니가 가시는 곳에 저도 가고, 어머니가 사시는 곳에 저도 살 것입니다. 어머니의 백성이 저의 백성이 되고, 어머니의 하나님이 저의 하나님이 되실 것입니다. 어머니가 돌아가시는 곳에서 저도 죽어 묻힐 것입니다. 죽음이 갈라놓기 전에 어머니 곁을 떠나면 주께서 저에게 무서운 벌을 내리시기 원합니다."

나오미는 룻이 굳게 결심한 것을 보고 더이상 말릴 수가 없었다. 그들이 베들레헴에 도착하자 온 성이 떠들썩하였다.

"이 사람이 정말 나오미냐?"

"나를 '나오미'라 부르지 말고 '마라'라 불러주시오. 전능하신 하나님이 나에게 많은 시련을 주셨기 때문입니다. 내가 떠날 때는 가진 것이 많았으나, 이제 빈손으로 돌아왔습니다. 주께서 나를 버리시고 괴로움을 주셨으니, 어떻게 나오미라 부를 수 있겠습니까?"

보리 추수가 막 시작될 무렵이었다.

✳102✳

보아스

누가 선한 이웃인가?

나오미에게 보아스라는 친척이 있었다. 엘리멜렉의 집안에 속한 유력한 사람이었다. 하루는 룻이 나오미에게 말하였다.

"제가 밭에 가서 이삭을 주워오겠습니다. 혹시 친절한 사람이라도 만나면 그를 따라다니겠습니다."

"내 딸아, 가거라."

룻이 보리 베는 일꾼들을 따라다니며 이삭을 줍고 있었다. 공교롭게도 보아스의 밭이었다. 그가 막 도착하여 일꾼들에게 인사하였다.

"주께서 너희와 함께하시기를!"

"주께서 당신을 축복하시기를!"

보아스가 감독자에게 물었다.

"저 자매는 누구냐?"

"나오미와 함께 모압 땅에서 온 여자입니다. 일꾼들을 따라다니며 이삭을 줍게 해달라고 부탁하기에 승낙했습니다. 아침부터 지금까지 계속하다가 지금 그늘에서 잠시 쉬고 있습니다."

보아스가 룻에게 가서 말하였다.

"내 말을 잘 듣게. 다른 밭으로 가지 말고, 여기서 여자 일꾼들과 함께 하며 이삭을 줍도록 하게. 내가 청년들에게 그대를 건드리지 말라고 단단히 타일러 놓았네. 목이 마르면 언제든지 일꾼들이 길어온 물을 마시게."

룻이 땅에 얼굴을 대고 엎드려 절하며 말하였다.

"어찌 저 같은 여자에게 이런 친절을 베풀고 돌봐주십니까?"

"나는 그대가 남편을 잃은 후 시어머니에게 한 일을 모두 들었네. 어떻게 해서 고향을 마다하고, 낯선 땅에 와서 살고 있는지도 알고 있네. 이스라엘의 하나님께서 그대가 행한 대로 갚아주시길 원하며, 그의 보호를 받고자 온 그대에게 풍성한 상을 주시기 바라네."

"주인어른의 시녀만도 못한 저를 위로하시고, 친절하게 말씀하시니 정말 감사합니다."

식사 때 보아스가 룻을 불러 함께 먹자고 권하였다. 룻은 일꾼들과 함께 앉아 보아스가 주는 음식을 실컷 먹었다. 식사를 마치고 룻이 이삭을 주우러 떠났다. 보아스가 일꾼들에게 명하였다.

"저 자매에게 곡식 단 사이에서 이삭을 줍게 하고, 조금도 나무라지 마라. 가끔 곡식 단에서 조금씩 뽑아 버려두고, 아무 말도 하지 마라."

룻이 저녁까지 이삭을 주워 보리가 한 말 남짓 되었다. 룻이 성으로 들어가 시어머니에게 보이고, 또 싸 온 음식도 내어놓았다. 시어머니가 물었다.

"오늘은 어디서 이렇게 많은 이삭을 주웠느냐? 너를 도와준 사람에게 하나님이 복을 주시길 원한다."

룻이 모든 일을 다 말하였다. 나오미가 감격해서 며느리를 보고 말하였다.

"주께서 그에게 복을 내리시길 원한다. 하나님은 산 자나 죽은 자에게 언제나 자비를 베풀어주시는구나. 그는 우리를 돌볼 책임이 있는 친척 중의 하나이다."

"그는 또 저에게 추수가 끝날 때까지 일꾼들 곁에서 이삭을 주우라고 하였습니다."

"정말 그게 좋겠구나! 애야, 너는 그의 말대로 일하는 여자들을 따라다니며 이삭을 줍도록 해라. 그렇지 않으면 네가 다른 사람의 밭에서 희롱을 당할지도 모른다."

룻은 보리 추수와 밀 추수가 끝날 때까지, 그들 곁에서 이삭을 주우며 시어머니와 함께 살았다.

＊103＊

룻

───────

너도 이처럼 하라

나오미가 며느리 룻에게 말하였다.

"애야, 내가 너에게 남편을 구해줘야겠다. 너도 이제 재혼하여 다시 행복한 가정을 꾸려야 하지 않겠느냐? 너는 보아스가 어떠냐? 그는 우리에게 친절을 베풀어주었고, 또 우리에게 가까운 친척이기도 하다.

그가 오늘 밤 타작마당에서 보리를 키질할 것이다. 너는 목욕을 하고 몸에 향수를 바른 후, 제일 좋은 옷으로 차려입고 타작마당으로 내려가거라. 그가 저녁 식사를 끝낼 때까지 그의 눈에 띄어서는 안 된다. 그가 눕는 곳을 잘 알아두었다가 잠이 들면, 그의 발치에 가서 이불을 들고 거기 누워라. 그러면 네가 어떻게 할지를 일러줄 것이다."

"어머니의 말씀대로 하겠습니다."

그날 밤 룻은 타작마당으로 내려가 시어머니가 일러준 대로 하였다. 보아스가 실컷 먹고 마신 후 기분이 좋아 보리 낟가리 곁에 자리를 깔고 누웠다. 룻이 슬그머니 가서 이불을 들고 그의 발치에 누웠다. 보아스가 한밤중에 일어나 몸을 돌이켜 보고 깜짝 놀랐다. 어떤 여자가 자기 발치에 누워 있었기 때문이다.

"네가 누구냐?"

"저는 당신의 종 룻입니다. 저와 결혼해주세요. 당신은 저를 돌볼 책임이 있는 가까운 친척입니다."

"주께서 그대에게 복을 주시길 원하네. 가난하든 부유하든 젊은 사람에게 시집갈 생각을 하지 않고, 시어머니를 받들어 섬기는 것을 보면 그대의 정성이 처음보다 나중이 더하구나. 이제 그대는 아무것도 두려워하지 말게. 내가 그대의 모든 요구를 들어주겠네. 그대가 현숙한 여인이라는 사실은 우리 성 주민들도 다 아는 일이네.

그런데 한 가지 문제가 있다네. 내가 그대를 돌볼 책임이 있는 가까운 친척이긴 하지만 나보다 더 가까운 친척이 있네. 오늘 밤은 여기서 머물게. 날이 새면 내가 그를 만나 상의한 후 결정하겠네. 그가 그대와 결혼하겠다고 하면 다행으로 여겨 그대에 대한 책임을 다하도록 하겠네. 그가 거절하면 내가 그 책임을 다할 것을 살아계신 하나님의 이름으로 맹세하겠네. 그대는 조금도 염려하지 말고 아침까지 여기 누워 있게."

룻은 아침까지 그의 발치에 누워 있다가 날이 밝기 전에 일찍 일어났다. 타작마당에 여자가 들어온 것을 아무도 눈치채지 못하게 하라고 하였기 때문이다. 보아스가 룻에게 겉옷을 펴게 한 후, 됫박으로 보리를 6번 되어 머리에 이워주었다. 룻이 집으로 돌아가자 시어머니가 물었다.

"얘야, 어떻게 되었느냐?"

룻이 모든 일을 이야기하고 말하였다.

"제가 빈손으로 어머니에게 돌아가서는 안 된다고 하면서 이렇게 보리를 되어 이워주었습니다."

"얘야, 이 일이 완전히 해결될 때까지 잠자코 있어야 한다. 보아스는 이 일을 그냥 내버려 두고 가만히 있을 사람이 아니다. 분명히 오늘 중으로 이 일을 처리하고야 말 것이다."

104

오벳

은혜의 해를 선포하셨다

보아스가 성문에 올라가 앉자 마침 그의 친척이 지나가고 있었다.

그를 불러 앉혀놓고, 또 증인으로 그 성의 장로 10명을 초청하여 말하였다.

"지금 모압 땅에서 돌아온 나오미가 우리 친척 엘리멜렉의 소유지를 팔려고 한다. 아무래도 네가 이 사실을 알아야 할 것 같아 불렀다. 네가 그 밭을 사고 싶으면 여기 앉은 장로들 앞에서 말하고, 사고 싶지 않으면 나에게 말하라. 네가 그 밭을 사지 않으면 내가 사겠다. 그 밭을 살 권리는 너에게 우선권이 있고, 그다음에는 나에게 있다."

"좋소. 내가 그 밭을 사겠소."

"다만 네가 그 밭을 살 경우, 모압 여자 룻과 결혼하여 그녀의 죽은 남편 이름으로 유산을 이어받을 자식도 낳아주어야 한다."

"그렇다면 나는 그 밭을 살 수 없소. 내 재산만 축나지 않겠소. 나는 사지 않을 테니 당신이 사시오."

예로부터 유산을 상속할 권리를 다른 사람에게 넘겨줄 경우, 그 권리를 포기하는 자가 상대방에게 신발 한 짝을 벗어주어 증거물로 삼는 관습이 있었다. 그가 신발을 벗어주며 말하였다.

"당신이 그 밭을 사시오."

보아스가 장로들과 거기 모인 사람들에게 말하였다.

"오늘 여러분이 내가 엘리멜렉과 그의 아들 기룐과 말론에게 속한 모든 재산을 산 사실에 대하여 증인이 되었습니다. 그리고 말론의 아내였던 모압 여자 룻을 아내로 맞아 죽은 남편의 이름으로 그 재산이 보존되게 하고, 그 이름이 자기 가문과 호적에서 사라지지 않게 한, 이 일에 대해서도 증인이 되었습니다."

"그렇소! 우리가 증인이오."

그때 한 장로가 일어나 보아스에게 말하였다.

"주께서 당신의 아내가 될 여인을 이스라엘 각 지파의 조상들을 낳은 라헬과 레아처럼 되게 하시길 바랍니다. 당신은 에브랏에서 유력하고 베들레헴에서 유명한 사람이 되기를 바라며, 그녀를 통하여 당신에게 주시는 자녀들이 다말과 유다 사이에서 난 우리 조상 베레스의 자녀들처럼 되길 원합니다."

이렇게 보아스가 룻을 아내로 맞이하였다. 주께서 룻을 축복하여 마침내 아들을 낳았는바, 성안의 여자들이 나오미에게 말하였다.

"하나님을 찬양합니다! 주께서 오늘 당신에게 유산을 이어받을 손자를 주셨으니, 이 아이가 이스라엘에서 유명한 사람이 되기를 바랍니다. 당신의 며느리는 당신을 사랑하여 아들 일곱보다 더 많은 정성을 당신에게 쏟았습니다. 이제 이 며느리가 당신에게 손자를 낳아주었으니, 이 아이는 당신에게 새로운 삶을 안겨줄 것이며, 나이 많은 당신을 잘 보살필 것입니다."

나오미가 그 아기를 받아 기르자 이웃 여자들이 말하였다.

"나오미에게 아들이 생겼다!"

그리고 이름을 '오벳'이라 하였다. 그래서 베레스는 헤스론을, 헤스론은 람을, 람은 암미나답을, 암미나답은 나손을, 나손은 살몬을, 살몬은 보아스를, 보아스는 룻을 통해 오벳을, 오벳은 이새를, 이새는 다윗왕을 낳았다.

✳105✳

한나

기도하고 낙심하지 마라

에브라임 산간 지대에 엘가나라는 사람이 한나와 브닌나라는 두 아내와 살고 있었다. 매년 실로에 올라가 전능하신 하나님께 예배하며 제사를 드렸다.

그곳에 엘리의 두 아들 홉니와 비느하스가 제사장으로 섬기고 있었다. 엘가나는 제사를 드릴 때마다 그 제물의 고기를 브닌나와 자녀들에게 주고, 한나에게는 두 몫을 주었다. 하지만 주께서 한나에게 자식을 주시지 않았다.

브닌나는 한나가 자식을 낳지 못한다는 약점을 이용하여 몹시 괴롭히고 업신여겼다. 브닌나의 태도는 해마다 변함이 없었다. 온 가족이 예배를 드리러 실로에 올라갈 때마다 브닌나가 한나를 비웃고 조롱하며 학대한바, 한나는 울며 음식을 먹지 않을 때가 많았다. 그때마다 남편 엘가나가 위로하였다.

"어찌하여 당신은 울기만 하고 아무것도 먹지 않소? 늘 그렇게 슬퍼하는 이유가 무엇이오? 열 아들보다 나은 내가 항상 당신 곁에 있잖소!"

어느 날 그들이 실로에서 먹고 마셨다. 한나가 일어나 성전으로 올라갔다. 제사장 엘리는 성전 문 앞 의자에 앉아있었다. 한나가 마음이 괴로워 주께 기도하며 울부짖다가 서원하였다.

"전능하신 하나님, 이 여종을 굽어보시고 아들 하나만 주소서. 제가 그를 평생 주께 바치겠습니다. 그의 머리도 깎지 않겠습니다."

한나가 기도를 계속하는 동안 엘리가 그 입술을 지켜보았다. 한나가

속으로 조용히 기도하여 입술만 움직일 뿐 아무 소리도 들리지 않았다. 한나가 취한 줄로 생각하고 엘리가 꾸짖었다.

"언제까지 술주정할 셈이오? 당장 술을 끊으시오!"

"제사장님, 술에 취한 것이 아닙니다. 저는 술을 마시지 못합니다. 너무 마음이 아파 제 심정을 주께 털어놓고 있었습니다. 저를 술이나 마시고 다니는 나쁜 여자로 생각하지 마십시오. 저는 너무 원통하고 분해서 지금까지 기도하고 있었습니다."

"평안히 가시오. 이스라엘의 하나님이 당신의 기도를 들어주시기 바랍니다."

"제사장님, 그런 말씀을 하시니 정말 고맙습니다."

한나가 기쁜 마음으로 가서 음식을 먹고 다시는 수심에 싸이지 않았다. 엘가나의 가족은 다음 날 아침 일찍 일어나 주께 예배하고 라마의 집으로 돌아갔다.

엘가나와 한나가 잠자리를 같이하자 주께서 그 기도를 기억하셨다. 한나가 임신하고 때가 차서 아들을 낳았다. 아이 이름을 '사무엘'이라 짓고 '내가 주께 그를 구하였다.'며 그 이유를 밝혔다.

엘가나의 가족이 매년 드리는 제사와 서약을 지키는 제사를 드리기 위해 실로의 성전으로 올라갈 때가 되었다. 한나가 남편에게 말하였다.

"아이가 젖을 떼면 제가 직접 데리고 가서 주께 바치고, 평생 그곳에 있도록 하겠습니다."

"당신 생각에 좋을 대로 하시오. 하나님의 뜻이 이루어지기를 바라겠소."

한나는 아이가 젖을 떼기까지 집에서 양육하며 기다렸다. 그리고 젖을 떼자 아이를 데리고 하나님의 집으로 올라갔다. 부모가 제물로 3년 된 수소와 밀가루 2.2ℓ와 포도주 한 부대를 가지고 갔다. 거기서 수소를 잡아 아이와 함께 엘리에게 갔다. 한나가 말하였다.

"제사장님, 저를 기억하시겠습니까? 저는 제사장님이 여기서 지켜보는 가운데 기도하던 여자입니다. 제가 아들 하나만 달라고 기도하였더니 주께서 들어주셨습니다. 제가 이 아이를 평생 주께 바칩니다."

그리고 주께 경배하며 기도하였다.

"주께서 제 마음을 기쁨으로 채우셨습니다. 저를 축복하여 높여주셨으니 제가 원수들에게 뽐낼 수 있게 되었습니다. 주께서 저를 구해주셨으니 정말 기쁩니다. 하나님처럼 거룩하신 이는 아무도 없습니다. 주님밖에 다른 신이 없고, 하나님 같은 보호자도 없습니다.

교만한 자들아, 너무 잘난 체하지 마라! 거만한 자들아, 너무 우쭐대지 마라! 하나님은 모든 것을 다 아시는 주님이시다. 그가 너희 행위를 판단하시리라. 용사의 활이 꺾이고 연약한 자가 강해졌구나. 한때 배불리 먹던 자들이 이제 굶주리게 되었고, 지금까지 굶주리던 자들이 이제 주리지 않게 되었다. 자식을 낳지 못하던 자가 일곱을 낳았고, 자녀를 많이 둔 자가 자식 없는 신세가 되었다.

하나님은 죽이기도 하시고 살리기도 하시며, 사람을 저세상에 보내기도 하시고 다시 돌아오게도 하신다. 하나님은 가난하게도 하시고 부하게도 하시며, 낮추기도 하시고 높이기도 하신다. 가난한 자를 티끌 가운데서 일으키시고, 잿더미 가운데서도 일으켜 귀족처럼 대우하시고, 영광의 자리에 앉게 하신다.

땅의 기초는 하나님의 것이다. 주께서 세계를 그 위에 세우셨다. 하나님이 성도의 발걸음은 지켜주시나, 악인은 어둠 속에서 말없이 사라지게 하시리라. 사람이 자기 힘만으로는 승리하지 못하는 법, 하나님을 대적하는 자는 산산이 깨어질 것이며, 그가 하늘의 벼락으로 그들을 치시리라. 하나님은 온 세계를 심판하시고, 자신이 택한 왕에게 힘을 주시며, 기름 부어 세운 자에게 큰 영광을 주실 것이다."

✳106✳
엘리⑴
너희 자녀를 위해 울어라

어린 사무엘은 실로에 머물며 제사장 엘리 밑에서 하나님을 섬겼다. 엘리의 아들들은 불량하였다. 하나님을 두려워하지 않고 제사에 관한 규정도 무시하였다. 사람들이 제사를 드리고 고기를 삶을 때, 하인을 보내 삼발 쇠갈고리로 마구 찔러 걸려 나오는 것은 무엇이든지 가져오게 하였다. 그들은 실로에 오는 모든 이스라엘 사람들에게 이런 무례한 짓을 하였다.

그 하인은 단에 제물의 기름을 태우기도 전에 와서, 제사장이 삶은 고기를 원치 않는다고 하면서 날고기를 달라고 강요하였다. 제사를 드리는 사람이 말하였다.

"아직 기름을 단에 태우지도 않았으니 그럴 수 없소. 기름을 태우고 나면 마음대로 가져가도록 하시오."

"지금 당장 내놔! 그렇지 않으면 강제로 빼앗겠다."

엘리의 아들들이 짓는 이 죄가 하나님 보시기에 매우 컸던 것은, 그들이 제사를 멸시하였기 때문이다. 사무엘은 아직 어렸지만 제사장처럼 고운 모시 에봇을 입고 하나님을 섬겼다. 해마다 그의 어머니는 남편과 함께 제사를 드리러 올 때, 작은 겉옷을 만들어 가지고 와서 사무엘에게 입혀주었다.

그들이 집으로 돌아가기 전에 엘리는 항상 엘가나와 한나를 축복하고, 그들이 주께 바친 아이를 대신할 다른 자녀를 주도록 하나님께 기도하였다. 주께서 한나에게 복을 내려 세 아들과 두 딸을 더 주셨으며, 사무엘도 하나님 앞에서 무럭무럭 자라났다.

이제 엘리는 나이 많아 늙은 노인이 되었다. 그가 자기 주변에서 일어나는 모든 일과, 자기 아들들이 성막 입구에서 일을 돕는 젊은 여자들을 유혹하여 잠자리를 같이했다는 소문을 듣고 불러 말하였다.

"너희가 어찌하여 이런 짓을 하였느냐? 나는 너희 악한 소행에 대해서 다 듣고 있다. 내 아들들아, 너희가 그래서야 되겠느냐? 내게 들리는 소문이 너무 좋지 않다. 사람이 사람에게 죄를 범하면 하나님이 그를 위해 중재하시지만, 사람이 주께 죄를 범하면 누가 그를 위해 중재하겠느냐?"

그들은 아버지의 권면을 듣고도 귀를 기울이지 않았다. 이는 주께서 이미 그들을 죽이기로 작정하셨기 때문이다. 어린 사무엘은 점점 자라나 하나님과 사람들에게 더욱 총애를 받았다.

어느 날 한 예언자가 엘리에게 와서 하나님의 말씀을 전해주었다.

"너희 조상들이 이집트에서 노예 생활을 할 때 내가 그들에게 나타나지 않았느냐? 내가 이스라엘 모든 지파 중에서 특별히 너의 조상 아론을 택하여 나의 제사장으로 삼고, 그로 내 단에 제물을 드리게 하며 향을 피우게 하고, 나를 섬길 때 에봇을 입게 하지 않았느냐? 그리고 그 희생제물을 너희 제사장들에게 주어서 먹게 하였다.

그런데 어찌하여 너희는 나에게 가져오는 다른 제물까지 그렇게 탐하느냐? 어찌하여 너는 나보다 아들들을 더 소중히 여기느냐? 너희가 내 백성이 드리는 제물 중에서 가장 좋은 것으로 자신을 살찌게 하는

구나!

이스라엘의 하나님이 말한다. 내가 전에 레위 자손인 너희를 언제나 제사장으로 나를 섬기게 하겠다고 약속하였으나, 이제는 절대 그렇게 하지 않겠다. 나는 누구든지 나를 소중히 여기는 자를 소중히 여기고, 나를 멸시하는 자를 멸시할 것이다.

이제 내가 너의 가정과 집안사람들을 쳐서 명대로 살지 못하게 하고, 네 집안에 노인이 하나도 없도록 하겠다. 내가 이스라엘 백성에게 준 복을 보고 너와 너의 가족은 부러워할 것이며, 너희는 환난을 겪고 네 집안에는 영영 노인이 없을 것이다. 또 살아남는 자가 있어도 그가 네 눈을 멀게 하고, 네 마음을 슬프게 할 것이며, 너의 모든 자손들은 젊어서 죽게 될 것이다. 홉니와 비느하스가 한날에 죽는 것을 보면, 너는 내가 말한 것이 사실임을 알게 될 것이다.

나는 나를 섬기고 내가 원하는 바를 행하는 충실한 제사장을 세울 것이다. 나는 그의 후손들을 축복할 것이며, 그들은 내가 세운 왕 앞에서 항상 제사장으로 섬길 것이다. 그때 네 후손 중에서 살아남은 자들이 그에게 찾아가 돈과 먹을 것을 구걸하고, 그 앞에 엎드려 '저에게도 제사장의 직분을 맡겨 밥이라도 먹게 해주십시오.' 하고 말할 것이다."

107
사무엘(1)

너희는 세상의 소금이다

사무엘이 엘리 밑에서 하나님을 섬길 때는 하나님의 말씀을 듣기가 매우 어려웠고, 환상을 보는 일도 거의 없었다. 눈이 어두워 잘 보지 못하는 엘리는 자기 방에 누웠고, 사무엘은 법궤가 있는 하나님의 성전에 누웠다. 하나님의 등불은 아직 꺼지지 않았다. 주께서 부르셨다.

"사무엘아! 사무엘아!"

"예, 제가 여기 있습니다."

그리고 엘리에게 달려가 말하였다.

"저를 부르셨습니까? 제가 여기 왔습니다."

"내가 부르지 않았다. 도로 가서 자리에 들어라."

사무엘이 자리에 들었다. 주께서 다시 부르셨다.

"사무엘아! 사무엘아!"

"예, 제가 여기 있습니다."

그리고 엘리에게 달려가 말하였다.

"저를 부르셨습니까? 제가 여기 왔습니다."

"애야, 아니다. 내가 부르지 않았다. 가서 자거라."

사무엘이 자리에 들었다. 이때까지 사무엘은 하나님을 알지 못하였고, 그 말씀을 들어본 적도 없었다. 주께서 3번째 사무엘을 부르셨다. 사무엘이 이번에도 벌떡 일어나 엘리에게 달려가 말하였다.

"저를 부르셨습니까? 제가 여기 왔습니다."

그제야 엘리는 하나님이 사무엘을 부르신 줄 알고 말하였다.

"돌아가 누웠다가 다시 부르는 소리가 나면, '주여, 말씀하소서. 주의 종이 듣겠습니다.'라고 하라."

사무엘이 가서 자리에 누웠다. 주께서 찾아와 부르셨다.

"사무엘아! 사무엘아!"

"주여, 말씀하소서. 주의 종이 듣겠습니다."

"나는 이스라엘 사람들이 듣고 깜짝 놀랄 만한 일을 하려고 한다. 내가 엘리의 집안에 대하여 경고한 그 모든 일을 처음부터 끝까지 다 실행하고야 말겠다. 내가 엘리의 아들들이 행하는 악에 대하여 그 가족을 영원히 심판하겠다고 일러주었으나, 그는 자기 아들들이 저주받을 짓을 계속하는 것을 보고도 제지하지 않았다. 나는 엘리 집안의 죄가 제물이나 예물로 절대 용서받지 못할 것이라고 선언하였다."

사무엘이 아침까지 누웠다가 평소와 같이 성전 문을 열었다. 그러나 자기가 들은 말씀을 엘리에게 알려주기를 두려워하였다. 엘리가 사무엘을 불러 말하였다.

"사무엘아!"

"예, 제가 여기 있습니다."

"주께서 무슨 말씀을 하셨는지 자세히 말하라. 하나라도 숨기면 하나님이 너에게 엄한 벌을 내리시기 원한다."

사무엘이 사실대로 알리자 엘리가 말하였다.

"이는 하나님의 뜻이니 선하신 대로 하실 것이다."

사무엘이 성장하자 주께서 그의 말을 다 이루어지게 하셨으며, 이스라엘 사람들은 사무엘을 주께서 세우신 예언자로 알게 되었다.

108
엘리(2)
하나님의 영광이 떠났다

주님은 계속 실로에 나타나 사무엘에게 말씀하셨고, 사무엘은 그 모든 말씀을 이스라엘 백성에게 전해주었다. 블레셋과 이스라엘 사이에 전쟁이 일어나 치열한 전투가 벌어졌다. 이스라엘이 블레셋에 패하여 4천 명의 병사가 전사하였다. 살아남은 이스라엘군이 진지로 돌아왔을 때, 이스라엘 지도자들이 모여 서로 의논하며 말하였다.

"오늘 왜 주께서 우리를 블레셋에 패하게 하셨을까? 하나님의 법궤를 전쟁터로 메고 나가면, 주께서 우리를 원수들의 손에서 구원하실 것이다."

그들이 실로에 사람을 보내 그룹 사이에 계시는 하나님의 법궤를 가져갔다. 엘리의 두 아들 홉니와 비느하스가 그 법궤 곁에 있었다. 하나님의 법궤가 진지로 들어오자 이스라엘 사람들은 땅이 울릴 정도로 함성을 질렀다. 이때 블레셋 사람들이 웅성거렸다.

"이게 무슨 소리냐? 히브리 진지에서 큰 소리가 들려온다. 도대체 무슨 일이냐?"

그들이 하나님의 법궤가 이스라엘 진지로 들어갔다는 말을 듣고 두려워하며 외쳤다.

"신이 히브리 진지에 들어갔다. 이제 우리에게 화가 미쳤구나! 전에는 이런 일이 없었다. 누가 우리를 이 강한 신들의 손에서 구할 수 있겠는가? 그들은 광야에서 무서운 재앙으로 이집트 군대를 전멸시켰다. 너희 블레셋 사람들아, 용기를 내어라. 대장부답게 싸워라. 그렇지 않으면 그들이 우리의 종이 된 것처럼 우리가 그들의 종이 될 것이다.”

블레셋 사람들이 필사적으로 치자 이스라엘군은 다시 패하여 3만 명의 전사자를 내고, 살아남은 자들은 자기 진지로 도망갔다. 하나님의 궤는 빼앗기고 홉니와 비느하스는 죽임을 당했다.

그날 한 베냐민 사람이 자기 옷을 찢으며 머리에 티끌을 끼얹었고, 전쟁터에서 달려와 실로에 도착하였다. 그가 성안으로 들어와 일어난 일을 말하자 모든 사람이 울부짖었다.

엘리는 하나님의 궤가 어떻게 되었는지 궁금하기도 하고, 몹시 걱정되어 길가에 의자를 놓고 앉아 소식을 기다리고 있었다. 그가 성안이 떠들썩한 소리를 듣고 물었다.

“이게 무슨 소리냐?”

엘리는 98세로 눈이 어두워 제대로 보지 못했다. 그가 엘리에게 급히 와서 말하였다.

“오늘 전쟁터에서 도망하여 이곳까지 줄곧 달려왔습니다.”

“여보게, 전쟁 결과가 어떻게 되었는가?”

“이스라엘군이 블레셋군에게 패하여 수많은 병사가 전사하였습니다. 당신의 두 아들 홉니와 비느하스도 죽었으며, 살아남은 자들은 도망하였고, 하나님의 궤는 빼앗겼습니다.”

엘리는 하나님의 궤가 빼앗겼다는 말을 듣고, 의자에서 넘어져 목이 부러져 죽었다. 그는 나이도 많은 데다 살까지 쪄서 몸이 무거웠다. 그가 40년 동안 이스라엘 사사로 지내며 다스렸다.

그때 비느하스의 아내는 임신하여 산기가 있었다. 하나님의 궤를 빼앗긴 일과 시아버지와 남편이 죽었다는 말을 듣고, 갑자기 진통을 겪다가 아이를 낳으며 죽어가고 있었다. 그녀가 죽기 전에 옆에 섰던 여자들이 말하였다.

"정신 차려라. 아들이다!"

그녀는 아무 말도 하지 못하다가 겨우 한마디 하였다.

"영광이 이스라엘에서 떠났다!"

그리고 아이 이름을 '이가봇'이라 하였다.

✳109✳
법궤
그들은 눈먼 인도자다

블레셋 사람들이 하나님의 궤를 빼앗아 다곤 신상 곁에 두었다. 아스돗 사람들이 다음 날 아침 일찍 일어나 신전에 들어가 보니, 다곤이 얼굴을 땅에 대고 하나님의 궤 앞에 쓰러져 있었다. 다곤을 일으켜 다시 제자리에 세워 두었다.

그다음 날 아침에도 가보니, 다곤이 하나님의 궤 앞에 쓰러져 있었다. 그 머리와 두 손목이 끊어져 문지방에 얹혀 있고 몸통만 그대로 남아있었다. 주께서 아스돗 일대에 악성 종기가 퍼지게 하여 무섭게 벌하기 시작하였다. 그들이 소리를 질렀다.

"우리가 더이상 이스라엘 신의 궤를 여기에 둘 수 없다. 이러다가 우리 신 다곤과 함께 모두 전멸하고 말겠다."

그들이 블레셋 다섯 지방의 통치자를 불러 모으고, 그 문제를 의논한 끝에 궤를 가드로 옮겼다. 주께서 그 성에도 큰 벌을 내려 모두 악

토크 지저스

성 종기에 시달리게 하신바, 일대 혼란이 일어났다. 궤를 에그론으로 보냈다. 에그론 사람들이 하나님의 궤가 들어오는 것을 보고 외쳤다.

"저들이 이스라엘 신의 궤를 가지고 와서 우리를 다 죽이려 하는구나!"

그들이 다시 블레셋 지방의 다섯 통치자를 불러 말하였다.

"이스라엘 신의 궤를 본래 있던 곳으로 돌려보내고, 우리가 죽음을 면하자."

하나님이 그들을 무섭게 치시자 그 성은 온통 죽음의 공포에 휩싸였다. 죽지 않고 살아남은 자들도 악성 종기로 고통당하자, 그 성의 부르 짖음이 하늘에 사무쳤다. 하나님의 궤가 블레셋 땅에 있은 지 7개월이 되었을 때, 그들이 제사장과 점쟁이를 불러 물었다.

"우리가 하나님의 궤를 어찌해야 좋겠소? 어떻게 본래 있던 곳으로 돌려보낼 수 있는지 가르쳐주시오."

"이스라엘 신의 궤를 그냥 보내지 말고, 허물을 씻는 속건 제물도 함께 보내야 합니다. 그러면 병도 낫고 이스라엘 신이 계속 우리에게 벌을 주는 이유도 알게 될 것이오."

"그렇다면 속건 제물로 무엇을 보내면 되겠소?"

"블레셋 각 지방 통치자의 수대로, 악성 종기 모양으로 만든 금덩이 5개와 금 쥐 5마리를 보내시오. 이는 당신들과 통치자에게 내린 재앙이 똑같기 때문이오. 그리고 이스라엘 신에게 찬양을 돌리시오. 그러면 그가 우리와 우리 신들과 우리 땅에 내리는 재앙을 그치게 할지 모릅니다. 바로와 이집트 사람처럼 고집을 피우고 반항하지 마시오. 그들이 이스라엘 사람을 떠나지 못하게 하였을 때, 그 신이 무서운 재앙을 내리지 않았소?

그러니 새 수레를 만들고, 아직 멍에를 메지 않은 젖소 두 마리를 끌어다가 수레에 매고, 그 송아지는 마구간에 매어 놓으시오. 그리고 하나님의 궤를 가져다가 수레에 싣고, 종기 모양으로 만든 금덩어리와 금 쥐는 상자에 담아 그 옆에 두고, 그 소들이 가고 싶은 대로 가도록 내버려 두시오. 그러나 잘 지켜보고 있다가 소들이 국경을 넘어 벧세메스로 가면, 이 재앙은 이스라엘의 신이 우리에게 내린 것이요, 그렇지 않으면 이 재앙은 그가 내린 것이 아니라, 우연히 일어난 사건으로 보아야 할 것이오."

블레셋 사람들이 송아지는 마구간에 매어놓고 어미 젖소 두 마리를 끌어다 수레에 맨 후, 하나님의 궤와 악성 종기 모양으로 만든 금덩이와 금 쥐를 담은 상자를 수레에 실었다. 소들은 곧장 벧세메스를 향해 울며 나아갔고, 길에서 벗어나지 않았다. 그리고 블레셋 다섯 지방 통치자들은 벧세메스 경계까지 뒤따라갔다.

벧세메스 사람들이 골짜기에서 밀을 베다가 궤를 보고, 기뻐서 어쩔 줄 몰랐다. 수레가 여호수아의 밭에 들어가 큰 바위 곁에 멈추었다. 사람들은 수레의 나무를 패고, 그 소들을 잡아 주께 번제로 드렸다.

레위 사람들이 하나님의 궤와 금덩이가 담긴 상자를 수레에서 내려 그 바위 위에 놓았다. 그날 벧세메스 사람들은 번제 외에도 다른 많은 제물을 주께 드렸다. 블레셋 지방의 다섯 통치자는 에그론으로 돌아갔다.

하나님의 궤를 놓았던 바위는 그 사건의 증거물로 여호수아의 밭에 그대로 있었다. 그때 벧세메스 사람들이 하나님의 궤를 들여다보았던 바, 주께서 쳐서 70명이 죽었다. 그들이 통곡하며 부르짖었다.

"이 거룩하신 하나님 앞에 누가 설 수 있겠는가? 우리가 하나님의 궤를 어디로 보내야 좋단 말인가!"

그들이 사람들을 기럇여아림 주민들에게 보내 말하였다.

"블레셋 사람들이 하나님의 궤를 도로 보내왔으니, 내려와 가져가시오."

기럇여아림 사람들이 하나님의 궤를 받아 산언덕에 사는 아비나답의 집에 두고, 그의 아들 엘리아살에게 맡겨 지키도록 하였다. 하나님의 궤가 기럇여아림에 들어간 지 20년이 되었고, 그동안 이스라엘 사람들은 슬퍼하며 하나님을 찾았다.

∗110∗
에벤에셀
여기까지 우리를 도우셨다

사무엘이 이스라엘 백성에게 말하였다.

"여러분은 이방신들과 아스다롯 우상들을 제거하고 하나님만 섬기십시오. 그가 여러분을 블레셋 사람에게서 구하실 것입니다."

이스라엘 사람들이 바알과 아스다롯 우상을 없애고 하나님만 섬겼다. 사무엘이 말하였다.

"이스라엘 백성 여러분, 모두 미스바로 모이십시오. 내가 여러분을 위해 기도하겠습니다."

그들이 미스바에 모여 물을 길어 하나님 앞에 붓고, 온종일 금식하며 자기 죄를 고백하였다.

"우리가 주께 범죄하였습니다!"

사무엘이 미스바에서 이스라엘의 사사가 되었다. 블레셋 사람들은 이스라엘 사람들이 미스바에 모였다는 말을 듣고 병력을 동원하여 치려고 올라왔다. 그들이 두려워 사무엘에게 말하였다.

"당신은 우리를 블레셋군의 손에서 구해달라고 하나님께 쉬지 말고 기도하십시오."

사무엘이 어린양 한 마리를 가져다가 통째로 태워 번제를 드리며 부르짖었다. 주께서 그 기도를 들어주셨다. 사무엘이 번제를 드릴 때 블레셋군이 접근해왔으나, 주께서 큰 천둥소리로 그들을 혼란 속에 몰아넣으셨다. 이스라엘군이 그들을 격퇴하고 추격하였다. 사무엘이 돌 하나를 미스바와 센 사이에 세우고 말하였다.

"주께서 여기까지 우리를 도우셨다!"

그리고 그 이름을 '에벤에셀'이라 불렀다. 블레셋 사람들이 다시는 이스라엘 땅에 쳐들어오지 못했다. 주께서 사무엘이 살아있는 동안 그들을 막으셨기 때문이다. 이스라엘 사람은 블레셋군에게 빼앗긴 에그론과 가드 사이의 모든 성을 되찾았다. 이스라엘과 아모리 사람 사이에도 평화가 있었다.

사무엘은 평생을 이스라엘의 지도자로 일하였다. 해마다 벧엘과 길갈과 미스바를 순회하며 모든 문제를 처리하고 라마로 돌아갔다. 거기서도 이스라엘 사람들의 소송 문제를 해결하고 하나님의 단을 쌓았다.

인물 찾아보기

두 주인을 겸하여 섬기지 못한다 (70 발락과 발람)

마음이 가난한 사람이 행복하다 (20 아비멜렉(2))

먼저 가서 형제와 화해하라 (27 에돔)

먼저 하나님의 나라와 의를 구하라 (59 금송아지)

모든 것이 합력하여 선을 이룬다 (22 야곱(1))

모든 생명은 다 나에게 속하였다 (43 아므람과 요게벳)

무엇을 심든지 그대로 거둘 것이다 (21 에서)

반드시 그 상을 받을 것이다 (33 베냐민)

뱀같이 지혜롭고 비둘기같이 순결해라 (37 요셉(3))

뿌린 대로 거둔다 (88 아도니 베섹)

서로 화목하게 지내라 (23 레아와 라헬)

세상 죄를 지고 가는 하나님의 양이다 (48 어린양)

순종이 제사보다 낫다 (4 가인)

신실한 사람은 거짓말하지 않는다 (34 유다)

심은 대로 거두는 법이다 (32 요셉의 형들)

아, 나는 비참한 사람입니다 (63 정찰대원)

아무것도 맹세하지 마라 (82 기브온 사람들)

아, 믿음 없는 세대여! (68 에돔 왕)

아예 맹세하지 마라 (95 입다)

야곱을 사랑하고 에서를 미워하였다 (19 장자)

약속의 자녀가 참 후손이다 (16 이삭)

양과 염소를 갈라놓을 것이다 (65 고라)

어디서 와서 어디로 가느냐? (10 하갈)

어찌하여 표적을 구하는가? (66 아론의 지팡이)

엘로이, 엘로이, 라마 사박다니? (61 메추라기)

여기까지 우리를 도우셨다 (110 에벤에셀)

여러 민족의 어머니가 되게 하리라 (12 사라)

여자는 임금도 망하게 할 수 있다 (30 보디발)

여자는 조용히 복종하며 배우라 (41 욥의 부인)

오늘 구원이 이르렀다 (90 에훗)

온유한 사람이 땅을 차지할 것이다 (85 갈렙)

온 인류의 어머니가 되었다 (3 이브)

욕심이 잉태하여 죄를 낳았다 (80 아간)

용서해야 용서받는다 (26 디나)

우상을 의지하니 무엇이 유익하겠는가? (98 미가)

육신의 정욕으로 잘못 구하기 때문이다 (96 삼손)

은혜의 해를 선포하셨다 (104 오벳)

음행은 자기 몸에 죄를 짓는 것이다 (99 레위인의 첩)

의인은 믿음으로 산다 (9 상속자)

이 돌들이 소리칠 것이다 (77 기념비)

이 전쟁은 하나님께 속한 것이다 (81 아이 왕)

인자는 안식일의 주인이다 (58 법규)

자기를 낮추면 높아질 것이다 (35 요셉(2))

자기를 버리고 십자가를 지라 (14 아비멜렉(1))

자기 목숨을 지키는 일이다 (64 계명)

작은 자를 무시하지 마라 (76 라합)

제가 여기 있습니다 (45 모세(1))

죄를 범하면 꾸짖고 회개하면 용서하라 (39 요셉(4))

죄 없는 자가 먼저 돌을 던져라 (29 다말)

진주를 돼지에게 던지지 마라 (94 아비멜렉(3))

천국은 힘쓰는 사람들이 차지한다 (42 십브라와 부아)

큰 민족을 이루게 하리라 (15 이스마엘)

포도원 밖에서 죽었다 (74 모세(3))

하나님의 권위를 거역하지 마라 (62 문둥병)

하나님의 나라가 가까이 왔다 (38 야곱(3))

하나님의 영광이 떠났다 (108 엘리(2))

하나님의 형상과 영광을 지녔다 (2 아담)

하나님은 불가능이 없다 (79 여리고 성)

하나님은 유일하신 신이다 (57 십계명)

하나님을 믿음으로 의롭게 되었다 (11 아브라함)

하나님을 시험하지 마라 (53 므리바)

하나님이 구원하신다 (25 이스라엘)

하나님이 우리와 함께 하신다! (28 요셉(1))

하나님이 일하시니 나도 일한다 (46 아론)

회개하고 세례를 받아라 (78 할례산)

회개하면 용서하라 (89 웃니엘)